法藏知津

九 編

杜潔祥 主編

第 19 冊

空间政治与城市治理：以当代佛教城镇化问题为例

吴 华 著

花木蘭文化事業有限公司

国家图书馆出版品预行编目资料

空间政治与城市治理：以当代佛教城镇化问题为例／吴华 著
－－ 初版 －－ 新北市：花木兰文化事业有限公司，2023〔民112〕
序 16+ 目 6+216 面；19×26 公分
（法藏知津九編 第 19 冊）
ISBN 978-626-344-381-5（精裝）
1.CST：佛教社会学 2.CST：宗教与政治 3.CST：都市化
220.15 112010328

ISBN-978-626-344-381-5

9 786263 443815

法藏知津九編
第十九冊 ISBN：978-626-344-381-5

空间政治与城市治理：以当代佛教城镇化问题为例

作　者 吴华
主　編 杜潔祥
副總編輯 楊嘉樂
編輯主任 許郁翎
編　輯 張雅淋、潘玟靜 美術編輯 陳逸婷
出　版 花木蘭文化事業有限公司
發行人 高小娟
聯絡地址 235 新北市中和區中安街七二號十三樓
　　　　 電話：02-2923-1455 ／傳真：02-2923-1452
網　址 http://www.huamulan.tw 信箱 service@huamulans.com
印　刷 普羅文化出版廣告事業
初　版 2023 年 9 月
定　價 九編 52 冊（精裝）新台幣 120,000 元

空间政治与城市治理：以当代佛教城镇化问题为例

吴华 著

作者简介

吴华，广东潮州人；哲学博士，社会学博士后，四川大学道教与宗教文化研究所副教授；从事宗教学理论、宗教社会学与佛教社会文化史的研究与教学工作；代表作包括《民国成都佛教研究（1912-1949）》《传统视域下的钱穆——中外文明交流史数论》（合著）、《成都佛教史》（合著）等；已在《世界宗教研究》《世界宗教文化》《宗教学研究》《哲学与文化》等专业杂志发表论文三十余篇。

提　　要

　　在国家城镇化进程中，宗教如何适应中国社会的发展，是一个既影响宗教生存与发展的问题，更是涵摄于空间政治与城市治理的大课题。

　　本书从佛教城镇化角度切入，以核心概念"空间政治"作为分析单位，细分空间、资源与关系三个基本概念，重点调研当代佛教在国家推进城镇化过程中所发生的一些现实具体问题。书中介入的变量主要有地方政府、佛教协会、寺庙僧人、佛教信众与媒体等。书中围绕这些变量因素，以空间政治的博弈为主线在各章中分别展开，探讨了城镇化规划中宗教活动场所的空间失配，制度与运作的空间政治，宗教事务管理中的权力代理，佛教媒体发挥的社会权力，僧人团体对佛教形象的影响，信任关系与仪式策略等问题，最后综合性地讨论佛教的公共介入及其信仰方式在推动制度文明与社会德性发展中的可能性趋势。

　　本书不局限于具体的私人性、地方化的佛教城镇化问题，而是将这一概念提升到宗教界的整体责任，从国家宗教政策的制度性与现代社会发展的结构性层面进行理论反思。"空间政治"既是影响宗教活动场所的存在合法性与利益正当性的主要因素，也是构成当代佛教城镇化进程中宗教信仰方式变迁的核心路径。

　　对佛教城镇化的研究，需要理清不同事件背后的社会观念、法律常识，方能真正理解宗教空间政治的复杂结构，才能理顺城市治理中所涉及的宗教法治化问题，促使依法治理的国家政策在宗教领域中落实。特别是，在媒介化社会中，互联网与媒体的合力将信仰方式从私人领域拉到公共空间，将传统信仰方式形成过程中的权力关系与空间政治进行公开化的行为，推动了宗教空间政治的变迁，并促进了公共化信仰方式的形成。以宗教空间政治博弈为契机的宗教信仰方式，将一反之前宗教沉寂的消极状态，而以积极开放的精神融入社会，为社会提供宗教服务，并在法律范围之内发挥作用。这是当前讨论宗教与法律关系，宗教法规完善，宗教与政治关联，宗教与社会、文化建设相适应的主要方面。在着眼宗教维权的同时，不可忽视的还有宗教信仰表达、宗教权益保障，而这些考验的是国家依法治国、地方政府依法治理社会的具体执行力度。

序　一

段玉明

　　伴随农业社会向工业社会的过渡，城镇化成为一个衡量社会发展状态的指标。于此指标之下，一切农业社会的政治、经济、文化、宗教种种生态势所必然地都有一个城镇化转型。就中国的情形论，清末民初以降，传统农业社会向近代工业社会快速转型，至近一二十年而呈不可遏阻的势头。城镇化率快速飙升，由 2000 年的 36%跃升至了 2021 年的 64.72%。由之带出的政治、经济、文化、宗教的城镇化转型，令人眼花缭乱的场景目不暇接，已处理未处理的问题千头万绪，在当代的民主与法制建设中考验着政府的各色管理部门。

　　落实到中国内地宗教，传统以疏离城镇为特色的村野道教与佛教全方位地步入城镇——即使庙在乡村，其信仰生态也早已由乡村型靠近了城镇型。仍然恪守农业社会特质的寺观，旧时丰富的信仰资源几乎丧失殆尽，或者已经自生自灭，或者即将自生自灭。而已完成或将完成此一转型的寺观，则在政府管理、社会嵌入与自性恪守之间摇摆不定、有欠适从。这是当代城镇化发展中宗教必须面对的现实，也是宗教研究学者应该正视的现实。唯其如此，才可在城镇化纷繁无绪的转换场景中抓住宗教问题的实质，发挥宗教学科的独特优势，为中国宗教的城镇化转型找到一条稳健昌盛的路径。

　　吴华博士的这本《空间政治与城市治理：以当代佛教城镇化问题为例》，拎出内地当下佛教城镇化过程中遭遇的普遍性问题，尝试分析裹挟其中的各种因素与相互博弈，以求揭示这些问题的要害所在与解决之道，其学术洞见如何尚在其次，敢于直承宗教学者应有的社会责任首先应予充分肯定，尤其是在许多同行就此避之不及的当下。如果宗教学者不能有此担当，不敢直面当下的社会问题，而是躲进古代或文献之中以求自安自怡，我们的宗教研究就是一种近于无用的学问，迟早会退化成为少数学者附庸风雅的玩学。

城镇化发展中内嵌的问题与矛盾，集中反映于空间政治与城市治理。前者卷入在空间、资源与关系三重博弈之中，后者卷入在管理制度、管理机构与管理运行三重纠结之中。被其裹挟在内的宗教，虽是独立的社会存在，却无法逃出此种博弈与纠结的双重钳制。吴华博士以近年的佛教遭遇为例——集中于有形与无形产权的纠纷（如被强拆、被挤压、被承包、被上市等等），沿袭空间政治与城市治理的路径，揭示出地方政府、佛教协会、寺庙僧团、信教群众以及公共媒体多重变量的博弈与互动如何复杂化了宗教的城镇化问题；宗教活动场所的空间失配，制度与运作的空间政治，宗教事务管理中的权力代理，佛教媒体发挥的社会权力，僧人团体对佛教形象的影响，信任关系与仪式策略等等，共同制约着当代佛教的城镇化进程，也暗示着解决此一问题的妥善之路。无论是否认同，其对我们认识当下宗教的城镇化问题，对相关管理部门协调解决宗教的城镇化问题，以及对宗教自身城镇化路径的选择问题，都有很好的学理启示。而在进一步展开中，对空间失配三种类型（无匹配、不匹配、乱匹配）的详细分析，对宗教活动场所两种管理模式（正式制度与非正式运作）的详细分析，对权力代理中权力过度运用的详细分析，对权力转化中两种舆论话语（公共话语与官方话语）博弈的详细分析，以及对佛教协会的宗教同源性与政治同构性、佛教城镇化中的社会信任、媒体介入之于宗教法事等等问题，都有详细而堪称精彩的分析。无论我们认同与否，其必受到的学理性启发都是毋庸置疑的。最后，吴华博士综合性地讨论了佛教的公共介入及其信仰方式在推动制度文明与社会德性发展中的可能性趋势，更是具有明显的学术与应用双重价值，值得学界与有关部门倍加重视。如果"城市治理"本身即可视为"空间政治"的展开——"空间政治"是宗教城镇化问题的根荄，吴华博士一言以蔽之曰："'空间政治'既是影响宗教活动场所的存在合法性与利益正当性的主要因素，也是构成佛教城镇化进程中宗教信仰方式变迁的核心路径。"总而言之，在迄今为止关于当代宗教城镇化的著述中，吴华博士的这本《空间政治与城市治理：以当代佛教城镇化问题为例》当是最成体系、最有深度、最为完整的一部著述，值得关注宗教城镇化问题的学者、管理者一读。

当然，当代宗教城镇化问题体大事繁，仅以佛教为例且主要集中在产权纠纷带出的问题上予以考察分析，是否可以将其所得推至所有宗教；其所运用的分析框架是否可以被视为唯一适合的框架，有无另外的进路更有利于当代宗教城镇化问题的考察分析；以及在具体的考察分析中是否存在过度阐释的成分，都还可以再做进一步的思考。虽然如此，当不影响该书的价值。

2022 年 7 月 9 日于成都酸心斋

作者段玉明，
四川大学道教与宗教文化研究所教授、博士生导师，
四川大学佛教与社会研究所所长。

序 二

崔明晨

如果让我回顾 20 余年佛教文化传媒生涯，我会在潜意识中回避 2013 年，因为那一年我所经历和面对的，与所谓的岁月静好相距甚远。

2022 年 7 月，吴华博士的一封新书序言邀约信，让我不得己重新回到 2013，回到那个硝烟弥漫、战火纷飞的舆论场。吴华博士在《空间政治与城市治理：以当代佛教城镇化问题为例》一书中，用整整一章五节阐述了互联网媒体在佛教城镇化事件中的作用和价值。那一个个事件节点、一次次正面交锋，几乎每个瞬间都伴随着我的笔触，在无数个不眠之夜，用愤怒和泪水铸成一篇篇文章，从年初到年尾，数百篇原创评论和扑面而来的滔天民意，成为汉传佛教护法群体的勋章，也成为我职业生涯多年难以弥合的陈伤。因为在经历了兴教寺事件的媒体狂欢后，瑞云寺发生了寺院被拆、法师被驱离的真实事件，且在我自认为强大的媒体舆论面前，涉事机构没有道歉，没有补偿。这是媒体式微、衰亡的警示，也是时代脓疮的嚣张欢庆。

一直以来，汉传佛教总以一种忍辱负重、忍气吞声的刻板印象示人。而随着国内娱乐经济、旅游经济、地产经济和城镇化运动的蓬勃蔓延，本来就在夹缝中生存的汉传佛教，在经济飞腾、人心蒸腾的大潮中愈发显得备受欺凌。各地频发的侮辱三宝声名、践踏佛教权益的事件，西安"兴教寺事件"、洛阳"大背头佛像闹剧"、丽江"欢喜佛闹剧"、安徽芜湖"罗汉寺强拆"、北京嵩祝寺及智珠寺变身高档会所事件、福州"瑞云寺事件"等等，在空前的乱象中，我们成为唯一敢于直面不公、与乱象博弈的佛教媒体，随着凤凰网佛教护法氛围的营造，少林寺开始勇于就方丈丑闻、利益攫取等污名进行辟谣，重庆温泉寺所遭遇的毁寺恶行引发公众对因果不虚的重新认知与重拾敬畏；中国移动、格力空调、维他奶等大企业为其戏谑佛教的不当行为正式道歉；全国4000多个寺院为撇清政商纠缠陆续宣布永免门票……

2013年的护法运动，起伏跌宕，波澜壮阔，仅就"法海事件""兴教寺事件"和"瑞云寺事件"几个典型案例来看，凤凰网网民的参与人次都在千万级甚至上亿这个数量级上，我们邀约、编辑、发布的教界、学界、法律界及其他公知群体的相关撰文累计达到数百篇。相关文章与文字，在国内各大重要网站及主流微博平台不断被转载，引发持续的扩散效应。"法海事件""兴教寺事件""瑞云寺事件"，以及事件相关的"夺寺驱僧""挟佛敛财""庙产兴商"等词汇，前所未有地被百度输入法基于大数据云计算所识别，中国汉传佛教一系列声势浩大、民意汹涌的草根护法行动，由此载入公共舆情的史册。2013年，也被业界称为汉传佛教护法元年。随着我们团队逐渐淡出网络维权，2013成为迄今为止的佛教护法绝唱。

赵朴初居士在1989年2月15日的一次讲话中指出：寺观是僧道主持和管理的佛教徒、道教徒进行宗教活动的主要场所……寺观归僧道主持管理，亦即寺归僧、观归道，僧道是寺观的主人，这就是寺观的归属。千百年来的历史事实就是这样的，建国以来特别是中共十一届三中全会以来，党和政府有关宗教问题的方针政策文件也是这样规定的。尽管寺观及其所属房屋的所有权的性质还有待于立法，但佛道教界拥有管理、使用和经营出租的权利则一直是明确的。

其实，我们在佛教城镇化事件中的一系列维权舆论，都是基于事实、责任和道义，绝非追逐流量的键盘侠，我们希望公众了解真相，社会给予佛教界基本的尊重。吴华博士的学术专著，让2013重新回到公众视野，这是一件有意义的事。信仰是去相信我们所从未看见的，而这种信仰的回报，是看见我们相信的。时代浇漓，与其在沉疴中呻吟，不如背起责任行囊，智慧为剑。迈步向前。

作者崔明晨，凤凰网佛教总编辑、慧海公益基金发起人。

序 三

李利安

作为佛教研究者，谁都无法忽视佛教在当代社会的境遇。长久以来，学术界一直在寻找切入当代佛教研究的合理化方法和路径，但是在复杂的现实环境和日新月异的社会变化中，方法与路径的寻找颇为艰难。与此同时，传统佛教与现代社会之间的问题频繁出现，隐藏在佛教与当代社会之间的尖锐矛盾经常演化为激烈的冲突，加之互联网的快速传播，这些矛盾很容易在短时间引发社会的强烈反响，使两者之间的裂痕有不断被拉大的趋势。佛教艰难融入当代社会的进程迫切需要学术界的现实关照，从这个角度讲，吴华这部《空间政治与城市治理：以当代佛教城镇化问题为例》为我们打开了一个全新的研究视野。

2016 年 7 月 21 日，中国佛学院普陀山学院召开观音文化学术研讨会。一天的会议结束以后，与会人员共同前往海边沙滩散步。这一路上，吴华主动找我交流他正在做的博士后研究课题。这一次的交流也让我回溯到 2013 年参与保护某寺庙（吴华在书稿中将之称为高王寺，本序权且用之）的前前后后，以及对于佛教在当代城市化进程中诸多问题的反思。

回想那时，无论是出于道义支持还是学者责任的角度，我都需要对该事件作出专业的回应。因此，我先后应凤凰网"华人佛教"栏目、《华商报》、陕西电视台、《南方都市报》与香港《文汇报》等媒体之约，发表了自己的一些看法。后来，我把在地方上的调研与媒体采访的认识，以较为系统的思路，集中完成了《对高王寺事件的一些思考》的写作，提交第二届宗风论坛。在这篇文章中，我对高王寺事件的经过、性质、问题以及所体现的当代中国诸多文化与社会问题等方面都进行了论述。就高王寺作为佛教文化遗产来说，是古今贯通、形神合一、僧寺一体的完整体系，而保护这种完整性是高王寺申遗的基本前提。当年媒体上沸沸扬扬讨论这一事件也体现了当代中国的民意走向、文化心态以及法律疏漏和民主进程等问题，值得人们深思。

我根据自己对该事件的参与以及自己的理念，跟吴华做了沟通，给他提供了一些思路以供参考。同时，我还引荐他联系了自己当时带的硕士研究生狄蕊红，让他们共同对此事件进行广泛的调研，以期推进更加客观理性的研究。狄蕊红做过多年新闻记者，将高王寺事件的传播作为硕士学位论文的研究对象，探索佛教相关资讯在新媒体环境下的传播路径。但高王寺事件作为当代城镇化发展过程中佛教处境变迁的典型案例，除了从传播角度介入外，还应该通过不同学科的方法继续拓展和研究。吴华从社会学角度的研究，正好可以与狄蕊红的媒介研究形成互补与对比。

从全书的整体结构来看，吴华的研究是从当代佛教城镇化中的治理问题入手，逐层推进，探寻这些问题的症结所在，如抽丝剥茧般对高王寺事件和祥光寺事件蕴含的社会问题进行了深入剖析。研究前半部分致力于找出问题的根本原因，其结构安排从宗教治理中的"空间失配"推进到当前宗教制度中的"非正式运作"，继而从制度问题再深入到宗教事务管理中的"权力代理"和"程序正义"。在层层推进中精准地挖掘出当代佛教问题背后的根本问题——社会资源配置无法调和的矛盾和权力代理造成的程序问题。后半部分的研究聚焦于当代佛教问题中的重要影响因素，如媒体的深入参与、基层佛教管理组织的自身矛盾、社会制度信任在佛教管理中的缺位、宗教仪式与媒体仪式的博弈、因果报应的流行等。前后两部分侧重点虽然有所不同，但实现了由表及里、全面推进的研究格局。

从研究路径上来说，吴华基于历史社会学的研究方法对相关问题的挖掘以及对问题观察的视角都具有一定的前沿性，他没有局限在高王寺事件，而是在对前后若干年相关事件的广泛调研的基础上，选择了高王寺与祥光寺作为典型代表，通过案例比较的方式，尝试用"佛教城镇化"这样一个概念来统摄佛教在数十年来城镇化过程中的遭遇，把佛教与地方社会所发生的具体冲突转化为佛教遭遇城镇化的发展困境，从而为佛教学术界的相关问题讨论开辟了一个新的理论范式。这种范式，或许属于佛教社会学的一种研究进路。用佛教社会学来认识佛教在当代社会中的处境，自然离不开以佛教作为讨论的主体；但是并不局限于这一主体，而是把佛教置于由历史与社会共同织就的因陀罗网的具体方位之中，讨论影响佛教生存与发展命运的各级政府、佛教协会、佛教四众甚至包括现代媒体等等之间的互动关系。从这个角度出发，我们看到了不同角色出于不同立场是如何做出相应的决策与行动的。诸多元素的定位及其相互影响与关系分析都非传统佛教史研究所能把控，这种研究体现了思维的活跃，视野的开阔，以及新方法的掌握与运用等多重学术能力，这是值得赞叹的。

在研究材料上，这本书也呈现出多样而详实的特色，让我们看到吴华扎实调研和深度访谈的能力，代表了青年学者严谨、踏实的治学态度，更让人叹服的是作者在研究中对事件过程宏观地把握、对事件关键性细节深入的剖析能力，让我们看到了新一代学人的学术气象。高王寺事件和祥云寺事件的整体过程曲折动荡，各种矛盾交织其间，以学术研究的方式呈现多年前发生的社会事件，需要综合各种资料，在进度、转折点、传播节点上对事件综合呈现，既能让读者明白事件的来龙去脉，更要让读者看到其中的诸多互动因素及其深刻的理论与实践问题，从而呈现出学术研究的价值。为此，无论是在材料收集方面，还是在资料的筛选、提炼和运用方面，吴华都做出了很大的努力，体现了扎实的社会学功底。

最值得珍视的是吴华书中思想的先锋性和对真理孜孜不倦的求索精神。在开篇他就精准地指出目前佛教发展进程中的权力代理和非制度运作顽疾，瞄准事件背后的深层次社会问题。如论述地方佛教协会与寺院在祥光寺拆迁过程中，他看到中国社会中的熟人信任与当代社会的割裂，当祥光寺事件中"熟人信任""组织信任"演变为"熟人"之间的资源争夺和组织欺骗时让人触目惊心。在吴华的分析中，宗教活动场所中的组织效应和信仰效应在"熟人"之间的资源争夺中，宗教活动场所与佛教协会中的信任关系被破坏，缺乏组织信任的支撑，宗教团体呈现碎片化的离心状态，农业社会的熟人信任在中国宗教中的弊端被暴露无遗，迫切需要建立组织信任与制度信任，呼唤宗教立法的推进和落实。

吴华的研究是客观而理性的，也是充满学术情感的。从他的字里行间我们可以体察到一种浓厚的宗教共情，对传统佛教难以与现代社会对接的焦虑和意欲寻求解决问题的决心，书中荡漾着一种对中国传统文化的热爱与守护之情。学术研究的温度与深度并不相悖，甚至个人的情感可视为学术研究的基本动力和最高目标。

吴华在书中多次提及我的相关参与，并做了比较正面的评论，让我颇有人史的自豪感。不过，回顾过往，对于当年高王寺这样的事件，我的观察还是比较直接的，或者说是在传统观察视角当中展开的，而吴华的研究并不局限于某一具体事件，而是通过多个案例的比较，将之上升到了一种新的学科方法与视域当中，呈现出很强的学术创新性，特别是其方法的新颖、理论的前沿以及论述的周密，对未来的佛教研究都有着激励与借鉴的意义。

当代佛教面临的挑战是多重的，传统与现代之间，有神论与无神论之间，精神性信仰与物质性发展之间，民间社会与国家权力之间，多重交织的矛盾都直接涉及佛教在当代社会的生存空间与发展走向问题。期待吴华以及更多的学者能够在这条路上坚持下去，以学者的责任感和学术的严谨性深刻观察和分析当代社会变革过程中佛教的生存与发展问题，既推动我国宗教学术的不断进步，也促进我国宗教治理和宗教事务的健康发展。

2022 年 8 月 7 日

作者李利安，西北大学历史学院教授、博士生导师，
西北大学玄奘研究院院长、佛教研究所所长。

序四　空间宗教及其想象力

李向平

吴华新著《空间政治与城市治理：以当代佛教城镇化问题为例》近期将要面世，我曾经允诺为之提供一篇文字，权作该著之序。佛教在当下中国社会作为空间政治治理之一个维度而言，的确是值得从历史到现实给予深度梳理和学理探究，我本来就有些话想说。

曾记得在一次课堂上，讲论当下国民信仰是否危机之际，一位学生给我提出一个问题，说她信仰危机了，问我应该怎么办？这位学生的问题很应机，也很有现实意义。经过一番互动之后，方才了解这位学生来自于山东某地，因到上海读书而出现一些生活不太适应等现实和心理问题，由此构成了她所谓的信仰危机。针对她的问题，我问她曾经的信仰对象是什么。她回答是民间信仰。我给出的主意是，那就带着问题去求仙拜神，会是如何？依据有事才进三宝殿的传统习俗，找个庙去拜拜应该就能渡过危机。可是，这位学生却说，随便拜拜无用，她一定要回到家乡去祭拜她曾经拜过的神灵才管用。她的需要是与她祭拜过的地方和寺庙紧密相关，非此空间不能解决信仰危机！

这位学生提出或面对的问题不仅属于她一个人，很多国人大多如此。一个空间，一个特殊的空间，一个具有宗教意义的空间，方才能够获得其神圣的关怀，或直接度过一段生活的难关。茫茫人世和社会正常的流动过程之中，只有这个空间才具有或才能呈现其神圣关怀方式，才能给进入这个空间的人提供感受神圣关怀、走过人生难题的可能。

比较其他中国宗教，唯有传统佛道教才有这样的空间特征和运作机制。在一次《宗教社会学》课程相关的田野考察和体验活动之中，不少社会学专业的同学也发现了这一特征。大家提出的问题是，为什么佛道教的寺庙道观中只是看到进香礼拜的个人，很少见有人停留在寺庙道观里面，自发组织或展开一些什么互动。而在伊斯兰教、基督教和天主教的教堂和清真寺里面，却总能看到有人在其空间之中从事一些活动或人与人之间的交谈，甚至是静坐其间潜心祷告。

可以说，上述的这些问题和田野发现就是中国佛道教基本信仰方式及其特点。李泽厚曾经论述过中国宗教及其信仰方式的空间性，并指出注重于时间的表达和象征是西方宗教如基督教、天主教的信仰特征，而注重空间的展开和挪动是中国佛道教信仰方式的基本特征。人们在进入寺庙道观之后，让你一个空间一个空间的进入，先后移步、转换情景而自我体验，内化于各空间所展示的神圣意义。至于西方基督宗教的教堂则以其高耸入天的教堂尖顶和十字架，把人们的注意力集中配置和引向无比崇高的神圣。

宗教神圣呈现的空间或时间方式，在伊利亚德有关"显圣"的宗教理论中，指的是神圣必定要借助于凡俗的存在向"宗教的人"彰显。这个"显圣"就具有时间与空间的引导和限制，如耶稣的"显圣"局限于二千年前的犹太地区，但"宗教的人"却可以仿效他在人世间的行为，重新感受一种神圣时间与神圣空间。所以，伊利亚德说宗教史就是一部"显圣"的历史。只因这个显圣过程集中于时间的显圣，还是空间的显圣，必然会体现为各个宗教的差异。

如果从宗教学的研究视角来说，从印度来到中国并渐次开始中国化之后的中国佛教可说是一部在中国空间"显圣"的历史，并且是夹在朝廷和民间之中的一方空间。在中国人的佛教空间如寺庙中，最能使人对其出世、超拔等神圣特征和道德属性产生最为丰富的想象力之地，一方面是它最明显的外部特征，一方面则是它的内部设计和结构，如佛教的出世和入世、无限和有限、洁净与污浊等差别，大都能够在寺庙这样一个空间内外得以形成和生动表征。为此，佛教似乎也可以被称为空间宗教，而非团体宗教，其所谓制度转成了空间，其所谓扩散转成了个人在此特殊空间中的自我诉求。所以中国人不使用、不赞成也不认同团体或群体的信仰方式，而是基本采取空间分别、空间显圣的信仰呈现方式，以空间内外的差异来表达生命、人生的神圣与非神圣、正当或不正当、正祀与淫祀的分别。

在这里，佛教空间可以被视为一个完美的苦难出离象征，象征着空间进入者即意味着道德上的净化和提升，乃至三世轮回的时间象征也被定格在此时此处。于是乎，佛教空间转换为空间佛教，这不仅仅是一剂处理中国人信仰佛教的特别处方，更是一套高度复杂的空间话语，其本身就包含了正当和不正当的价值元素及其潜藏规制，空间资源的配置及其空间设置的正确要求。

正是在这样一个独特的佛教空间之中，人们常常会把每一个空间视为一个宗教意义上的行动者，唯有进入这一空间者才能够生发出世的神圣意义，至于入世个人就只有内心苦修，把内心修炼成为一个神圣的容器，包容世间喜怒哀乐、成住坏空和生老病死。当这种空间逐步内心化并在内心深处最后锚定之后，佛教的修持者也许就能够自我定义其神圣空间，把自我内心视为空间佛教的最好表达。

空间如果能够呈现正义，而空间又并非出自于宗教本身的定义，那么，空间宗教所能呈现的正义维度也就只能体现在方外之交这样的空间，即心即佛的成佛成圣功能基本上却是无法进入六合之内，故只能转入方外之空间及其内在的修持和戒律之中。如此则把空间显圣的意义转换为内心呈现。

伴随着这一空间的心性化，中国人喜欢的空间佛教就像一个多棱镜，它将宗教的意义聚集之后再扩散出去，并只能通过这面多棱镜所折射出去的光线带出其本来的出世和超越特质。因此，这就构成了佛教空间或空间佛教所带来的关键问题，即空间能够成为佛性建构的条件，或者是必须另有所图？人们是活在这个特殊的空间，还是这个特殊的宗教空间把人世间分割成为好几个空间，所谓神圣的空间、礼仪展演的空间、进香礼佛的空间、神灵长驻的空间、日常生活的空间等等，唯有寺庙这样的空间，人们如若不进，那就无法形成人们的神圣和敬畏。

换言之，人们也许能够这样认定和理解，正是宗教空间才能定义和打造中国人的神圣意识及其呈现方式，进而以空间替代时间，以空间替代制度，以空间包容一切。然而，若以空间"显圣"的理论框架来看，宗教空间决不局限于宗教本身的结构及其要素和关系，其空间乃是经由外在而得以建构起来。它首先是一个社会的、权力的、利益的、等级的空间，甚至会因为被社会建构起来的空间而能够促使宗教空间具有开放或封闭等特征，把宗教化为一个特定的空间，促成其空间的开放或封闭、正当与非正当，以最后确定这个空间能否正当、开放，能否产生不断超越自身的世界、充满勃勃生机的希望的世界。

所以，空间总是被特定的主体占据和支配的。它不是无限开放的宇宙，也不是哲学中无差别的同质性空间（homogeneous space），而是从属于主体本身的存在环境，是具有特殊性和历史性的概念。依据中国佛教寺庙的不同类型如私家寺庙、民建寺庙、皇家寺庙，这一空间同时也就具有了私人的空间、民间的空间、官建的和皇家敕封的空间等类型，历史地构成了风能进、雨能进、国王更能进等不同特征。尤其是在中国语境中的空间使用方式大多涉及到家国土地资源的配置和安排，如孟子所谓"恒产"与"恒心"的悖论，如有土地作为恒产即有恒定的宗教空间，方才可能拥有神圣信仰的恒心；反之亦然。这就恰好说明了在空间的绝对与相对、无限与有限、本质与属性的纷争和冲突之中，实际上隐含着理性与信仰、生存与价值、资源配置和权力竞争、神圣的悖论等各种冲突。这大抵也是中国宗教所基本具有的空间社会学特征。

为此，空间的建设、空间的获得与维护，在很大程度上就意味着宗教存在本身之意义获得与维护，其中牵涉的家族、朝廷、权力、利益关系确实很不简单。以此作为问题背景或问题意识来理解近年来中国各地城镇化过程中佛教空间如寺庙所遭遇到的基本问题，这就极大程度地暴露了空间管理作为宗教管理的一个重要问题，以及定时、定点、定人等"三定"为特征的宗教空间及其运作和管理的基本问题。

吴华兄在四川大学顺利获得宗教学（佛教研究方向）博士学位之后，来到华东师范大学从事宗教社会学博士后的研究，希望能够在其固有的教理及其演变历史研究基础上向着宗教社会学有所拓展。在此期间，我有幸作为其合作导师，建议吴华从当下中国城镇化过程中各地出现不同程度上的寺庙拆迁或改建等现实问题入手，进行宗教社会学视域中的佛教社会关系研究。这就是城镇化中的中国佛教及其空间是否也需要一个相应的城镇化过程、也存在一个前所未有的城镇化问题，而这一城镇化过程会给佛教空间带来何种的刺激和影响？！其影响所致，已不仅是影响佛教如何发展的问题，更涉及公共权力与私人权利、公共道德与私人信仰等复杂关系，曾经引起社会各界的广泛关注。

不负韶华的吴华博士读书很勤勉，田野调查很用心，虽经曲折而不放弃，终于在丰富的田野资料梳理基础上逐步形成了自己的问题意识和研究框架，能够在佛教义理和历史研究基础上，把佛教空间城镇化的问题视为社会的、乡村城镇化问题之一，并认为只有如此研究才能真实把握佛教在人间或人间佛教在社会人心中的真实践行过程。

展现在读者眼前的这本新著，题为《空间政治与城市治理：以当代佛教城镇化问题为例》，就是吴华博士作为他在华东师范大学社会学系博士后流动站的出站报告。在相关研究急速转向乾嘉风格之际，吴华的这本新著颇具学术个性和研究特色。

在此新著之中，吴华博士把握住了佛教城镇化过程中的核心问题，即在宗教资源市场化（空间社会化）、个别宗教人士商业化（即宗教人或政商人士化身宗教人之后的空间商业化）、宗教事务行政化（空间政治化）的逐利过程中，宗教资源的配置如何在城镇化不断推进之中被误解为地方财富增长中的经济主体，最终影响、制约了佛教空间的自在自为。

从研究方法来说，该研究以"空间政治"概念作为分析单位，围绕宗教活动场所（空间）所进行规划（资源分配）的矛盾（关系）为主线，探讨不同利益主体在宗教空间政治行动中的制度与行动，具体包括有地方官员与僧人间的管理关系、不同层级官员间的权力关系、僧人与僧人/僧团的结构关系，以及这些不同的行动主体与互联网、媒体等元素所共同组织构成的社会关系网络。正是这些关系在整体上构成了当代佛教之空间政治，形塑了中国人佛教信仰方式的特质和变迁。

中国佛教的这种"空间显圣"特征，在吴华博士的这部新论之中得到了具体生动、深刻细致的论述。它会给人一种认识，即如此特色的佛教空间或空间佛教所显现的究竟是神圣，还是其他因缘际会的结果？！能否说明这种空间宗教而非团体宗教的社会学特征，即在于转时间（三世）为空间（因果）、化空间体验为内心修持、以恒心为恒产的佛教表征方式，或者是游弋于佛教之空间政治中的私己个人、但求高人加持而获取一己之福……

该著理论与现实互动、田野与文献整合，汇通身心体验与专业问题，功底扎实而富有想象力，可谓当下宗教社会学领域中一部力作。相信读者会见仁见智，各有收益。

定稿于 2022 年 8 月 9 日上海—桂林旅次

作者李向平，华东师范大学二级教授，
华东师范大学民族宗教与国家治理研究中心主任，
全国社科基金学科规划项目评审专家，
中国社会学会宗教社会学分会会长，上海市宗教学会副会长。

目

次

第一章 导论：佛教的历史与现实

佛教作为东方文明的精华，自西域传入中华大地以后就生根发芽，萌生为具有中国特色的佛教体系，并逐步传播到高丽与东瀛，对东亚国家的文学、艺术、武术、茶道、香道等产生了深远影响。法国汉学家保罗·戴密微认为："从晋代到唐朝末期，公元四到十世纪，佛教主导了中国所有的哲学运动；这段时期，佛教是所有具有生命力和原创性思想的关键，后者要么是受佛教思想的启发；要么相反，是抵制佛教思想的。"[1]

佛教作为一个宗教教团，有其自身对于商业、经济的认识，以及为了维持教团发展所从事的经济活动。这一点，可以称之为历史上的寺院经济。早期印度僧人实际上拥有私人财产，并且使用甚至制造钱币。[2]

从历史的发展情况而言，佛教过去和现在都是一个庞大的物品系统。佛教物品的重要性使之具有经济价值，包括寺庙的建设和维护，塑像和其他物品的制作，念珠的销售等。大型的宗教机构是传统上重要的金融、农业、工艺和贸易经济中心。[3]

海外学者柯林斯指出，自汉朝末年至明朝初年，中国与其说是一个"儒教社会"（Confucian society），不如说是一个"佛教社会"（Buddhist society），

---

1 Paul Demiéville, La pénétration du bouddihisme dans la tradition philosophique chinoise, *Choix d'études bouddhiques (1929-1970)*, Leiden, E. J. Brill, 1973, pp. 241-260. [法]保罗·戴密微著，相凤译：《佛教在中国哲学传统中的渗透》，《思想与文化》，2015（1），第十六辑，第297-312页。

2 Gregory Schopen, *Bones, Stones, and Buddhist Monks: Collected Papers on the Archaeology, Epigraphy, and Texts of Monastic Buddhism in India*, Honolulu: University of Hawaii Press, 1997.

3 艾力克（Eric Reinders）：《论反佛迫害中的佛像破坏》，胡素馨编：《寺院财富与世俗供养》，上海：上海书画出版社，2003年，第57-58页。

存在一个强大的"佛教寺院资本主义"（Buddhist monastic capitalism），佛教僧侣们在政治斗争、社会生活的方方面面都发挥着重要的作用。[4]当然了，经济基础决定上层建筑，寺院经济对于僧侣们的日常生活与修行弘法活动有极大的影响。日本学者道端良秀认为，如果除掉经济生活，而单谈隐遁的佛教，或社会经济的宗教，恐怕就不免要堕于观念论了。[5]

近代以来，以儒释道为代表的中国传统文化受到西方文明与现代科学话语的巨大冲击。清朝以后，儒家文化的制度性传承趋于没落，道教的生存样态与现代社会文明仍然有一定的差距。在儒释道三教当中，只有佛教较快地适应了现代国家的社会体制，逐渐成为中华文化复兴的代表性载体。

二战以后，佛教远播欧美，风靡全球，成为东西方文明的交汇点，吸引了无数西方哲人的关注，对西方哲学、心理学、管理学等学科均产生了积极的影响。

改革开放以后，国家通过宗教政策规范宗教事务管理，并积极引导宗教与社会主义社会相适应。在这个过程中，佛教以其融合儒家、道家文化的中国化特色积极发挥文化自觉、文化担当、文化使命，鼓励各界信众主动投身于中华文明创造性转化与创新性发展的历史洪流之中。[6]

随着科学技术的迅速发展，科技元素也融入到宗教空间，并产生了"科技—宗教"空间（Techno-religious space）。这类空间在某种意义上也属于"非正式神圣"空间。[7]在传统文化的创新和现代弘传方面，佛教界充分运用新媒体手段和现代人喜闻乐见、易于接受的文化传播方式，如网站、博客、微博、微信、影视、动漫等，对传统文化的表现形式和载体加以改造，赋予其新的时代内涵和现代表达形式，令传统文化融入生活、复活于当下。宗教团体适应社会的需求，应用先进技术为世人提供宗教与社会服务，才能吸引民众、获得主流价值观的认可，从而体现自己的存在价值。[8]

---

4 Collins, Randall, *Weberian Sociological Theory*. London: Cambridge University Press, 1986: 58-73.

5 [日]道端良秀著，李孝本译：《唐代佛教寺院与经济问题》，收于张曼涛主编：《现代佛教学术丛刊9·佛教经济研究论集》，台北：大乘文化出版社，1977年，第54-55页。

6 魏德东：《天降大任于佛教：中国文化复兴的中流砥柱》，2014-05-15，http://blog.sina.com.cn/s/blog_3d25d0c90101jj6f.html。

7 Kong L. Religion and technology: Refiguring place, space, identity and community. *Area*, 2001, 33(4): 404-413.

8 吴华、任雅仙：《新媒体视域下的宗教传播与社会治理研究：以佛教网络群体为线索》，《新闻界》，2016年第17期，第36-39、44页。

根据 2010 年公布的零点调查公司 2007 年的抽样调查结果，佛教徒数量占我国人口的 16.6%，约合 21916 万人，远远高于其他四大宗教信徒人数总和，是后者总数的三倍以上。这表明，我国宗教的基本格局没有根本的改变，佛教依然是当代中国信徒最多、规模最大的建制性宗教。但是，其中只有 9.9% 的佛教徒参加过正式的皈依仪式。[9]这也表明佛教在中国更多是作为中国人"建构其个体认同、理解其生活世界的符号参照（symbolic reference）"[10]，而不是西方学术意义上那种对一神教定义的宗教认同。

在今天的传统文化复兴之中，中国佛教仍然发挥着旗帜性的作用，引领中华民族人文传统的更新。然而，新时期佛教的生存与发展却遭遇了前所未有的挑战。其中，尤以商业资本的经济侵蚀最为触目惊心。

第一节 选题缘起与社会背景

> 安土重迁，黎民之性；骨肉相附，人情所愿也。（《汉书·元帝纪》）

传统中国是一个典型的农业社会，农耕经济将人与土地连接在一起，将家族、宗族连接在一起，在家国天下的体系结构中表达了对于世界的认识，也形成了农业社会中的中华文明。

1950 年代初期，中华人民共和国进行土地制度改革运动。这一运动，在摧毁已有土地制度的同时，实现了巩固政权的作用。之后，国家陆续推行农业合作化、人民公社等运动。这些运动，分离了土地的所有权与使用权，在逐步将土地收归国有的同时，阻碍了生产力的发展，也在制度层面上，造成了一些后世难以解决的历史难题。

21 世纪以来，在城镇化政策的不断推进中，中国社会得到快速发展。由乡村的农业社会向城镇的工商业社会转型，打破了五千年来人与土地的关系，也打破了人与人之间的关系。产权之于公民，产权之于宗教，逐步沦为一个特别的话题。在这种情况下，原来活跃于农业社会中的宗教活动场所，逐步让位

---

9 宣方：《中国大陆佛教现状分析与前景展望》，弘法网，2014-03-08，http://www.hongfasi.net/index.php?a=show&m=Article&id=2909。

10 汲喆：《作为"社会力量"的中国佛教：三十年复兴的现实与潜力》，收于汲喆、田水晶、王启元编：《二十世纪中国佛教的两次复兴》，上海：复旦大学出版社，2016 年，第 209 页。

于城镇社会中的商业地产。关于产权的纠纷形成了佛教进入城镇化中的根本难题。在商业财富推土机的碾压之下，围绕着宗教活动场所的地理空间发生了去留的争议热潮。

2000 年以降，佛教在城镇化进程中问题事件频发，并引起了社会各界的广泛关注。一个涉及佛教城镇化问题事件的专题报道，在网络上吸引了海内外三千多万的点击量。这一数据反映了此类事件已然对社会秩序的安全与稳定造成了一定的影响。

以佛教城镇化为标志的宗教空间政治事件的频繁发生，已经引起佛教内部的整体觉醒，因此呼吁完善宗教法规的声音此起彼伏。如在 2016 年两会提案中，全国政协委员、中国佛教协会副会长、五台山碧山寺方丈妙江法师表示根据政策和法律规定，"文革"中被文物、园林、林业等部门占用的寺庙道观，要有计划有步骤地退还给佛道教界管理使用。全国人大代表、中国佛教协会副会长、湖南长沙麓山寺方丈圣辉法师则针对借教敛财屡禁不止的现象，建议尽早制定宗教法。教内的声音反映出，治理宗教界乱象，需要有关部门完善法律法规，依法加强管理，维护宗教界的合法权益。

据笔者的不完全统计，自 2009 年至 2017 年，起码有 12 次寺庙拆迁事件受到舆论的关注。这些佛教城镇化问题事件的逐渐增多，其中有的因为得到媒体的报道而为外界所知；也有一些通过民间的宣传，后来在当地政府与民宗部门的关注下，迅速解决了纠纷，从而避免了进一步的扩散。

为什么佛教城镇化问题在这一时间段相对突出？相关事件如何酿成？在围绕宗教活动场所的去留问题上，出现了哪些值得关注的发展趋势？这些是促使笔者深入这一问题的缘起。

关于土地与房屋产权的问题，是上个世纪留给这个时代的难题，也是一个关系社会民生的大问题。产权的纠纷只是土地问题在宗教财产上的一个反映，是在国家框架内发生的内部矛盾。"围绕宗教活动场所的种种纠纷，无论是落实政策的遗留问题，宗教与园林、文化、文物、旅游部门之争，还是城市房产开发引起的新问题，都是利益冲突的表现。"[11]

就已有事件的发生来看，对于寺庙产权的不同看法、不同归属倾向是纠纷形成的根本原因。不同利益群体对于产权的争夺，其目的则是在于获取寺庙地产

---

11 "和谐社会的宗教论"课题组：《和谐社会的宗教论》，北京：宗教文化出版社，2010 年版，第 527 页。

与寺庙财富的分配权。因此，对类似问题，不能单纯地从宗教角度来认识，而是需要将之置于国家社会的发展背景进行深入的分析，才能拨开云雾见月明。

与寺庙相关的产权纠纷实际上是基于宗教活动场所的空间政治博弈。从微观层面来看，这些事件大多反映的是行动主体的利益诉求；从中观层面来看，这类事件影响了佛教作为宗教团体的组织构成与社会形象；从宏观层面来看，体现了国家政府宗教事务管理的情况，以及宗教信仰与世俗权力的关系。这种一体多重的关系基本上形塑了当前的佛教信仰方式。而之所以发生佛教城镇化的问题，则在于佛教被商业化的社会背景。佛教犹如一块蛋糕，被各种势力争相抢夺。缺乏主体性的佛教资源，被卷入资本运作的商业市场。佛教城镇化中所发生的规划事件不过是佛教被商业化的一种典型表现。

2012 年初，《中国新闻周刊》发表"被承包的信仰"长篇报道揭开了佛、道教寺院宫观被商业化侵袭，以及全国各地发生的种种"借佛敛财"怪现状。[12]是年 6 月，由于西安某旅游集团试图将一座财神庙包装上市，引发舆论哗然。寺庙上市由此成为媒体与大众热议的话题。进而，人们发现，四川的峨眉山、北京的潭柘寺、戒台寺却早已被作为旅游资产上市，而五台山、普陀山、法门寺等佛教名山名寺也都在以不同的形式遭遇商业力量积极运作。因此，媒体界对此类现象进行了严厉的批评，并提出："寺庙上市，神鬼不宁""寺庙上市，离地狱有多远？"[13]

2013 年 4 月，埋有唐代著名高僧玄奘法师灵骨的西安兴教寺，一度面临大规模拆迁。当地政府给出的拆迁原因，竟然是丝绸之路联合申遗的需要。

2013 年 12 月 8 日早晨，福州瑞云寺在城镇化推进过程中遭遇强拆。

2014 年 12 月，新华社"中国网事"栏目连续播发"故宫附近寺院古迹内藏会所""寺庙景区借功德箱敛财"等相关调查报道。

2017 年 5 月 9 号上午，少林景区嵩管委内部保安背着少林寺僧人到少林寺禅耕农场把少林寺的设施和农作物破坏得一塌糊涂。少林寺出家人的生活开始不再太平，少林功夫的弘扬、中国传统文化的传播都可能会受到负面的影响。[14]

围绕佛教被商业化乱象的种种案件吸引了全球的关注，相关专题点击量

---

12 《中佛协传印会长建议妥善解决佛教寺院法人地位问题》，《法音》，2013 年第 3 期。

13 魏德东：《寺庙被上市，宗教当自强》，2012-08-13，http://blog.sina.com.cn/s/blog_3d25d0c9010153rw.html。

14 旅游资讯快报：陷害少林寺方丈，破坏财物、名声的幕后黑手是谁？搜狐网，2017-5-10，http://www.sohu.com/a/139493037_608706。

高达上千万，甚至是数千万，直接反映了相关问题的严重性，引起了佛教界、媒体界、文化界等社会各界人士及国家有关部门的高度关注。国家宗教事务局对此高度重视，并就其中反映和涉及的 8 个焦点问题，在《中国宗教》杂志上刊登时评，表示国家宗教事务局将协商相关部门，加大对寺院景区监管条例的贯彻力度，切实维护宗教界和信教群众合法权益。

2017 年 6 月 7 日，中国佛教协会第九届理事会权益保护委员会会议在湖南湘潭举行。中国佛教协会副会长兼权益保护委员会主任圣辉法师在会议中作佛教权益保护工作报告。该报告根据各省提交的材料指出，当前佛教被商业化、被娱乐化的四种基本类型：①寺院"被承包""被上市"等商业化行为，严重损害佛教利益和权益；②假冒僧尼、活佛上师层出不穷，破坏佛教界的社会形象；③佛教遭调侃，被庸俗化，信仰遭到践踏；④恶意诋毁佛教，用心不良，值得关注。

其中，第一种现象是地方政府部门、企业、个人等利益集团对于佛教权益的觊觎，利用佛教谋取经济利益的行径；第二种则是个人假冒僧尼敛财骗色的诈骗行为；第三种是在消费时代，缺乏信仰的人们对佛教进行消费与娱乐的现象；第四种是个人对于佛教的恶意抹黑。这四种现象的出现，是佛教在当代发展中所面临的种种新问题，也表示了佛教权益保护的艰难进程。

山西太原晋源区文物旅游局于 2017 年 7 月 26 日发布《关于蒙山大佛景区市场化运营的公告》，公告声称：根据省委、省政府《关于推进旅游景区（景点）体制机制改革创新的意见》，目前山西蒙山大佛景区旅游体制机制改革创新工作已经基本完成，景区将全面进入市场化、公司化运营阶段。经晋源区蒙山景区改制领导组决定，定于 2017 年 8 月 1 日起景区开始试运营，8 月 10 日正式运营。门票价格为：70 元/张（并价行字〔2012〕154 号）。[15]蒙山大佛景区收费，再度引起游客、佛教界、景区管理方以及相关学者等各方的热议。佛教寺院是否应该免费向公众开放，一直以来都是佛教界与景区管理方争论的议题。[16]

---

15 晋源区文物旅游局：《关于蒙山大佛景区市场化运营的公告》，晋源区人民政府官网，2017-7-27，http://www.jinyuan.gov.cn/jyq/jyq/cmsContent.action?articleId=f2cae 204-c4ff-42e9-aa2f-fb4d641898ae。

16 禅风君：《历史倒退！蒙山大佛景区竟然开始设门票收费》，禅风网，2017-08-22，http://mp.weixin.qq.com/s?__biz=MzIyNzE4NDI3Ng==&mid=2686048665&idx=1&s n=1f7380489ad01b6801963eaf8d178d96&chksm=cd886262faffeb74ee0df17c65312b4 ed00a8d690acbae8027a1f8a3f826e58fdedce112a211&mpshare=1&scene=23&srcid=0 822pWQLI5Mn6oXpsWUAuez8#rd。

各界社会人士对于佛教的行动充满期待，佛教界所发生的种种迹象也成为了社会热点问题，其中包括了佛教的商业化问题。事实上，种种"借佛敛财"的做法已经使佛教作为宗教身份的信仰功能被异化。在一定程度上，寺庙作为信众精神家园的地位已被扭曲和取代。

中国人民大学魏德东教授评论说，"富于旅游价值的佛教、道教与民间宗教道场正日益脱离其宗教活动场所的本义，而演变为利益集团的牟利工具。寺庙是中国传统精神文化的载体，蕴藏着五千年中华文化的底蕴，寺庙上市一旦普遍化，在形式上就意味着中国的精神文化是可以通过股价计算并买卖的，泰山今天几块钱？五台山涨了还是跌了？法门寺涨价了！弥勒佛又跌了！如是等等，中国传统精神文化的神圣性将从此不复存在，人们进入大山名刹，想到的不再是谈禅论道，修养心性，道德提升，而是市值股价。中国人的道德沦丧已经十分严重了，现在又将道德与文明的重要载体宗教活动场所全盘商业化，使其失去教化人心的功能而堕落为牟利工具，中国的人心还如何收拾得起来！中国真的要成为一个行尸走肉，毫无道德的魔兽世界吗！"[17]

第二节 案例选择及其社会影响

本书以佛教城镇化为研究对象，具体选取了 2013 年中国内地发生的两起关于寺庙规划的事件作为分析文本，其中包括金水省的高王寺[18]与东木省的祥光寺。通过对这两个来自于南北不同地方的寺庙规划事件的回溯与分析，结合实地调研访谈，试图以此梳理佛教在城镇化中的际遇，以及其所可能反映的更深层次的生存问题。

之所以选择这两个案例进行比较性分析，有着以下的考虑：

第一，高王寺位于中国内地较不发达的北方山区，距离当地省会大约 90 分钟的车程。地方政府一直希望通过利用寺庙的文物资源发展旅游项目，带动区域经济的发展。因此，地方政府与地方佛教界将高王寺纳入国家申遗工程，试图借此契机，完成寺庙的整治与佛教文化风景区的开发。由于文物专家的意见，认为文物保护本体周边 30 米以内不能有其他建筑物，导致寺庙建筑面临大面积重新规划的危险。僧团遭遇生存危机，遂寻求多方支援，引起社会各界

---

17 魏德东：《寺庙被上市，宗教当自强》，2012-08-13, http://blog.sina.com.cn/s/blog_3d25 d0c9010153rw.html。

18 遵照学术惯例，本文对分析的具体对象作匿名化处理，特此说明。

的强烈反响。在媒体的曝光之中，形成当代佛教城镇化的社会公共事件。最后在舆论压力之下，寺庙得以保全。

第二，祥光寺位于中国较发达南方城市的闹市区。在地方政府的城镇规划中，在距离寺庙五十米处新建了一所寺庙，也成立了一个新的寺庙管理委员会。因此原来的寺庙就没有存在的价值，原寺庙的住持法师也遭裁撤。在媒体对该事件进行报道后，迅速引起社会的广泛关注。

就具体佛教城镇化问题事件而言，这些事件尽管主要在僧俗两界之中激荡，但也有部分学者从社会关怀的角度著文进行详细的分析与建议。通过网络虚拟空间，佛教城镇化问题已然成为了社会的公共议题，并推动着国家宗教法律政策的进一步完善。

此中积极为佛教合法权益多次撰文呼吁的有中国佛教协会常务理事、清华大学哲学系教授圣凯法师。圣凯法师既以教内行动者的角色多方奔走呼吁阻止非法行动，也以学者的身份撰文剖析强拆寺庙的错误阐述与解决出路。圣凯法师强调，要从旅游经济、城镇化、宗教法规等方面理解中国佛教发展的历史困境，从而为圆满解决佛教城镇化问题事件提供合乎法律、合乎历史的路径。[19]

中国宗教学会理事、西北大学玄奘研究院院长李利安教授为了高王寺事件不惜花费精力撰写长篇报告，从宗教学的角度审视了寺庙的文化遗产，分析了事件进展中所发生的不合理之处，进而提出三套方案，并对事件进行了五个层面的深层反思。[20]

陕西省社会科学院宗教研究所所长李继武先生对于高王寺事件成为公共事件的原因提出了三点反思，第一是申遗活动前期论证不足，第二是对僧众宗教权利的忽视，第三是商业开发的不良影响。[21]

《北大商业评论》于2013年第5期焦点栏目组织了系列专题文章。其评议文章赫然题为《当信仰成为生意》，直截了当地指出："当宗教成为赤裸裸的商业牟利工具后，就从根本上违背了宗教'出离世俗'的本意。精神为欲望所

---

19 圣凯：《不要拆了那方净土 强拆高王寺的错误阐述及解决出路》，《中国宗教》2013年第5期；圣凯法师：《祥光寺"强拆"与当代宗教发展困境》，凤凰网佛教，2013-12-11，http://fo.ifeng.com/guanchajia/detail_2013_12/11/32022818_0.shtml。

20 李利安：《高王寺拆迁需慎之又慎》，2013年4月12日《华商报》，A12版；李利安：《直面高王寺：审遗 审疑 审申遗》，香港《文汇报》，2013年5月15日，http://pdf.wenweipo.com/2013/05/15/a25-0515.pdf。

21 李继武：《高王寺申遗缘何成公共事件》，中国社会科学网，2013-4-24，http://www.cssn.cn/skyskl/skyskl_dfwh/201310/t20131026_605296.shtml。

绑架，信仰为物质所奴役。当金钱成为唯一的信仰，这是对教义的公然践踏，信仰焉能不坍塌？"[22]该专题还详细剖析了高王寺事件的发展脉络，并从宗教经济、政教关系、宗教事务管理等角度进行了深度反思。[23]

中国人民公安大学戴继诚教授从"消费佛教""门票经济"等现象的发生，评议非佛教信仰的个人或组织假借佛教名号，插手佛教内部事务，谋取经济利益或其他社会价值的行为。作者认为戏谑佛教、假冒僧尼、圈庙开发等行径不仅助长三俗之风，贬低佛教形象，也是对公民宗教信仰自由的侵害。遏制这股损人利己、祸教败俗之风，不仅是有关部门的职责，佛教界也当正己正人，以戒为师。[24]

《佛学研究》于 2013 年的卷首语对是年发生的两起佛教城镇化事件进行反思总结，撰稿人从佛教与公共事务的发展角度，指出佛教徒的自保诉求作为社会民意的组成部分，在移动互联网技术的传播中，已转化为社会公共事件。在政府相关宗教事务管理部门与中国佛教协会的介入下，一定程度上保障了佛教徒的合法权益。这一行动反映了佛教界的社会主体意识逐渐觉醒，通过新闻媒体、"自媒体"等自由表达意愿，佛教界自身的力量得到爆发。佛教界主体意识的觉醒是佛教发展的必然结果，同时也是中国佛教兴盛与崛起的前提。[25]

中国社会科学院世界宗教研究所周齐教授认为："对于当今的佛教，挟佛敛财已经是一种经济法难，由于是从基本生存的各个方面影响佛教发展，已经危及佛教的根基。"[26]

谭璐通过对高王寺事件的报道、评论进行检索、编码、归类，详细分析了事件的舆情脉络与焦点议题，系统阐释了这类舆情发展的传播特征与社会影

---

22 编者按：《当信仰成为生意》，《北大商业评论》2013 年第 5 期，第 32-33 页。

23 明易：《职能错位还是精神迷失？——高王寺风波探源》，《北大商业评论》2013 年第 5 期，第 35-45 页；刘仰：《宗教的商业逻辑》，《北大商业评论》2013 年第 5 期，第 46-52 页；姚望：《警惕政教合一的幽灵》，《北大商业评论》2013 年第 5 期，第 53-55 页；刘海明：《无过之讼与无心之失》，《北大商业评论》，2013 年第 5 期，第 56-60 页。

24 戴继诚：《争吃"唐僧肉"，相煎何日休？——中国当代"消费佛教"现象批判》《人间佛教研究》2013 年第 5 期，第 145-167 页；另见《法音》2013 年第 11 期，第 22-33 页；《宗教与世界》2013 年第 4 期，第 22-33 页。

25 卷首语：《中国佛教主体意识觉醒与道路建设》，《佛学研究》，2013 年总第 22 期，第 1-2 页。

26 周齐：《2013 年中国佛教发展形势及其热点事件评析报告》，邱永辉主编：《宗教蓝皮书：中国宗教报告（2014）》，北京：社会科学文献出版社，2015 年。

响，最后从管理的角度提出了完善宗教领域突发事件舆情治理的策略和措施。[27]由于作者重点在于舆情治理而缺乏对相关主体的责任反思，所以报告的应用性更强，而学理性较弱。

狄蕊红从传播学的角度对高王寺事件的传播划分为五个阶段，通过对信息流的产生、传递、反馈、再传递过程的研究，了解政府机关、民众、僧团等人群在信息传播过程中的传播行为，进而探索佛教事件在新媒体环境下传播的一般路径；其特点在于紧紧抓住事件主要节点、传播渠道，以及对网络意见领袖的梳理分析，进而寻找现代社会与佛教界沟通的新模式；探索佛教事件传播的应对与危机公关策略；为佛教与新媒体环境下的现代社会适应提供合理化建议。[28]

对于佛教城镇化的认识，不能仅仅停留在事相之上，而是要深入宗教与社会的关系之中，方能窥其究竟。实际上，之所以发生有关产权的纠纷，其中很大的一个问题，便是对佛教的商业化开发。商业过度侵入佛教领域，而佛教领域却缺乏足够的时代智慧转化商业威胁为发展机遇。强调去商业化，固然能够保障寺庙生存空间的安全，但是现实中存在大量寺院经济捉襟见肘的情况，也会令僧人团体的发展受限。因此，保护寺庙财产与发展寺院经济成为了当前宗教事务管理中的一个双重困境。这一问题的核心，归根结底就是佛教如何适应新的城镇社会问题，以及宗教法治化的展开和执行问题，本书因此将之概念化为"佛教城镇化"，试图以案例分析的方式加以深入剖析。

《世界宗教文化》于 2014 年第 1 期，发表了国家宗教事务局 2013 年度"佛教寺院经济及管理模式研究"基金项目，对寺院经济进行了专题研究。其中，纪华传教授与何方耀教授的《当代汉传佛教寺院经济现状及其管理探析》认为，改革开放以来，汉传佛教寺院形成了 7 种不同类型的管理模式，①僧人自主型；②政府主导型；③投资人主导型；④政僧合作型；⑤僧商合作型；⑥家庭包办型；⑦政商僧三方合作型。因此在制定管理条例、实施管理规则时，应根据具体情况区别对待，制定具有针对性的管理制度，采用适合自身特点的管理模式。[29]在何方耀教授及其团队近十年的调研中发现，"从空间维度来看，

---

27 谭璐:《宗教领域突发事件网络舆情研究——基于"高王寺事件"的案例分析》，西北大学硕士学位论文，2015 年。

28 狄蕊红:《新媒体环境下的佛教突发事件传播研究——以高王寺事件为例》，西北大学硕士学位论文，2017 年。

29 纪华传、何方耀:《当代汉传佛教寺院经济现状及其管理探析》，《世界宗教文化》，2014 年第 1 期，第 66-71 页。

各地寺庙所处的社会经济背景和所面对的佛教信众构成不尽相同，使得不同地域的寺庙在恢复、重建构成中采取了不同的方式和途径，在管理上呈现出不同的地域特点。(1)地处都市的寺庙，其开放管理往往比较规范。(2)地处风景名胜区的寺庙，在管理体制中往往保留了较多的政府影响。(3)在中小城市重建或新建的寺庙，政府行政部门在管理中也起了重要作用。(4)经济欠发达的中小型寺庙，许多为从事商业活动的在家信众所建，因而在管理中投资者或在家居士起了举足轻重的作用。"[30]而就历史的发展过程而言，"寺庙并非总是由出家僧尼们管理或经营，寺院的实际管理者除了僧人还有居士、政府部门、商人、基层官员、家族势力和农村神媒等主体，而且这些实际管理主体还相互合作、渗透、利用、控制，形成你中有我，我中有你，且实际管理主体此消彼长、变化不居的多元格局。"[31]作者指出，"分出七种管理类型，并非是要判断孰真孰假，孰优孰劣，而是要让研究的目光面对真正的现实，即在承认多元格局的前提下，探讨当下寺院管理的具体问题和改进之途。"[32]

丁莉霞教授的《当代藏传佛教寺院经济状况及其管理探析》，指出在佛教"布施—功德"观念的影响下，社会财富以"供养三宝"的方式大量流入寺庙，成为藏传佛教寺院经济收入。[33]郑筱筠教授的《当代南传佛教寺院经济现状及其管理探析》指出村社供养制、南传佛教的寺院管理模式以及寺院经济与社会经济发展的互动，是影响中国南传佛教寺院经济资源配置的重要变量。[34]

对于寺院经济的讨论，离不开产权的问题，也与近年来的宗教法治化、宗教治理等呼吁息息相关。笔者将在本书中进行适当的引证与论述。

从佛教城镇化问题、寺院经济，到宗教治理，这一线索表现的是当代宗教信仰方式的变迁。宗教信仰方式，既是社会关系的体现，也是社会结构的反映。中国人的信仰方式直观地反映了中国人的利益观念、权力观念。李向平教授曾

---

30 何方耀、宋跃华等著：《当代汉传佛教寺院管理初探》，香港中文大学出版社，2020年，第52-55页。

31 何方耀、宋跃华等著：《当代汉传佛教寺院管理初探》，香港中文大学出版社，2020年，第35页。

32 何方耀、宋跃华等著：《当代汉传佛教寺院管理初探》，香港中文大学出版社，2020年，第35-36页。

33 丁莉霞：《当代藏传佛教寺院经济状况及其管理探析》，《世界宗教文化》，2014年第1期，第72-77页。

34 郑筱筠：《当代南传佛教寺院经济现状及其管理探析》，《世界宗教文化》，2014年第1期，第78-84页。

经提出"中国的宗教和信仰往往不是单纯的宗教和信仰，它们常常被镶嵌在权力和秩序之中而难以得到一种纯粹的呈现形式"[35]。这种信仰方式与权力秩序的互动，反映的是具体的政教关系。因此，以下简单回顾一下政教关系与佛教的社会性影响。

学界对于政教关系的研究，主要有东西方不同文化背景的差异。西方背景的学者或者说以基督宗教作为主要研究对象的学者，习惯于将"教"看作是教会或者是基督宗教。如邢福增认为："政"可以指政府组织，也可以指政治活动；"教"可以指教会，也可以指宗教信仰。这种前提下的政教关系就包含了四种组合：政府与宗教的关系、政府与教会的关系、宗教与政治的关系以及教会与政治的关系。[36]Bourg 认为政教关系指涉三种方式：教会与国家（Church-State）、宗教与市民社会（Religion-Civil Society）以及宗教取向与历史行动模式（Religion Orientation and the Modes of Hhistory Action）。[37]东方学者或者是以传统中国为研究对象的学者则主要集中于皇权或政权与宗教团体之间的关系，而且大部分是从政权、皇权在政治层面对宗教事务的管理来研究的。[38]

有学者鉴于政教关系的不同模式受到具体国家社会的政治结构、宗教发展以及历史文化等因素的影响而各有千秋，不同国家的政教关系影响了该国宗教政策内涵的界定以及宗教自由的活跃程度，于是在此基础上完成了对政教关系的理论建构反思，并试图开拓政教关系研究的新视野，新途径。[39]卢云峰根据治理主体的差异区分出四种宗教治理模式：神权统治模式、国教模式、以国家为中心的选择性管制模式和以社会为中心的多元治理模式。他据此提出政府管理宗教的双重性，一方面在战术上忽略宗教，实行无为而治的社会治理模式；另一方面在战略上重视宗教在塑造国民性，凝聚共识，以及对外传播文化，提供国家软实力方面的重要作用。[40]

就古代佛教的发展而言，其宗教团体/个人与国家政治存在多重嵌入的现象。

---

35 李向平：《信仰、革命与权力秩序——中国宗教社会学研究》，上海：上海人民出版社，2006 年，第 1 页。

36 邢福增：《当代中国的政教关系》，香港：建道神学院，1999 年，第 2-7 页。

37 Bourg ,Carroll J. Politics and Religion. *Sociological Analysis* , 1981, 41(4). pp. 297-316.

38 张训谋：《欧美政教关系研究》，北京：宗教文化出版社，2002 年，第 1-2 页。

39 黄宝瑛：《政教关系研究的反省——从理论建构观点论述》，《师大政治论丛》，2008 第 9、10 期（合辑），台北：台湾师范大学政治研究研究所，第 117-151 页。

40 卢云峰：《走向宗教的多元治理模式》，《文化纵横》，2013 年第 3 期，第 18-25 页。

根据古正美的研究，古代佛教的治国模式中，主要有大乘佛教的三种教化模式：①初期大乘为丘就却奠立的"贵霜模式"或"犍陀罗模式"；②龙树/龙猛菩萨于三世纪初期左右于今南印度案达罗省为当时的统治者萨他瓦哈那王奠立的"弥勒王下生信仰"或"支提"模式；③七世纪初期左右在南印度奠立的金刚顶派的密教"观音佛王信仰"模式。这三种模式于不同时间段传入中国。[41]

东晋时期道安法师一句"不依国主，法事难立"成为后世佛教徒进入政治世界的通行证。而其弟子慧远则坚持"帝王之德理，极于顺通。若以对夫独绝之教，不变之宗，固不得同年而语其优劣，亦已明矣。"[42]慧远的《沙门不敬王者论》在拒绝向世俗权力低头的同时，也获得当朝者的尊重。以上两位高僧对于出入世俗权力的看法基本上左右了中国佛教在后世的发展。

中国历史上存在个别帝王以佛治国的现象，他们主要沿袭了佛教中转轮王治理世界的方法，利用五戒十善作为治国意识形态的基本内容。学界对于中国君主利用佛教资源治国的政策与措施的研究[43]，主要集中在中古时期的几位皇帝身上，如梁武帝、武则天等人。其中，梁武帝以弥勒佛王形象[44]，营造了以国家权力为主导的"佛教国家"政策，通过寻求佛教经典理论强化佛化王国的统治基础。[45]武则天以《华严经》佛王传统教化天下，以女转轮王及弥勒佛的形象统治大周。[46]

宋代，国家与佛教的互动关系表现在：①国家礼制吸纳佛教，如将佛寺声钟、开启道场等纳入国家礼制；②国家多方扶植佛教，如临幸佛寺、政治上支持、经济上赏赐和兴修佛寺；③佛教参与国家礼制，这在吉、嘉、宾、军、凶五礼上均有所体现；④佛教发挥积极作用，主要体现在经济、军事和文化娱乐

41 古正美：《佛教传播与中国佛教国家的形成》，《成大历史学报》，2011年第40号，第1-60页。

42 [晋]释慧远：《沙门不敬王者论》，《弘明集》卷五，《大正藏》第52册，第31页。

43 康乐：《转轮王观念与中国中古的佛教政治》，《中央研究院历史语言研究所集刊》，第67本第1分，1996年，第109-143页。

44 古正美：《梁武帝的弥勒佛王形象》，上海社会科学院编：《传统中国研究集刊》，上海：上海人民出版社，2006年，第28-47页。

45 颜尚立：《梁武帝受菩萨戒及舍身同泰寺与"皇帝菩萨"地位的建立》，《东方宗教研究》新1期，1990年10月；颜尚文：《梁武帝注解〈大品般若经〉与"佛教国家"的建立》，《佛学研究中心学报》，1998年第3期。

46 古正美：《武则天的〈华严经〉佛王传统与佛王形象》，袁行霈主编：《国学研究》第7卷，北京：北京大学出版社，2000年7月，第279-322页。

上；⑤此外，佛教与国家及国家礼制之间也存在一定的矛盾，其突出表现是佛教火葬习俗对儒家礼制与封建秩序的强力冲击。[47]

另外，一些佛门高僧成为了帝王仰慕追逐的对象，如释道安、鸠摩罗什、昙无谶等。也有一些高僧，参与甚至影响中国政治发展史的脉络，如佛图澄、八思巴、姚广孝等。[48]

就上述的研究而言，在古代历史中，中外确实存在国家政治权力与佛教的多重嵌入现象。但是，中国毕竟不是佛教国家，佛教治国现象的出现只是因个别帝王的喜好而施设，并没有在中国的国家发展史上成为足以延续的历史传统。大部分时期，佛教只是政治统治的工具，参与到治国之中。甚至，佛教本身就是被治理的对象，其中尤以明代朱元璋与清代雍正两位帝王的统治时期为典型。

李向平教授认为佛教作为一种制度性宗教，是可以对中国社会的伦理生活产生制度性的影响。佛教可以在制度层面对整个社会的伦理、行为发生普遍作用，并以其制度来组织社会大众的日常行为，构建社会生活中的道德观念及道德实践。然而，佛教最终却无法在王朝政治的权力制约下，使自己的道德教化功能成为天下的"公共"资源。这种现象的出现说明，中国的政教关系是一个世俗权力优位型模式，神圣资源与权力资本之间所具有的象征性交换关系，促使佛教不得不与朝廷权力紧密联系。[49]

由此思路，就不难理解中国在改革开放以后所发生的信仰危机的问题。"信仰危机的真实根源并非信仰本身；它源自于权力危机。什么时候，权力的问题解决了，神圣资源的分配、处理的问题解决了，中国人的信仰危机自然就不再会存在了。"[50]

中国的宗教团体是属于政府权力管辖下的社会团体。在中国的宗教信仰方式表达之中反映的并不单纯是宗教的神圣性与组织性，而是世俗权力的制度性。也就是说，中国的宗教事务管理问题反映的不是纯粹的宗教内部问题，

---

47 王志跃：《宋代国家、礼制与佛教的互动考论》，《广西社会科学》，2011 年第 8 期，第 97-100 页。

48 张佳弘：《论中国政治史上的高僧——以佛图澄、八思巴、姚广孝为例》，《佛学与科学》，2012 年。

49 李向平：《专制王权下的传统中国佛教制度》，《普门学报》（第 34 期），2006 年 7 月，第 39-64 页。

50 李向平：《信仰、革命与权力秩序：中国宗教社会学研究》，上海：上海人民出版社，2006 年。

而是社会问题，是政治问题。

对于中国政教关系的认识，不应局限于宗教政策上的探讨，或是某一层面的单一思维，而是应该将宗教政策的落实情况，将政教关系安置于某一事件中进行细致的考察。只有如此，才能清楚地看到，宗教政策从制定到具体执行之间存在着什么样的落差，也才能真正认识到现实的政教关系处于何种境地，更可借此了解到地方政府在宗教政策上的认识程度与执行水平对于地方宗教发展及其对于社会治理的长远影响。

国家宗教政策的制定与执行在不同层面上常有不一致的地方，尤其是从上层中央到中层省厅再到下层县镇村的执行过程中，可能出现千差万别的情况。特别是当地方政府或者个别官员为了利益出现合谋现象的时候，所谓的保护宗教界的合法权益就不是简单地以宗教为主体的维权现象，而是制止行政主体非法越权的法律问题。

第三节　宗教空间政治博弈的问题意识

从空间政治的角度观察佛教城镇化问题，可以发现不同层级的政府针对同一事件、同一场所的合法性有着不同的看法，乃至于可能采取不同的行政手段进行管理。行政管理中的差异化政策及其实施，基层管理中不同行政人员之间的冲突意见，反映的是国家管理体制中存在权力代理与程序正义等问题。从佛教社会学的角度来看，本研究需要建构在一个超越于政府与佛教双方的公共立场上，讨论以下问题：

（1）城镇化进程中的宗教治理问题。宗教活动场所如何参与城市建设？宗教在城市的起源中曾起到何种作用？在当前的城镇化背景之下，又面临着何种命运？城镇规划者应该如何认识宗教的社会功能？如何妥善处置宗教活动场所？这些问题呈现了城镇化进程中宗教治理的成熟程度。

（2）正式制度之中，如何规范宗教活动场所？在现实的社会中，宗教活动场所又面临何种非正式运作？在正式制度与非正式运作之间，围绕宗教活动场所发生了什么样的空间政治？宗教财富的保护与宗教自由的关系？在宗教空间政治诉求之中，维护的是以产权为代表的权利，还是为了财富的分配而抗争？如果只要佛教财富的保护，这就与佛教的宗教性没有直接内在的关系，而是一个彻底的利益分配问题。当然，作为财富的资源也是应该得到保护的，但是这些财富从何而来的问题就值得考虑。

（3）中国宗教治理的根本问题，在于公共权力的理性化与法治化。不同层级政府在宗教事务管理上的权力来源有哪些？宗教团体、宗教活动场所的法定权利分别有哪些？如何监督与实施？

（4）媒体报道中的佛教城镇化问题。互联网时代的媒体是如何介入佛教城镇化问题事件的报道？不同媒体的报道产生了什么样的社会效果？他们之间又发生了什么样的关联？"私人化"的行政权力在真相与舆论之间如何逐步让位于"公共化"的社会权力？互联网与媒体对于新的信仰方式形成的趋向是如何设置议程？

（5）僧人行为，是佛教社会形象之所以形成的结构性原因。当前的佛教协会是如何组织起来的？什么因素决定了这个团体的选拔机制？不同行动主体在协会之中获取何等利益？其与政治机构、社会民众的关系是如何的？

（6）佛教城镇化问题事件中不同行动主体之间的博弈，反映了什么样的信任关系？传统的熟人信任、组织信任能否经得起利益的考验？在佛教城镇化视野下，出现什么样的组织信任？制度信任如何形成？宗教信仰方式与信任的结构性关系值得我们深入探讨。

（7）对出现在佛教城镇化问题事件中的仪式博弈进行讨论。为什么不同的仪式会在同一事件中发生，它们在什么样的社会背景、价值立场中产生，反映了什么样的社会心理？不同的仪式与寺庙合法性之间存在何种关联性，其中包含着什么样的社会机制，对于社会秩序的建构有何启发？

（8）佛教城镇化与因果报应说流行的社会机制。伴随佛教城镇化问题的突显，网络上出现了种种的因果报应说。从社会心理学的角度来看，这些舆论的出现反映了什么样的社会背景？如何解决因信仰方式的建构与经济利益的发展之间所出现的重重矛盾？甚至，从社会建构的角度，还应该反思的是，城镇化不断推进的同时，法治如何才能与时俱进？如何才能将法治精神落实到位？

私人性地方化的佛教城镇化事件，不应该由于事件的发生、时间的过渡就失却了背后责任的追究与反思，而是应该将具体事件提升到宗教界的整体责任层面，从国家宗教政策的制度性与社会的结构性层面进行反思。面对宗教权益的侵犯与保护，正式制度如何规定？正式的官方渠道能否及时解决相关问题？事件发生前后，正式制度和制度的非正式运作，起到何种作用？这些都影响着我们对于不同行动者所发起的佛教城镇化问题的评价与分析。

对佛教城镇化问题事件的研究，理清事件背后不同的社会观念、法律常识，方能真正理解宗教空间政治的复杂结构，才能理顺在城市治理中所涉及的宗教问题，促使依法治理的国家政策在宗教领域中的落实。

在宗教空间政治的博弈中，不同行动主体之间所发生的权力与权利的伸张，都在诉说着利益纠葛，而非宗教矛盾。如祥光寺在反拆迁过程中，反映出来的就是利益矛盾。对于当事人来说，既是行政程序的合法性问题，也是资源配置问题，而非价值诉求层面上的信仰冲突。

其他事件也存在类似情况，如曾经风云一时的法门寺事件，前期合作中出现的利益纠纷问题，政商利益集团共谋，而忽略宗教弱势群体的经济诉求，导致最终被抛向社会舆论。其解决方案是，省政府宗教事务管理部门批准将法门寺合十舍利塔一层包括地宫中厅交由法门寺僧团管理使用，从而得到法门寺的许可，进而顺利召开世界佛教联合大会。[51] 高王寺事件之中，寺庙得以保全，则赖于地方官员对其合法权益的认可，以及地方政府的制度文明。

宗教空间政治的博弈基本上反映了宗教与法律的关系，宗教与政治的关联，宗教与社会、文化建设相适应等方面。在着眼宗教空间政治研究的同时，不可忽视的还有正常的信仰表达、合法权益的保障。考验这些的是国家依法治国、地方政府依法治理社会的实际执行力度。

由佛教城镇化问题所引起的宗教空间政治能否推动国家法律在宗教界的落实与完善，切实为宗教与社会的交往提供一个合法的社会身份，实现各自的社会化行动，超越宗教信仰方式的私人化表达，形成良性互动的宗教法治化机制，是一个值得深思的社会问题。

从社会学的结构性解读来看，利益矛盾只是宗教空间政治的一个表面现象，其背后复杂的社会关系与社会结构所形成的信仰方式才是问题的真正根源，也是本研究的问题焦点——当代宗教信仰方式的构成及其发展趋势。

强调法治建设、社会服务，提供社会关怀，参与城市规划，既是当前宗教发展的趋势，也是宗教社会学研究需要重点关注的现象。为此，讨论宗教空间政治有助于理清宗教信仰方式与城市治理之间的关系，具有重要的学术价值与现实意义。

---

51 郑巧：《世界佛教徒联谊会大会将于10月首次在中国举行》，中国新闻网，2014-6-30，http://news.xinhuanet.com/yzyd/culture/20140630/c_1111389234.htm。

第四节 理论框架与概念工具

孙立平将今天的时代称之为利益或利益博弈的时代，第一，利益（主要指经济利益）在社会生活中的极端重要性，在于强调一个最基本的事实，即利益关系（尤其是经济利益关系）正成为社会中一种最基本的关系。第二，利益格局的形成越来越取决于围绕利益进行的博弈。[52]

社会学视野下的宗教研究，是把宗教作为社会的维度，来讨论围绕宗教所发生的社会问题。近年来，佛教城镇化问题及其引发的利益纠纷事件的频发，已不仅是一个影响佛教发展的问题，更是一场涉及公共权力与私人权利、公共道德与私人信仰之间的社会运动，引起了社会各界的广泛关注。

为了更好地理解 21 世纪来的佛教城镇化问题事件，本研究试图以"空间政治"概念作为分析单位，围绕宗教活动场所（空间）所进行规划（资源分配）的矛盾（关系）为主线，探讨不同利益主体在宗教空间政治行动中的制度与行动。

作为核心概念的空间政治，可细分为空间、资源与关系三个基本概念，同时介入的变量主要有地方政府、佛教协会、寺庙僧人、佛教信众与媒体等。文章围绕这些因素，以空间政治的博弈为主线在各章中分别展开。空间政治既是影响宗教活动场所的存在合法性与利益正当性的主要因素，也是构成宗教信仰方式变迁的核心路径。

一、核心概念：空间政治

社会学对空间的研究大致包括"人地关联"的物理空间、"人人交往"的社会空间、"人我沟通"的心灵空间三个层次。"人地关联"的物理空间指向物质性的空间资源配置，"人人交往"的社会空间与权威性资源配置有关（广义上的权力支配），"人我沟通"的心灵空间在宗教研究范畴中与神圣性资源的配置相关。

此外，由于全球化技术的发展，空间从线下的现实世界，扩展到了线上的虚拟社会。也就是说，在现实社会的基础上，通过媒体与互联网的互动构成了一个多维空间。从而在具体实践上，将通常意义上的宗教活动场所建构出扎根于现实的物理空间（寺院的历史文化、建筑景观）、不同级别政府宗教事务管理部门与其他部门、佛教协会、寺庙负责人与信众相互关联的社会空间（寺院

---

52 孙立平：《利益关系形成与社会结构变迁》，《社会》，2008 年 3 月，第 7-9 页。

经济、宗教事务管理），以及信众表达信仰诉求的心灵空间（或称想象空间，主要表达信仰自由、权利保障）等。

空间政治的研究既要关注空间中的资源和利益生产，也要关注占有不同资源的行动者在互动中是如何实现空间再生产。这种生产与再生产反映的是空间政治博弈的主体多样性与不同主体的能动性。在吉登斯看来，行动者是否占有资源，在互动过程中能否发挥能动性，是行动者权利能否得以体现的根本区别。

寺庙产权在国家法律不明晰的情况下，极容易被个别人士觊觎，从而通过个别地方政府人员与商业力量还有个别佛教内部人员的合谋操作而易主，实现空间资源的产权、管理权、使用权的转换。这一转换过程，既是旧空间主人的废弃，也是新空间主人的重置。对于空间来说，再造空间的实施是一种新的社会关系的建构。对于本研究来说，主要任务就是考察这一空间在生产过程中，各种社会关系是如何围绕着空间建构起来。

李向平教授曾在布迪厄"场域"思想的启发下，使用"宗教活动空间"概念制度化地涵括宗教团体和宗教活动场所两个范畴的发展形式及其内容，以此分析宗教本身的制度与国家的宗教事务管理制度。[53]

宗教活动场所是当代中国宗教的一个空间隐喻。"无论团体还是场所，它们都具备法人形态，享有法律上的同等权利。但在具体的宗教活动中，宗教团体在获得许可之后，能参与某些社会世俗活动；而场所法人无法参与其他社会活动，仅具空间结构而已。以此为基础，宗教行动把团体资源整合进入宗教活动场所，呈现一种空间隐喻关系，以充分表达各种权力、资源和人际关系在空间位置之中的展开。"[54]在独特的空间中，由复杂的权力关系与空间政治构筑成为特殊的宗教信仰方式。根据国家宗教法规政策的规定，宗教活动的开展，只能在合法化的空间即得到政府宗教事务管理部门批准的宗教活动场所中进行。在宗教事务管理领域中，以宗教活动场所为管辖范围的空间制度化，实际上包含了三层涵义：宗教修行人士的修行空间，政府管理宗教的行政空间，以及宗教组织自我管理的信仰空间。这三层空间可大致对应于前述物理空间、社会空间与心灵空间。李向平教授认为："这三个空间关系，代表了三种既对应

---

53 李向平：《中国当代宗教的社会学诠释》，上海：上海人民出版社，2006年，第81-84页。

54 李向平：《"场所"为中心的"宗教活动空间"——变迁中的中国"宗教制度"》，香港道风山《基督教文化评论：宗教社会学专辑》，2007年第26期，第93-112页。

又一致的权力资源，其主体分别是信教公民、政府部门与宗教社团。此三类关系的资源结构，严重制约着宗教活动空间的布局及其在现实社会中相应的地域分布，从而左右到中国宗教是否合理的关系配置。它们蕴涵着政府、信徒与宗教团体在一定关系结构中的位置安排，所以宗教活动空间之变化、调整，空间位置布局的是否合理，是否能通过有效的制度安排，形成合理的空间格局，实际上已构成了当代中国宗教的一个关键化变量。"[55]

因此，宗教活动场所作为特定的宗教空间，就规定了中国人的特殊的宗教信仰关系。宗教空间政治也就与此空间息息相关。一方面，空间成为宗教活动开展的合法性证明，另一方面，空间规定宗教团体活动开展的行动逻辑。对于空间的掌控与监督，既是地方政府官员对宗教事务管理的权力的表现，也是个别地方政府获取利益收入的一个重要来源。然而，正是由于权力关系的错位与空间政治的纠缠，导致城镇化进程中宗教活动场所的利益纠纷现象的出现。

二、基本概念：空间、资源、关系

（一）空间

以空间思维审视社会，从空间的角度认识社会结构与社会过程，是社会学的题中之义。文军教授编著的《西方社会学理论：经典传统与当代转向》[56]一书以专门的篇章论述西方社会学理论中的空间转向问题，可见空间社会学已经成为了社会学研究中的重要范式。

根据对空间的多维研究来看，笔者认为社会学视野中的空间隐喻展现了三种发展趋势：空间社会化、空间政治化、空间商品化。

1. 空间社会化

社会学的学科奠基人之一涂尔干较早论及空间的社会化，在他看来，"空间本没有上下、左右、南北之分。很显然，所有这些区别都来源于这个事实：即各个地区具有不同的情感价值。既然单一文明中的所有人都以同样的方式来表现空间，那么显而易见的是，这种划分形式及其所依据的情感价值也必然是同样普遍的，这在很大程度上意味着，它们起源于社会。"[57]也就是说，涂尔

---

55 李向平等：《宗教活动场所合理布局刍议》，上海：《当代宗教研究》，2005年第2期。

56 文军主编：《西方社会学理论：经典传统与当代转向》，上海：上海人民出版社，2006年。

57 涂尔干：《宗教生活的基本形式》，渠东、汲喆译，上海：上海人民出版社，1999年，第12页。

干认为空间是起源于社会，由社会文明所构造，而人们只是在空间中体验与生活而已。

相对于涂尔干的点到即止，齐美尔则从更为深刻的角度对空间进行了探讨，他在 1903 年出版的《空间社会学》中认为空间是社会互动的形式，他还特别指出空间具有五个基本品质：空间的排他性、空间的分割性、空间的固定化、空间的接近和远离、空间的制约性和流动性。[58]齐美尔还有《都市与精神生活》《货币哲学》等作品相继论述空间与社会的交互。他认为正是在交互过程之中，空间被赋予了社会化的意义。基于齐美尔对于空间社会学的理论贡献，其论述后来成为了芝加哥学派的理论源泉。

2. 空间政治化

空间政治化体现在空间的生产之上，根据法国思想家列斐伏尔的研究，空间的生产，主要表现于城市化、都市化的进程之中。他认为空间是由社会关系所支持而建构起来的，反过来空间也生产社会关系和被社会关系所生产。[59]如何理解这句话呢？一方面，在空间社会化的同时，新社会空间的构筑会巩固新的生产关系，强化其政治属性。也就是说，新社会空间与国家社会的意识形态密切相关。另一方面，对于各种政治行动来说，空间并不只是一个简单的场所与舞台，在具体的行动之中，空间的选择，对于空间的谋划布局，使得空间从简单的物理场所，变身成为社会—政治的竞技场[60]。由于列斐伏尔运用马克思主义对空间理论进行的阐释，促进了空间理论的发展。后来，哈维追随列斐伏尔继续对城市空间进行研究，他从空间、资本与阶级的微妙关系之中，强调了空间的生产与空间是社会权力的源泉。[61]

在后现代主义之中，福柯借助诸如监狱、精神病院等空间展示权力的实践，他认为空间成为权力运作的重要场所。在空间之中，规训得以完成。因此，他提出："在任何形式的公共生活和权力的任何操演当中，空间都是根本性的。"[62]

---

58 [德]齐美尔：《空间社会学》，收于齐美尔著，林荣远编译：《社会是如何可能的》，桂林：广西师范大学出版社，2002 年，第 294-310 页。

59 [法]列斐伏尔：《空间·社会产物与使用价值》，包亚明主编《现代性与空间的生产》，上海：上海教育出版社，2003 年，第 47-48 页。

60 Levebvre Henri. *The Production of Space.* Oxford: Blackwell. 1991. Pp. 401-411.

61 [美]戴维·哈维：《后现代的状况：对文化变迁之缘起的探究》，阎嘉译，北京：商务印书馆，2003 年。

62 Foucault, Michel. "Space, Knowledge, and Power." In Paul Rabinow, ed., *The Foucault Reader,* New York: Pantheon. 1984. p. 252.

3. 空间商品化

空间商品化是当代社会的一个特殊现象，与中国的土地制度和官僚制度直接相关。

第一，土地制度问题。

1982 年 12 月新修订《中华人民共和国宪法》首次对土地国家所有制和集体所有制进行了明确规定："城市的土地属于国家所有。农村和城市郊区的土地，除由法律规定属于国家所有的以外，属于集体所有；宅基地和自留地、自留山，也属于集体所有。国家为了公共利益的需要，可以依照法律规定对土地实行征用。任何组织或者个人不得侵占、买卖、出租或者以其他形式非法转让土地。"

这一规定使得政府成为土地资源配置中的操控者。在土地所有权交易之中，政府既是唯一的买家又是唯一的卖家。这一原则也给了地方政府操作土地资源的空间。土地在农业、工商业之间的配置，都得通过地方政府的计划经济资源配置模式来完成。对此问题，文贯中曾深刻地指出："政府的这种双重垄断行为既侵犯农民个体和集体的权益，又违背市场经济的自由交易和充分竞争的原则，使城市化的成本越来越高，各种结构性扭曲日趋严重。由于现行土地制度的高度僵硬性，真正的土地市场已失去发育和成长的任何合法空间。而行政配置土地要素的结果，无论以效率衡量，还是以社会公正衡量，其低劣和不得人心，是大家有目共睹的。"[63]

第二，官僚制度问题。

改革开放以后，在经济大潮流的推动下，中国各级政府通过各种手段直接或间接地涉入商业活动之中，并以此提升部门财政收入。然而，伴随着地方政府的商业化趋向，追求经济效益行动的展开，他们的性质就发生了变化，业务范围也从毛泽东时代的行政管理转变为后毛泽东时代的商业发展。个别政府人员在这股潮流之中未能坚守阵地，将自身演变为一股强大的商业化力量，导致腐败现象丛生。

对于地方政府来说，最直接的盈利手段就是圈地卖钱，建设形象工程。这种空间商品化的现象，其实是畸形的政商结合产物，后患无穷，几乎动摇了党中央的执政合法性。据统计，2009 年 1 月至 2010 年 8 月，全国检察机

---

63 文贯中：《吾民无地：城市化、土地制度与户籍制度的内在逻辑》，北京：东方出版社，2014 年，第 62 页。

关立案查办国土资源领域职务犯罪案件 1978 件，其中贪污贿赂犯罪 1715 件，大要案 1371 件。[64]土地制度的不合理与官僚制度的腐败结合的后果，可谓触目惊心。

空间商品化是中国经济发展过程中出现的一种畸形现象，其不仅反映了空间社会化中的不同的社会关系，而且与空间政治化息息相关，是空间社会化与空间政治化在市场经济中的利益展现。从早期社会学理论中的空间社会化到后现代理论中的空间政治化，再到现实中的空间商品化现象，此发展理路趋势或许有助于认识当今宗教活动场所的空间政治问题。

（二）资源

资源是一个经济学用词，原意是指在社会经济活动中所有人力、物力和财力的总和，是组成社会经济发展的基本条件。资源，具体可以分为四类：①人力资源：劳动、技术、管理等；②自然资源：土地、森林、矿藏、水域等；③社会资源：人际关系、领袖魅力、团队精神；④资本资源：资金、原材料、机器设备等。在这些物质资源以外，在社会的构成层面，还存在民族文化、伦理道德等精神资源。

资源配置（resource allocation），是指针对稀缺资源在各种不同用途上加以比较做出的选择。[65]资源配置伴随人类的共同作业而存在，主要体现在劳动分工促进财富增长的行动之中（配第—克拉克命题）。其作为系统性理论产生于新古典主义经济学。英国经济学家亚当·斯密提出资源配置理论的基本思想，他认为一个国家每年所供给的财富既受总体使用劳动技巧的熟练程度和判断力决定，也受由有用劳动人数和无用劳动人数的比例所制约。[66]李嘉图认为生产技术的进步，可以抵消报酬递减，引发当代资源配置理论。[67]马克思的社会资源配置理论，是以劳动价值为基础，认为基本的资源配置在于按比例分配社会劳动量。他从特定的再生产过程的社会性质出发，特别是财产关系的性质着眼，在劳动价值理论和剩余价值理论的基础上，分析了社会资源问题，提出资

---

64 新华网，2010-9-26，《去年以来全国查办国土腐败案 1978 件 186 名县处级以上干部落马》，http://news.xinhuanet.com/legal/2010-09/26/c_12605096.htm。

65 曹永森：《政府干预经济基础理论与行为模式》，北京：国家行政学院出版社，2012年，第 362 页。

66 [英]斯密著，唐日松等译：《国富论》，北京：华夏出版社，2004 年，第 1 页。

67 [英]大卫·李嘉图著，郭大力，王亚南译：《政治经济学及赋税原理》，北京：商务印书馆，1972 年。

源配置的最基本含义是按一定的比例分配社会劳动量，建立了以劳动价值为基础的社会资源配置理论。[68]

1949 年之后，社会主义再分配体制中，作为总体性社会的国家垄断了社会中所有的重要的稀缺资源。其中不仅包括以宗教闻名的名山，也包括名山之中的宗教活动场所。此即本文考察的宗教活动场所空间资源（简称宗教资源）。

宗教资源不只是一种简单的物质资源，更是一种特殊的精神资源。宗教资源的内涵十分丰富，其中既有历史层面的民族文化资源，也有社会层面的伦理道德资源。

与本研究相关的宗教资源具有双重性，其一，在自然资源之上的空间资源，即宗教活动场所；其二，在社会层面上宗教活动场所之中由宗教人士所主导生产的宗教产品和宗教服务。本文主要基于宗教社会学的角度，即宗教与政治、社会的交往角度，探讨宗教活动场所赖以生存的空间资源配置问题，即宗教活动场所空间政治。

资源配置理论是一个经济学理论，宗教空间政治则是一个社会问题。为什么要用经济学理论来阐释一个社会问题？答案就在于宗教活动场所这一空间政治变迁中所涉及到的利益纠纷的核心——产权。这是一个建构在利益基础之上的宗教资源配置问题，指经由一定的权力认可的宗教财产的归属认定。如果没有权力的权威性保障，财产悬空，则产权之权利、权益无从谈起。

在现实之中，宗教变身宗教资源，或者说宗教活动场所空间政治概念的提出有着特殊的社会背景。其中，包含了个别地方权力部门与宗教人士合谋的对于宗教资源的分配。从这个角度来看，与佛教有关的名山、寺院被有关部门当作社会资源进行配置，进入城镇化之中，就是一个顺利成章的问题。

佛教城镇化问题的产生是在宗教资源市场化（空间社会化）、个别宗教人士商业化（即宗教人或政商人士化身宗教人之后的空间商业化）、宗教事务行政化（空间政治化）的逐利过程中出现的。宗教资源的配置，在城镇化不断推进之中，被歪曲为地方财富增长中的经济主体。

根据经济学的发展史来看，资源配置的主体有三种，即国家、市场与社会。这三种主体分别对应三种不同的配置机制，分别是：①行政计划配置方式。行

---

68 陈文新：《当代中国政治资源配置研究》，武汉：武汉大学出版社，2014 年，第 41 页。

政部门根据社会的潜在需求，以配给预算、行政命令的方式统管资源并对资源进行分配；②市场配置方式，在自由市场之中，依靠市场规律运行机制进行资源配置；③社会配置方式，即除以上两种方式之外，主要由社会团体所采取非营利性的，主要用于公益目的的配置方式，如各种宗教捐赠、慈善活动、公益服务等。

中国城镇化进程中的宗教空间政治是由计划经济社会进入市场经济社会的过渡产物，也可以说是个别地方沿袭"宗教搭台，经济唱戏"的经济模式才出现的问题。之所以如此界定，基于如下三个理由：

第一，在中国的宗教事务管理体制中，虽然《宪法》规定了宗教信仰自由，也承诺对宗教的合法权益进行保障。但是，宗教事务的管理问题离不开建国以来执政党与国家政府对宗教政策的行政引导，因此宗教问题不只是一个司法问题，更是一个行政管理问题。

第二，自上个世纪80年代初的改革开放以来，中国开始加快了向市场经济社会转型的步伐。各种资源的市场化必然带来不可避免的问题，其中就包括了宗教资源的市场化，与个别宗教人士的商业化问题。

第三，限于市民社会在中国的发展程度，宗教活动场所空间资源配置本身作为社会配置的主要模式尚未完善，问题事件的产生就在于宗教资源尤其是佛道教的资源在有意或无意中被卷进市场，参与资本流通，并在流通中因空间政治受裹挟而出现的市场化、商业化等问题。

在分配资源上的权力关系之间的博弈是影响宗教空间政治的主要力量。由于资源的占有、管理、分配等问题，行政部门、地方官员能够以公共权力执行者的身份对宗教活动场所进行行政管理与监督。与此同时，也可能发生个别地方官员假公济私的行为，并引发矛盾与冲突。宗教活动场所、僧人、社会大众则可能借助法律政策等制度性规则作为权力工具，反抗个别地方官员的不公正行为，甚至是借助媒体作为权力工具对个别地方官员的不作为、乱作为现象进行舆论曝光，引来上级的问责，从而实现自己的利益诉求。

由佛教城镇化问题所引发的宗教空间政治呈现的不是宗教信仰群体之间或者宗教信徒与非信徒之间的宗教矛盾，也不是政教关系的张力开合问题，而是城镇化进程中出现的涉及宗教活动场所或者宗教人士的利益纠纷问题。这种利益矛盾是城镇化发展过程中的资源配置问题，对这个问题的理性认识可深化城市治理与宗教法治化的理解。因此，宗教空间政治是一个涉及到政治体制、经济发展、社会稳定的综合性、系统性命题。

在佛教城镇化的视野下，可以预见的是，在未能突破当前体制的情况下，简单片面谈论宗教空间政治中的产权纠纷，并不能真正解决现实中的产权矛盾。相反，如果能从空间·资源·关系的配置格局来认识宗教空间政治并进行机制剖析、因素考究的话，则可以在社会结构层面认识到体制环境对于宗教治理的深远影响。

（三）关系

在关系主义中，社会犹如一张网络，展现的是人与人、人与物、人与社会之间的种种关系。法国社会学家布迪厄超越古典社会学的实体主义方法论，提出关系主义。这一概念是在黑格尔、马克思的理论基础之上建构起来的，具有客观性、现实性与社会性的特点。布迪厄认为只有通过关系系统，才能获得"结构""实践""主体与客体"等概念的真正意涵。他以关系主义为方法论，提出"场域"概念。场域由附着于某种权力（资本）形式的各种位置间的一系列客观历史关系构成。布迪厄运用此方法论对场域、惯习与资本等概念的解读，揭示了社会结构与实践过程。[69]

宗教空间政治阐发了以宗教活动场所为场域的权力—利益关系格局。根据观察，当代佛教城镇化问题背后，不是宗教本身的矛盾，而是社会之中利益关系表达的缺失、权力关系协调的失位。因此，这是社会结构的机制问题，必须纳入宗教社会学的研究范畴之中。

从分析方法论来说，本研究以"空间政治"为分析单位，文中所指的"关系"是一种变量关系，具体包括地方官员与僧人之间的管理关系、不同层级的官员之间的权力关系、僧人与僧人/僧团的结构关系，以及这些不同的行动主体与互联网、媒体等元素所共同组织构成的社会关系网络。不同的关系之间，分别展开了不同层面的博弈。分析这些不同行动主体在利益纠纷中所进行的博弈，有助于厘清这种由多层关系组织形成的复杂的社会群体结构。这些关系从整体上构成了当代宗教空间政治，形塑了信仰方式的变迁。

在此基础之上讨论当代宗教信仰方式的形成及其公私问题，成为了题中之义。在信仰方式的公私问题中，笔者主要考察宗教空间政治中的①私人化的底层式利益抗争是如何转变为公共性的社会式价值较量；②案例中所涉及到

---

69 [法]皮埃尔·布迪厄、[美]华康德著，李猛、李康译：《实践与反思》，北京：中央编译出版社，1998年。

的不同层级政府是如何在平衡公共权力与私人利益之间选择了自己的行动，在错综复杂的佛教城镇化现象背后反映了什么样的宗教事务管理模式。

第五节　研究方法与技术路线

本书采用社会学质性研究方法，重点在于突出"质"（qualitative），即事件的发展过程与意义。其一，事件过程分析：通过对佛教城镇化问题事件案例进行导向分析，探讨不同事件发展演变的过程细节。对具体的佛教城镇化案例进行社会学分析，了解不同行动主体的利益博弈关系，进而阐释宗教空间政治背后的资源配置问题。其二，意义导向分析：把握宗教空间政治行动的发展动态，解构宗教政治与法治社会之间的互动模式，进而在行动与制度意义层面认识当代宗教信仰方式的变迁趋势。

在技术路线上，本书主要采用从理论架构到经验研究的进入路径：

一、理论架构

第一，制度环境：①正式制度中的各类宗教法规政策，这类材料提供了中国宗教事务管理体系的法律依据，是各级政府与宗教事务局实施管理的指导方针。②正式体制的宗教事务管理：在中央与地方的行政管理体系中，存在委托人与代理人的资讯距离关系，即在上层法规政策的制定与地方政府的实施之间存在差异性，是具体研究中需要提请注意的地方。

第二，理论研究：参考学界已有的研究成果，针对维权、拆迁与宗教事务管理中的相关问题进行历时性与区域性的比较研究。这些理论研究虽然不一定能够直接应用于案例的分析之中，但它们可为本书的思考提供视角借鉴与理论反思。

二、经验研究

第一，事件动态：佛教城镇化中不同主体的档案文献、事件报道等，是还原案例发展动态的基础性材料。基于不同主体之间的立场差异，材料可能会出现表述迥异，甚至是目标诉求矛盾的地方。当然，这也正是笔者进行分析的着眼点，有矛盾之处即是可疑之处，厘清其背后的纠结正好为研究提供一个观察多面社会建构的视角。

如果从文本的真实性来考虑，那么需要确定的是谁代表了真相。但是，如果事情并不是只有一个真相那么简单，而是由多重复杂因素所造成的呢？在这种情况下，不同立场的人或群体就会表达出不一样的文本。这个时候，需要的就不是简单追究事情的真相，而是必须从文本的多样性来分析不同文本背后所反映的价值、立场等问题，以及基于不同立场的利益关系、权力关系，甚至还需要透过文本考证社会机制的运作问题。

第二，实地调研：笔者通过参与观察、深度访谈等获取第一手的口述史资料。在此基础上，一方面检验已有材料的不足，另一方面与已有文献进行对比分析，全面考察事件的动态发展。对各机构与事件参与者、旁观者所述材料的解读，是进行系统化、理性化研究的前提条件。

就材料的可靠性而言，尽管笔者通过各种方式收集到了数十万字的文本材料，能够从不同角度包罗整个事件的发展，但是，笔者仍然致力于寻访当事人作进一步的对证。

另外，为了遵循社会学的学术伦理，也为了保护访谈对象，笔者在书中使用了大量的化名，其中包括省名、市名、地区名、寺庙名以及大量利益相关者的人名，部分引用的作品名称也因此而有所调整。这是需要提前说明的。

访谈者与笔者之间的关系，一般经由熟人介绍而认识。就事件而言，他们作为熟悉情况的内部人，知晓其中脉络发展，了解几乎所有事情的来龙去脉。然而，在访谈中也有一些人好不容易有了一定职位，因此非常谨言慎行，而生怕得罪于他人。有一位访谈者在私底下，慷慨激昂地认为"中国佛教烂到根子上"，但他本人也坦言，为了各自的利益，谁都不愿意多说一句。究竟什么样的原因造成"中国佛教烂到根子上"的论调呢？这一句话一直萦绕在笔者的脑海中，促使笔者探寻其答案。

针对内部人不愿意提及的事情，比如访谈对象明金先生曾言："这件事情已经过去三年了，现在寺院也已安然无恙，不管在哪方面都已很平静，所以寺方、官方都已经强调不再提及此事。"

笔者与同门肖云泽兄沟通田野调查经验时，他提出来有两种进入路径：第一，双方非常熟悉的情况下，对方可能会知无不言。第二，虽然是陌生人，但是对方十分信任调研者。实际上这两种情况表达的意思只有一个，就是调研者与被调研者之间信任的建构问题。从信任的建构来看，这是一个具体发挥的问题，而从调研对象不愿意提及事情的情况来看，则是另一个思想观念上的问题。他的意见是找一个报道者，即双方信任的人建立关系以后再进入田野之中。事实上，笔者与调研对象之间，也是通过双方熟悉的朋友进入的。

需要提及的是，肖兄也跟我讲了一个自己的经验，在调研某地时候，为了取得核心人物的印证说法，他希望核心人物能够为他描述事件的进展，然而这位核心人物却不肯讲述过去事。对于整件事情，外围已经有各种传言，肖兄也通过对不同人的调研对各种情况相当熟悉了。肖兄还特意跟我强调了，他与核心人物之间的关系已经很熟悉了。从他的经历与我的经历来看，我们是否可以这么理解，在观念层面上，有一些事情总是被选择性地遗忘。基于隐恶扬善的所谓传统，当事人往往喜欢讲一些觉得光彩的事情，而不喜欢提及那些曾经让人难堪的过去。

这种选择性遗忘的情况实际上并不局限于我们的田野调研经验，在整个大社会、大历史之中，莫不如此。葛兆光在点评陈冠中的《盛世》（香港：牛津大学出版社，2009 年）的时候，亦曾感慨地提到：

> 追寻失踪的时间，是为了"打捞"记忆，而处在"盛世"的官方和民间，却不约而同地选择了"忘记"历史……当历史被遗忘，连续性便不再存在，于是合理性不需要"前尘往事"的证明，人民如何理解这个国家当下的政治？当记忆被删减，罪恶总是不被惩罚，合法性也不再被"连带责任"所牵累，政权如何会有反省和内疚的可能？中国始终政治权力高于一切，政治权力永远有"治外"的"豁免权"。一切进退左右、合纵连横，都由政治决定。尽管在某种国际背景下它可以超越全球波澜，可以免于金融海啸、逃脱国际舆论，但一旦有国家政治的优先需要，什么宪政、制度、法律、民意，就全无分量。如此，民众如何能够有民主、自由和尊严？[70]

这种选择性遗忘，反映的是今人不愿意面对过去的罪与错，那种尴尬、斗争、屈辱。种种的不光彩，我们都选择性地遗忘，而不是记录以进行反思。在这种境况之下，谈何尊严与独立？说实话，我们不能对一些当事人有太多的苛求。作为学者，我们不一定经历当事人所经历的一切，也许难以知会他们的种种心境。但是，对于事件来说，我们首先是一个记录者，必须尽可能详实地了解事件，从历时性的角度来客观认识事件发生的历史渊源。其次，我们也是一个研究者，要从共时性的角度在社会结构的层面上对事件做出较为全面的分析与判断。最后，作为理论探索者，我们还需要综合性地反思事件，以及佛

---

70 葛兆光：《且借纸遁》，桂林：广西师范大学出版社，2014 年。

教城镇化事件对于宗教发展、社会秩序的稳定所带来的历史意义与社会价值。这些，或许是知识分子进行研究的使命。所谓的正能量，也许是社会所需要的意识熏陶。但是，对于学者来说，保持清醒的头脑，记录现实的世界，未尝不是为后人留下一笔可贵的遗产。

　　社会学理论的研究方法可以对佛教城镇化的研究有所启发，其结构性的解释方式，有助于形成理论框架的范式。当然，具体宗教空间政治的现实情况是如何发生与进行，反映了什么样的社会结构问题，则需要进行细化与深入的分析。如果不从社会学的视角切入，而只是诉诸法律或者政治因素的话，就会陷于不顾现实背景而妄加讨论。只有照顾到特定意识形态下现实的国情、民情与社会历史背景，针对产权问题、资源配置进行通盘考虑，再根据具体案例进行如实分析，才能真正深入了解当前宗教信仰方式变迁的发展趋势。

第二章 城镇化进程中的宗教治理问题[1]

城镇化的兴起主要是在工业革命之后。"城镇化"概念的提出源于 1867 年 A. Serda 的《城镇化基本理论》，主要用于表述农村人口向城镇居民推进的过程。这一过程主要表现在：①农村人口的减少，城镇居民的增加；②第一产业向第二、第三产业推进的产业结构升级；③民众生活方式、价值观念的转变。

中国在公元 7 世纪就出现数百个商业城镇，之后是每两百年呈倍增的速度发展。到了十九世纪，全国已有这样的城镇数万个。[2]然而，在 20 世纪 60 年代，中国政府实行了一套反城市化的政策，限制农村人口迁移城市，同时将部分城市居民下放农村。这套政策实施了接近二十年，可能减少数以亿计的城市人口。[3]

第一节 "空间失配"概念与宗教治理的空间配置

"空间失配"（Spatial Mismatch）又称"空间不匹配"，属于空间政治的研究范畴。此概念系由哈佛大学学者 John Kain 于 1968 年提出，用于对居住

---

1 本章曾以《"空间失配"视域中的城镇化宗教治理问题》为题发表于《云南社会科学》2018 年第 4 期。此处略有修改。

2 Rozman G. *Urban Networks in Ch'ing China and Tokugawa Japan*. Princeton University Press, 2015.

3 刘创楚、杨庆堃：《中国社会：从不变到巨变》，香港：中文大学出版社，2001 年，第 50-51 页。

地与就业关系的讨论。[4]"空间失配"指的是工业规划的郊区化与美国城市的居住隔离，是造成内城工作技能不足的居民失业率较高、收入相对较低和工作出行时间偏长的主要原因。"空间失配"是一个包含了种族歧视、城市结构、空间因素等在内的一个广泛意义上的概念。前期对该概念的讨论主要集中于住房和劳动力市场的运作关系以及居住歧视和就业郊区化所产生的系列问题。[5]后来，这一概念引起了美国学术界对"空间不匹配"的政治性讨论。

对这一情况的介绍，始于2004年周江评在《现代城市研究》[6]上发表的介绍空间不匹配的评论性文章。之后，学者们陆续使用空间失配理论对中国问题进行了相关研究。有学者强调要在城市交通规划和土地利用规划中考虑空间失配问题，特别是拆迁安置问题、城市空心化问题、城市社会空间结构和社会交际空间结构重组问题。[7]也有学者认为空间失配是城市空间重构、住房和劳动力市场结构等宏观因素对不同居民影响的差异性，强调弱势群体在居住、就业和通勤选择上的空间障碍。[8]一言以蔽之，"空间失配"主要着眼于城市空间供给方与需求方之间的距离障碍。但是，上述学者们的讨论，主要围绕空间与就业问题、城市社会空间结构等问题进行讨论，而对宗教治理中宗教活动场所的空间配置问题没有予以关注。

在城镇规划中，对于宗教活动场所功能的忽视与再造，实际上也存在着"空间失配"问题。本文由此概念中的供需距离障碍契入，以宗教活动场所的规划为例，讨论城镇化进程中宗教治理的空间政治问题。在城镇规划中，宗教活动场所配置的有无、恰当与否，与民众信仰需求之间的匹配程度，决定了城镇化的成熟程度。西藏民谚，"先有大昭寺，后有拉萨城"；在南方的广州，"未有羊城，先有光孝（寺）"。由此可见，宗教活动场所、佛教寺庙在一些城市的

4　Kain J F. Housing Segregation. Negro Employment. and Metropolitan Decentralization. *Quarterly Journal of Economics.* 1968. 82:175-197. Kain J F. The Spatial Mismatch Hypothesis: Three Decades Later. *Housing Policy Debate.* 1992. 3(2): 371-460.

5　Houston D S. Methods to test the spatial mismatch hypothesis, *Economic Geography.* 2005. 81(4): 407-434. Arnott R. Economic theory and the spatial mismatch hypothesis. *Urban Studies.* 1998. 35(7): 1171-1185.

6　周江评：《"空间不匹配"假设与城市弱势群体就业问题：美国相关研究及其对中国的启示》，《现代城市研究》，2004年第9期，第8-14页；虞晓芬、高鋆、梁超：《国内外空间失配理论的研究进展述评》，《经济地理》，2013年第3期，第15-21页。

7　李纯斌、吴静：《"空间失配"假设及对中国城市问题研究的启示》，《城市问题》，2006年第2期，第16-21页。

8　刘志林等：《空间错位理论研究进展与方法论评述》，《人文地理》，2010年第1期，第1-6页。

发展过程中实际上扮演了承载地方历史文脉的角色。从社会结构的优化配置角度来说，宗教活动场所在凝聚人心，形成城镇礼仪空间，稳定社会秩序等方面可以发挥相当的优势作用。

第二节　城镇化推进与宗教活动场所治理问题的产生

本文讨论的中国城镇化，主要发生于改革开放以后。在短短三十多年间，中国城镇人口占总人口的比重稳步提升，并突破 50%。2015 年，中国的城镇化率已经达到了 56.1%。需要警惕的是，城镇化进程在带来经济发展的同时，也不可避免地带来各种环境问题、社会问题以及种种的城市病。为纠正弊端，国家高层强调"新型城镇化是以人为核心的城镇化"，将城镇化的发展重点从经济转向民生。

我国城镇化进程的加快对国家的经济生活、社会结构、人群心理等都会产生深刻影响，这种影响同时也会辐射到宗教治理领域，并通过各种宗教现象和宗教行为表现出来。如何正确认识城镇化进程中的宗教治理问题，妥善处理好涉及宗教方面的各种社会关系和矛盾纠纷，对于完善城市功能、维护城市稳定、促进城市发展具有重要意义。

一、宗教与城市的起源关系

从宗教与城市的起源关系来看，宗教往往在古老的城市之中有着重要的凝聚力，影响人们之间的聚合，在城市广场的形成与市场贸易的兴起上有着不可替代的作用。"人类最早的礼仪性汇聚地点，即各方人口朝觐的目标，就是城市发展最初的胚胎。这类地点除具备各种优良的自然条件外，还具有一些'精神的'或超自然的威力，一种比普通生活更高超、更恒久、更具有普遍意义的威力，因此它们能把许多家族或氏族团体的人群在不同季节里吸引回来。"[9]在史学家们对全球城市发展历史进程所进行的研究之中，他们发现历史名城必须具备精神、政治、经济这三个方面的特质。乔尔·科特金在《全球城市史》中把这三者高度概括为神圣、安全、繁忙三个词。[10]有学者将宗教作为

9　[美]刘易斯·芒福德著，宋俊岭、宋一然译：《城市发展史：起源、演变和前景》，北京，中国建筑工业出版社，2005 年，第 9 页。

10　[美]乔尔·科特金著，王旭等译：《全球城市史》，北京，社会科学文献出版社，2014 年，译者序第 2 页。

城镇化古典模式的一种类型，认为宗教不仅是早期城镇生产力的主要掌控者，而且也是城、市、镇兴起的推动者。城镇设施不仅具有满足生产、消费等功能，而且具有宗教图腾的作用，令人产生敬畏。[11]

由此可见，宗教在早期的城市发展过程中曾经起到了积极的作用。但是，今天的城镇化进程对于宗教空间政治的变迁到底起到何种作用，则有赖于学界、政界与其他社会各界的共同探讨。

二、城镇化中产生的宗教治理问题

一直以来，《中国宗教》杂志较为关注城镇化进程中的宗教问题，曾多次组稿进行探讨。2014 年，《中国宗教》第 2 期，开设"城镇化与宗教"专题，发表了系列性文章，如《新型城镇化中的宗教元素》《城镇化对宗教的影响——以基督教为例》《城镇化进程中的宗教事务管理与服务》《我国宗教（包括有宗教背景的社会组织）服务城镇社会掠影》。

时任国家宗教事务局政策法规司副司长刘金光认为：在推进城镇化的过程中，无论是由农村向城镇流动的人口还是定居于城镇之中的人口，均存在宗教信仰问题。[12]根据已有的研究与笔者的调研情况来看，这些问题的产生，可以从以下三个方面来认识：

第一，规划者的认识漏洞，导致在城市规划中出现宗教缺失。在认识根源上，党和政府的各级领导干部绝大多数都是共产党员，由于他们本身的无神论信仰，所以难免与信教群众在宗教活动场所需求方面的认识上出现隔阂。在认识深度上，从乡村进入城镇的规划之中，个别地方政府对区域宗教信仰情况缺乏深入调研，在整体布局上的不周全，"导致一个区域宗教活动场所过多而另一个区域过少、同一宗教的场所在不同区域分布不均衡、各宗教的场所在同一区域内分布不合理等现象，宗教活动场所的分布、规模与城镇发展实际脱节，影响了信教群众正常宗教活动的开展。"[13]这两种情况反映的是空间政治化的问题，宗教活动场所的空间在政治意识形态的忘却之中丧失了主动的话语表

---

11 吴垠：《城镇化的古典模式与新古典模式》，《中国人民大学学报》，2016 年第 3 期，第 79 页。

12 刘金光：《重视城镇化中的宗教活动场所拆迁安置问题》，《中国宗教》，2014 年第 1 期，第 20 页。

13 王生才：《城镇化进程中要重视推动宗教活动场所合理布局》，《中国宗教》，2014 年第 2 期，第 40-41 页。

达权，从而遭遇其他功能属性空间的代替或者忽略。

第二，宗教人士的念旧与执着，影响区域城镇化的推进。一般来说，传统社区、村落与老城区的宗教活动场所历史悠久，信教群众感情深厚，不愿搬迁。城镇化的推进，不可避免的就是摧毁农村民众的物质家园，重建新的城镇环境。在这种拆迁与建设之间，如何保留民众的精神家园与延续精神文化传统，就成为了考验当前城镇规划的一个重大难题。有学者就对这种只注重物质层面的拆迁与建设，不注重传统社区精神文明层面保护的发展模式发问——城镇化是否一定要摧毁原本"天人合一"的、仍然延续着"历史文脉"的村社生活方式？城镇化是否一定要迫使那些祖祖辈辈生活在原址上的居民，也产生浓浓的"乡愁"？[14]由于信众不愿意搬迁而导致的强拆，为什么会成为一个严重的社会问题，其本质恐怕与民众正当的权利得不到尊重有一定的关系。

第三，空间政治不协调导致的双方或者多方矛盾。在当前所发生的关于宗教活动场所拆迁的公共事件中，基本上都存在空间政治不协调的问题。由于历史原因，大部分的宗教活动场所只有宗教活动场所登记证，而没有法律规定的国有土地使用证和房产证。一些地方官员以此为据，提出不合理的安置方案，令宗教活动场所负责人与宗教信徒无法接受，从而导致拆迁矛盾的发生。如贵阳某佛教寺院就因修建地铁项目而受到地方政府的不公平对待，之后寺院将区政府告上法庭。至于其他的地方，则可能流于暴力强拆，如祥光寺事件就在于寺庙与地方政府之间的利益不协调而导致的强拆。

三、宗教在城镇化中的多重表现与变局

城镇化的推进，在人的层面上是民众身份从农民转为市民的过程；在建筑空间上，则是一个从分散式的平房庭院转为集中式的楼房小区的过程；在社会的层面上，则是由农业社会步入工商业社会的过程；在经济的层面上，则是由农耕经济变成市场经济的过程；在机构的层面上，则是由国家单位转向社团组织的过程。只有能够适应这五重转变的宗教，才能在城镇化中发展。因此，传统宗教，尤其是佛道教，在城镇化中就不得不面对结构化转型的信仰方式变革问题。

在城镇化的进程中，可以发现存在两类主要的人群，一类是从乡村流入

---

14 邱永辉：《宗教文化与可持续社区建设》，《中国宗教》，2014 年第 2 期，第 32-33 页。

城市的农民工，一类是乡村城镇化以后出现的失地农民。这两者的共同特点在于他们都具有身份认同问题，即在经历由农转城的过程中如何适应市民化的问题。

至于两者的区别则在于，前者是谋生型市民化，即农民工在实际的流动过程中产生的异地谋生问题，需要调整的就不仅是在不同地方之间的身份认同问题，而且更重要的还在于市民化过程中求取生存的职业问题与生活的社会保障问题。后者则是失地型市民化，这是在同一个地方的转型升级问题——一样的空间，不一样的身份。

后者比前者有利的地方还在于，可以享受到城镇化转型中的福利保障，这一点是大部分农民工所享受不到的由身份所带来的利益。因此，对于宗教信仰的需求，两者实际上是不一样的——前者的需求主要在于谋取生存，而后者则在于调适生活。宗教信仰如何在满足他们不同需求的时候能够有效供给（即提供帮助），决定了他们是否选择信仰，也决定了宗教自身能否得到发展。

第一，就谋生型市民化的宗教信仰情况来看，有相当部分的人是流入无信仰状态，而一些则进入了基督教之中。在中国内地，根据不同宗教的传播方式来看，目前比较能适应城镇化社会的主要是基督教。根据高师宁老师的研究：基督教会成为了迎接进城农民工的团体，成了农民工精神心灵寄托的一个家园。至于其他宗教团体，包括天主教在内，却因为各方面原因，都没有主动走入农民工群体之中。[15]根据笔者在长三角的调研情况来看，一些基督教信众表示，他们来上海之前，已经通过家乡教会与上海教会有一定的联系，所以到了上海可以很快进入教会团体，在流入上海与适应城市生活方面有了先天优势。对于佛教而言，台湾慈济在进入大陆以后，其统一规范的模式，也给流动人口中的信众提供了这一方便，笔者对于苏州慈济志工的调研中印证了这一观点。[16]

这种为流动人口所提供的异地接待，实际上有点类似于古代中国佛教丛林中服务云游参学僧众的挂单制度，但是现在内地都市中的大多数佛教寺庙，明显缺乏面对流动人口的服务意识与服务窗口。当然，这一调研结果无法表示所有城镇化的地方，基督教的传播或者慈济模式都是成功的。根据深圳老福音

---

15 高师宁：《城市化过程与中国基督教》，《宗教学研究》，2011 年第 2 期，第 117-123 页。

16 访谈对象：李伟；地点：苏州慈济志业中心；时间：2017-4-27。

村的经验来看，有学者总结出田园时代与高楼环境下所产生的热情相迎与冷淡麻木两种不同的态度。论者根据调研结果指出，这个问题产生的原因在于"狭窄、拥塞的居住空间在潜移默化中对宗教活动的开展产生一定的阻碍作用"[17]。当然，不排除也有部分佛教团体适应了城镇化的变迁。在卢云峰等人的研究中，就出现了佛教适应城镇化变迁的形式。"佛教在城市形成了新的实践形态，从传统的非聚会型宗教向聚会型宗教发展；聚会地点不局限于寺庙，而是多藏于民居，甚至栖身写字楼；聚会时间也由传统的初一、十五改为每周聚会；甚至有学佛小组创办了类似基督教主日学校的儿童读经班。"[18]

第二，从失地型市民化的宗教信仰情况来看，这一群体由于在城镇化进程中能够获得转型收益，如房产、分红以及到位的养老保险、社会保险、医疗保险等充足的物质利益与社会保障。所以，在没有后顾之忧的前提下，他们在信仰活动中自然更关注的是精神上的满足。

在陈晓宏、林薇薇对福建省闽侯县上街镇的研究中就看到了上述情况的存在，而且他们还发现了一个情况，这就是传统宗教信仰对青年群体的影响力减弱，而外来宗教由于满足了青年群体的需求而得到快速发展。之所以会出现这种情况，基于两个方面的原因：

其一，民众在走向城镇化过程中受西方生活观念、消费方式影响而出现物质化、品味化、网络化倾向。这一影响以青年群体最为明显，他们既是新理念的接受者、倡导者，也是现代社会的主要消费者。

其二，一些基层的传统宗教推广者由于未能接受新生事物，无法适应现代生活，遑论吸引青年群体的注意，自然逐渐走向生存维艰的地步。陈晓宏等人在研究中提到，"新颖时尚的传教方式，乐观向上、互帮互助的宗教氛围以及无处不在的宣传力量的吸引使他们（指青年群体）对外来宗教产生极为浓厚的兴趣；而与之相比，基层传统宗教信仰无论是在人才配备还是在传教力量上，落后都很明显。这些就导致了在年轻人群体中，传统宗教信仰影响力越来越弱。"[19]

17 朱竑、郭春兰：《本土化与全球化在村落演化中的响应——深圳老福音村的死与生》，《地理学报》，2009 第 8 期，第 967-977 页。
18 卢云峰、和园：《善巧方便：当代佛教团体在中国城市的发展》，《学海》，2014 年第 2 期，第 26-34 页。
19 陈晓宏、林薇薇：《城镇化进程中失地农民宗教信仰的变迁——以福建省闽侯县上街镇为例》，《中共福建省委党校学报》，2014 年第 1 期，第 106-112 页。

当然，我们不能说上街镇失地型市民化的宗教信仰情况是一种普遍的模式。在海外华人的研究之中，宗教信仰一直发挥着重要的角色。

就颜清湟对新马华人的研究而言，就发现了这一情况。"中国移民非常清楚地意识到，在新的土地上需要宗教信仰。由于前途未卜及航海中的危险无法预料，宗教信仰便成为他们精神生活的最重要的部分。"[20]

在丁荷生对新加坡中国寺庙的研究中，他指出，"城镇化的快速发展将整个新加坡地区分散开来。有的庙宇在其他地方重建，这样的寺庙呈现出新的特征，它们与分散的社区出现了新的关系，而且为这些社区提供了新的生活慰藉。"[21]

也就是说，在中国民众往国外移动与适应海外生活，甚至是在海外国家的城镇化进程中，中国的传统寺庙还是起到了积极的作用。但是，陈晓宏等人对上街镇的研究仍然不失其社会意义。由于他们在研究之中突出了青年群体对外来宗教的偏好，与丁荷生的研究结论在事实上也没有矛盾之处，反倒是呈现为一种多层互补的图景，有助于研究的讨论式发展。

综合来看，宗教只有在城镇化进程中积极表现，方才能突破生存困境而有所发展。换句话说，宗教只有走进城镇社会，成为城镇生活中的一部分，参与到"可持续社区建设"[22]之中，才能获得生存之机，并得到人们的信仰和追求。有学者通过对藏地城镇文化空间的研究，指出其影响因素并不完全在于宗教本身，更在于宗教影响下的社会生活方式。[23]也就是说，宗教通过世俗化的方式，调和了仪式性的习惯和日常生活的矛盾，调和了文化之于城市化的某些矛盾，从而强化了城镇的地域文化特征。

鉴于城镇化发展过程中，人们对于秩序规范的需求，以及在名利之外对于新时期团体生活方式、文明素养的追求，社区的可持续发展越发凸显其精神、文化、道德和法治的维度。在这个社会背景下，中国社会科学院世界宗教文化研究所曾经组织海内外宗教团体与学术界共同探讨"宗教文化与可持续社区

20 [澳]颜清湟：《新马华人社会史》，北京：中国华侨出版社，1991年，第10页。

21 丁荷生：《从道教研究的角度看闽南文化：以台南为例》，杜晓菲译，收于王岗、李天纲编：《中国近世地方社会中的宗教与国家》，上海：复旦大学出版社，2014年，第151页。

22 邱永辉：《宗教文化与可持续社区建设》，《中国宗教》，2014年第2期，第32-33页。

23 姚准：《藏地城镇空间地域特征的宗教成因》，《现代城市研究》，2006年第4期，第14-19页。

建设"问题，讨论宗教在社区建设中可能发挥的作用。邱永辉研究员提出："正是基于将城市社区建设成为人们喜爱的家园，让社区成为'爱的聚合体'，而这里的'爱'，可以上升为一种信仰、一种文化、一种支持的精神力量。"[24]反过来说，只有当宗教表现出对于城镇社会的爱，并通过各种方式施展爱的能量的时候，其社会关怀价值才能得以体现，也才能成长或者说转型为城镇社会之所需。

第三节　权力关系主导的场所管理：空间失配的三种类型

当然，产生城镇规划宗教治理误区的原因有很多，从思想认识层面来看，在坚持党性与做好宗教事务管理工作之中，存在一定的认识误区。党政领导干部的党员身份，决定了他们在坚持无神论信仰方面的坚决性，这一点或多或少影响了他们对于社会宗教信仰需求的认识。从国家管理的层面来看，国家对于宗教的历史性管控，使得宗教成为社会的边缘团体。加之，宗教本身所强调的包容与关爱等思想，促使其在社会关怀上对于弱势群体、边缘人群的吸收，使得社会整体上对于宗教群体的认识偏于污名化。甚至，近代以来，"迷信"话语的酝酿以及 1950 年代以后，执政党对于宗教的"迷信"化处理，导致谈宗（教）色变等等。

总之，基于多方面的原因，"在城市化过程中，各级党委政府多数未曾主动将宗教活动场所纳入城市主功能和大配套同步规划"[25]，就成为了宗教治理中的主要问题。

因为城镇化的推进，在摧毁平房，建设楼房的同时，就已经将农业社会中那种邻里之间的和乐包容，变成了商业社会中的人与人之间的提防计较。由于城镇化对于经济变革的要求，在无形中可能促使产权纠纷这种剧烈冲突发生在宗教领域，从而危及宗教信仰的正常生存空间。

政府官员在通过正常商业途径无法获得基础设施投资的时候，他们可能会偏向于借助古老传统的历史文物，进行旅游开发，从而促进地方经济增长。

---

24 邱永辉：《宗教文化与可持续社区建设》，《中国宗教》，2014 年第 2 期，第 32-33 页。

25 李平：《城市化进程中的宗教工作问题与对策——基于江苏五城市的实证分析》，《江苏省社会主义学院学报》，2014 年第 3 期，第 58 页。

在没有土地私人所有权的保障基础上，以寺庙宫观为代表的宗教活动场所就无奈地成为地方经济增长的参与者，乃至于成为了牺牲品。因此，佛教城镇化问题的产生，不是局限于佛教领域的反常行为，更是国家城镇化进程中不可避免而急需协调的一个环节。城镇化的快速推进，造成了全国各地的征地规划问题，以及由此所形成的群体性事件，正日益影响着国家社会的稳定与安全。

从笔者对于城镇化中宗教活动场所空间失配的情况了解来看，主要有三种类型：空间无匹配、空间不匹配、空间乱匹配。第一种是空间结构性改变，导致毁灭性质的规划，产生信仰但无归属现象；第二种是空间功能性改变，是改变场所属性的规划，出现文物代替宗教问题；第三种是空间权属关系改变，是替换主体的规划，导致利益纠葛矛盾。

空间失配情况				
序　号	匹配结果	匹配类型	事件性质	治理影响
1	空间无匹配	结构性改变	毁灭性质的规划	信仰但无归属
2	空间不匹配	功能性改变	改变属性的规划	文物代替宗教
3	空间乱匹配	权属关系改变	替换主体的规划	利益纠葛矛盾

"空间失配"的三种形式，从社会的结构性层面，展现了政治权力作为世俗化的控制手段侵入了宗教空间的神圣领域，显示了权力处理涉及宗教资源空间政治的格局视野。具体而言，空间无匹配是政治权力对宗教空间的完全剥夺；空间不匹配是权力主体意识到了宗教空间资源在财富增长上的积极作用，涉及的是一个要分利益的问题；而空间乱匹配则是一个怎么分配宗教空间资源利益的问题。所以，"空间失配"反映了权力、利益和宗教的三元互动过程。

划分为三种形式，只是反映了这一问题的不同发展程度而已，体现的是权力主体在宗教空间资源认识上的一种"进步"。从空间不匹配到空间乱匹配，实则是从要分钱到怎么分钱的问题。宗教活动场所"空间失配"问题的复杂化，正好印证了多方行动主体在互动博弈中的复杂性，并构成了相应的关联性。这也正是本文核心概念空间政治所要讨论的问题。

一、毁灭性质的规划——信仰但无归属

在城镇化进程中，由于多方面的原因，可能产生城镇—宗教关系中的空间无匹配现象。这种类型是空间结构性改变，导致一些宗教活动场所沦为城镇化的牺牲品，在挖掘机的碾压之下，消失在历史长河之中。

李利安教授曾以仙游寺为例讲述寺庙遭遇拆迁的厄运。仙游寺，是唐代诗人白居易创作《长恨歌》的历史古迹，隋文帝曾于此处供奉佛舍利，而受到世人的敬仰。在其拆迁过程中，中央电视台曾予以现场直播仙游寺法王塔考古挖掘，而得到社会的广泛关注。但是，如此具有历史古韵的寺庙，却在政府主导的拆迁过程中，"只完成了拆，而没有完成迁，导致一个好端端的寺院就此彻底消沉，至今无法真正恢复。"[26]

这种情况的发生，虽然我们难以了解当时的具体细节。但是，按照李教授对于政策执行效果的反思来看，他认为，当前佛教寺院的规划与佛寺文化资源的开发必须做到两点：第一，要遵守国家法律与政策的规定，依法办事；第二，要尊重佛教的传统，听取佛教界的意见。

佛教寺庙在城镇化规划中之所以出现产权纠纷，与上面两点有着直接的关系。首先，从法律的层面来看，佛教徒不是法外之人，他们是国家公民，遵守国家法律，他们的合法权益受到法律的明令保护。其次，从宗教背景来看，佛教徒有自身的历史背景与信仰表达。作为行动主体，佛教徒的信仰自由是由宪法所规定。在涉及自身利益时候，他们的声音需要得到相应的尊重。最后，从行动层面来看，在涉及到宗教活动场所的规划时候，需要通过宗教事务管理部门、宗教团体（佛教协会）与寺庙等进行多主体协商会议，从而推动城镇规划的有效落实。

对于佛教寺庙的规划，实际上并不是简简单单的房子去留问题，而是涉及到处所建筑背后，看不见的信仰情怀、文化背景、历史底蕴等无形因素。尤其是对于历史悠久、影响力较大的寺院来说，他们往往承载着地方文脉的作用，对于从道德层面维持地方社会秩序有着重要的作用。他们既是老百姓供奉礼拜的神圣道场，也是海内外信众仰慕的佛教圣地。

城镇化中宗教活动场所的命运，实际上关涉的是，①在国家体系之中，宗教在国家的文化战略中的地位、价值和作用；②宗教活动场所承载的传统文明在当代社会的表达方式、交往方式，即信仰方式的当代建构问题；③在法治社会中，公民权利的保障以及法治精神的执行情况；④城镇化中的公民情感归属与精神文明建构。

宗教活动场所是信众的精神家园，供给信众所需要的宗教服务，是信众在产生宗教需求的时候，得以满足内在需求的心灵归宿。他们到宗教活动场所中

26 《李利安教授直面高王寺事件"审遗 审疑 审申遗"》，《香港文汇报》，2013-5-15，http://paper.wenweipo.com/2013/05/15/zt1305150002.htm。

礼拜、祈福或者进行其他宗教仪式，实际上都在表达对于宗教信仰的归属。对于一些信众来说，宗教就是他们的生活。他们偶尔或者经常性地到宗教活动场所之中，寻求的是支撑他们生活与工作的能量。或者说，宗教信仰是宗教徒的生活方式，宗教活动场所是宗教信徒进行宗教生活的心灵家园。因此，在佛教城镇化中能否合理配置宗教活动场所，以及如何对待宗教信众与宗教活动场所之间的情感联系，就成为了影响了当前社会结构稳定的重要因素。

二、改变属性的规划——文物代替宗教

高王寺事件之中，有一个重要的环节，就是把国家重点文物保护单位高王寺当作文物，从而根据《文物法》的规定试图进行重新规划。实际上，不管是宗教法规，还是文物法律，都是需要遵守的法律。但是，如果在具体事件与场所上，以文物法律凌驾宗教法规之上，枉顾宗教活动场所的宗教属性，试图以文物属性代替，就是一种空间不匹配的举措。这种类型实质上是场所的空间功能性改变，将空间的宗教属性改为文物属性。

中国佛教协会对于当地政府试图利用宗教活动场所的文物保护逻辑，改变宗教活动场所的宗教属性现象"深感震惊和忧虑"，并发布声明："金泉高王寺是国务院批准公布的汉族地区全国重点寺院，其宗教活动场所的属性除国务院同意外，不得变更"[27]。

在声明中，中国佛教协会针对文物部门的言论，予以了有力的反击：首先，高王寺历史悠久，是改革开放以后国务院批准的全国重点寺院。其次，在未经高王寺僧团同意的情况下，拆除高王寺部分建筑的行为，改变了寺院的建筑格局与设施，严重影响僧团的修行与生活。最后，试图将寺庙改为佛教文化风景区的行为是改变宗教活动场所的属性。其宗教活动场所的属性已经由国务院确定，非经国务院同意不可更改，否则都是无效和非法的。

出现这类空间不匹配规划的原因主要在于地方官员对于宗教信仰的常识认识不充分、不清晰，试图利用宗教为地方经济发展服务，导致社会上出现各类文物寺院，商业寺观。这种将寺庙作为文物，利用文物特性开发旅游资源进行营利的空间不匹配规划，是当前中国社会中存在的一种利用宗教进行营销的商业运作模式。这种模式的目的在于利益，而不在于信仰，扭曲了宗教的历

---

27 中国佛教协会：《中佛协强烈反对高王寺拆迁 强拆侵犯佛教权益》，中国新闻网，2013-4-12，http://www.chinanews.com/cul/2013/04-12/4726229.shtml。

史文化传统与现实的社会关怀功能。

民国时期，曾有侵夺庙产运动。一些地方试图将寺庙改造为公园，就受到了佛教界的抵制。如1928年，四川成都市长黄隐准备将文殊院园林辟为公园，在顷刻之间引发了整个成都佛教界的强烈反对。中国佛教会特意发文表示救济。四川省佛教会会长圣钦法师誓死捍卫，后经多方请愿，取得边防军总司令李家钰的支持得以完整保护。[28]

从历史事件来看，佛教寺庙的保护得益于各方人士的支持，也得益于佛教协会内部的强有力组织与抵抗。经过历史的反思，可以发现，出现这种空间不匹配规划的原因，实际上还在于个别地方官员对于宗教活动场所属性的错误认识，因此，在政教之间推动宗教法治化的发展就成为考验佛教城镇化能否成功的一个标志。

三、替换主体的规划——利益纠葛矛盾

一些寺庙的规划矛盾，并不是毁灭性质的规划，也不是要改变属性的规划，而是希望保持宗教活动场所登记的同时，替换主人，夺取管理权，让原宗教活动场所管理者下台，重新扶持新的人员成为管理者。这种类型的本质是空间权属关系改变。根据《宗教事务条例》的规定，宗教活动场所的管理者不仅对该场所拥有使用权，还有收益权。之所以发生换人夺权的事情，实际上就在于觊觎寺庙收益。如果这一行动是在城镇规划中顺带完成的话，可以将之称为佛教城镇化中的空间乱匹配现象。当然，空间乱匹配所导致的利益纠纷，自然就会产生新人夺权与前人维权的社会行动。

在祥光寺事件之中，我们看到的就是管理者的掉包行为。地方政府建设新寺庙，拆掉原来的寺庙；成立新的寺庙管理委员会，抛弃原寺庙住持。有分析称，由村民组成的寺院管委会，实际上只是有关部门的一个杀手锏，目的在于煽动村民参与到事件之中。与此同时，有关部门则可以脱身开来。当然，这种行动，即使在市区两级部门之间共谋完成，但是在省级部门层面，则难以得到认可。所以，才会出现当区宗教局局长一提"寺庙管委会"，省厅领导就连连摆手，"别说这个，别说这个"的情形发生。

中国的城市政治结构，是一个由多重权力与利益相勾连的复杂群体。寺庙

---

28 吴华：《民国成都佛教研究（1912-1949）》，北京：宗教文化出版社，2016年，第107-108页。

与基层政府、宗教组织之间可能形成特殊的利益联盟，在个别地方官员的主导下，共同完成对于宗教活动场所管理权的更换甚至是篡夺。

宗教活动场所管理权的更换是指多方行动主体经由合法程序，采用合理组织的方式，促使管理权的自然变动。

宗教活动场所管理权的篡夺则指的是行动主体，尤其是个别人士经由非法违规操作的强制性改变管理权的做法。

如何判断这两者的区别？答案是两点，第一，对法律的遵守；第二，对程序正义的尊重。若寺庙是依照法律政策合法登记的宗教活动场所，各种手续材料都齐全，那么依照《宗教事务条例》，寺庙僧团就拥有合法管理权与正当收益权。这些合法权益受到国家法律的明令保护。如果是地方政府为了分离僧团管理，而与个别人员在基层进行利益共谋破坏已有管理组织的话，那就是违规操作的问题了。

祥光寺是手续齐全的合法宗教活动场所，僧团管理者对于寺庙事务有着合法的管理权和决定权——无论是祥光寺被拆前还是被毁后，这一点始终没有改变。其他组织、团体和个人没有对寺院的实际管理权，不得插手寺院管理。寺庙在当地街道之中，为民众提供宗教服务，满足民众日常的宗教信仰需求，与民众的日常信仰生活建立起了千丝万缕的联系。然而，临时组建的"管委会"，却在篡夺寺院管理权的同时，分化、对立民众与原寺院管理者的关系，从而达到孤立原寺庙管理者的目的。

从法治程序来看，这种以私人性的方式所建构的寺庙管委会的存在没有任何合法合理的理由，也被省厅领导所否定。但在现实社会生活之中，就是这样一个非法的组织，插手寺院的管理乃至在各个环节之中配合地方政府对原祥光寺进行强拆。

由于城镇化进程中空间乱匹配现象的存在，个别地方政府人员不按规则出牌的行为所引发的利益纠葛，是促使地方矛盾不断升级的缘由，也是地方动乱之所以发生的主要导火线。这一根源，并不仅仅在宗教领域发生，而是近年来影响整个国家社会稳定发展的一个大问题。

第四节　规划：空间政治主导信仰关系的变迁

根据前面分析可以看到，在涉及宗教活动场所的城镇规划背后存在"空间失配"的三种类型,这种在空间政治主导之下所发生的信仰关系的变迁,是当前中国宗教生存与发展的一大难题。在中国政府强调宗教与社会主义社会相适应的同时,国家宗教事务局与宗教界也一直在呼吁要维护宗教界的合法权益。"空间失配"所导致的信仰关系的变迁可以从以下三个方面来认识:

一、打破原先的信仰关系

宗教活动场所的规划配置,首先就是打破已有的信仰关系或者说是信仰格局。不管哪一种空间失配现象的发生,都不可避免地会造成这一结果。一种信仰关系的形成是由民众在社会与历史的相互作用之中产生。信仰不是简单的风俗民情,但是离不开风俗民情的熏陶与渲染。在信仰关系的确立上,往往寄托着当地人们的种种人生希望、社会背景与历史情怀。孟德斯鸠曾经指出,中国人将宗教、法律、习俗和风尚融为一体,并以礼仪为训诫。[29]这一现象反映了中国人家国信仰的本质,即在信仰层面上,所反映的仍然是修身、齐家、治国、平天下的家国情怀。虽然,从表面上看,信仰关系的确立只是人与神的关系而已,但是,在实质上,信仰关系深深影响了中国人日常生活中的家庭结构、社会交往,是人与人,人与社会关系在神圣层面上的一种反映。

城镇化进程,本来就是一个家庭结构、社会交往发生转变的时期,个人与社会的关系变迁,容易令人无所着落,身心无处安放。宗教活动场所作为传统的象征,本可以成为历史的见证,地方文脉的绵延所在,个人怀念过去的凭栏。但是,"空间失配"所导致宗教活动场所的规划问题,则从人与神关系的精神层面更加撕裂了当下与过去、个人与社会之间的关系。

二、构建新型的信仰关系

根据前面的分析,由于空间失配的不同类型,所导致的宗教活动场所治理困境,使得信仰关系出现了变动。如果在"拆"宗教活动场所之后,能够完成"迁"的话,则信仰仍然能够易地延续。究竟应该如何认识宗教活动场所经过不同类型规划之后的信仰关系,可以从前文所分析的三种类型来认识:

1. 如果是毁灭性质的规划,则将导致信仰但无归属的问题。这种情形属于完全的破坏型,在打破之后,缺乏可替代的场所来安顿信仰。

2. 如果是改变属性的规划,则出现文物代替宗教的现象。这种改变属性

---

29 [法]孟德斯鸠著,许明龙译:《论法的精神》,北京:商务印书馆,2012 年,第 364-369 页。

的规划，是改革开放以来宗教矛盾的主要导火线，文物部门与宗教信仰者对于场所的争执由来已久，成为典型的历史问题，具有多重复杂性。

3. 如果是替换主体的规划，那么利益纠葛矛盾就会特别突出。这种情形，是管理者之间赤裸裸的利益纠纷，在不改变信仰习惯、入场设置等前提下，与区域社会大众的信仰关系不一定有直接的关系。但是，一般来说，前后不同管理者、不同的场所管理模式，会引导信众形成不同类型的信仰关系。

以上三种类型分别代表的是不同情形下的信仰关系，他们的共同点在于打破了原先的信仰关系，但是能否构建新的信仰关系，则有待观察。如果不能成功构建新的信仰关系，则将导致信众寻求其他方式来代替原有的信仰。其他方式，可能存在于现实生活，也可能在虚拟生活之中；可能是在当地，也有可能是在异地。总之，更多的是未知数。这种未知数系由管理漏洞所引发，其责任后果将反馈于管理部门，给未来的管理带来更多的负担。后两种类型展现更多的是利益之争，空间政治的变动是影响城镇化进程中宗教信仰关系变迁的一个重要因素。只有在厘清空间政治的前提下，才能构建新型的信仰关系，否则，信仰关系就仍然不稳定、不牢靠。

三、空间政治与信仰关系

空间政治具有多重性。在宗教活动场所的管理中，空间政治主要存在于政府机构与宗教活动场所的管理之间、宗教活动场所不同管理者之间、宗教活动场所与信众之间。

第一，按照法规政策来看，党委政府与宗教活动场所之间只有管理与监督的关系。但是从现实情况来看，政府职能部门实际上充当着决定宗教活动场所成立、管理、运营等种种环节的主要力量。甚至，一个宗教活动场所的管理者，如寺庙的住持，都是需要在政府职能部门备案通过才能得以生效。也就是说，政府实际上是宗教事务管理者权威的来源。宗教活动场所及其管理者只是政府的配置性资源，政府才是事实上的权威性资源，即社会资源配置的主导者与配置者。

第二，宗教活动场所的不同管理者之间对于政策的落实、对于信仰的理解以及对于管理的执行，有着不一样的认识，他们的行动决定了场所的日常运营与经济收益的情况。

第三，宗教活动场所的利益来源与信众有直接的关系，保持良好的利益交往关系，获得信众的认可与支持，是宗教活动场所能够生存与延续的基本保障。

因此，从以上不同层面来看，空间政治都是一个影响信仰关系的重要因素，只有充分重视信仰关系变迁中影响空间政治的各因素，才能将信仰关系变迁的分析落到实处。

第五节　信仰方式对于城镇化进程的建构性意义

民众的信仰方式是他们生活方式的重要组成部分。信仰方式充分反映了人与人、人与神之间的信仰关系，是信众进入"信仰社群"[30]确立信仰关系，进行以信仰为基础的社会交往的具体表现。

信仰的群体化和传播的全球化，为城镇化进程中的宗教活动场所空间赋予了新的角色和地位。这些角色和地位会对地方人们的信仰活动和信仰方式产生影响。也可以说，地方信仰的情况正在受到来自多方面关系因素的改造与型塑。

城镇化之后，原来乡村的信仰以及信仰的宗教活动场所应该如何妥善处理？这不仅涉及人事物资的变动，而且牵涉宗教活动场所作为神圣空间的建构历史、社会变迁的强力解构与价值重构，以及传统节日作为神圣时间在民众日常生活中的具体安排和宗教情感的抒发表达。依据传统风水原理与古代社会规划来说，一个宗教活动场所的创立往往与当地的文化教育、伦理道德、生活方式等围绕地方风土人情产生种种关联。在不考虑这些宗教活动场所建构历史的前提下，贸然推进城镇化就可能导致流动人口群体的不安与失落。因此，均衡宗教信仰方式与城镇化的合理推进就成为当前城市治理中的题中之义，城镇化中的宗教空间匹配问题也成为了考验地方宗教治理的水平。

在城镇化进程中，信仰方式变迁对于城镇的社会建设的积极意义，主要有以下三个方面：

首先，完善人的城镇化。城镇化在快速推进撤村建居的同时，直接打乱了农村自然形成的青山绿水生态和由熟人链接的人际关系形态，造成农民在转居民过程中容易出现心理层面的失落与无奈。从个体心理来看，拥有一定信仰

---

30 吴华：《当代中国宗教社会性研究视野中的"信仰社群"》，《云南社会科学》，2017年第2期。

方式的个体，在精神层面有着共同的需求，他们在城镇化的推进中容易获得群体归属感，有助于缓解个人因为生活撕裂所带来的不安与焦虑，在社会融入方面能够起到积极的促进作用。

其次，提升城镇化质量。如果无视地方的经济发展情况，而一味强行推进城镇化，则不可避免造成乡村与城镇的割裂。这种割裂后的结果一方面意味着农民失去土地、粮食等生存资本，另一方面也无法在城镇中创造适量的就业岗位以安顿民众，其结果必然是悲剧性的。从群体结构层面来看，由不同个体所组成的具有一定信仰方式的群体，他们的日常生活与社会行动，均具有结构稳定性，对于社会管理的有效执行，能够起到良性的推动作用。

最后，促进全面发展。从国家治理层面来看，把握各地宗教信仰的情况，不是单纯以宗教类型进行登记的场所或者人数等静态化的数目字，而是需要掌握不同类型群体之间的特征。在求同存异的情况下，了解不同群体动态化的信仰方式，特别是基于信仰的常规性交往方式，并通过法律与政策的制定、实施，进行有效管理，既保障公民宗教信仰自由的权利，又能切实维护城市稳定，进而促进城市的文明发展。

综上所述，宗教信仰在历史与地理上所产生的广泛影响，已然超越了政治与文化的界限，而成为了人类最古老的，与生俱来的交往实践方式。就此而言，信仰方式的出现也就脱离不了孕育宗教的历史、地理、社会等因素。信仰方式是由信仰主体、信仰对象在信仰认同、交往、反馈过程中构建起的系列化、体系化结构。信仰方式的产生、发展乃至于变革、重构与结束，实际上都是宗教信仰与国家社会互相磨合、交融、共建共生的结晶。一种信仰方式的产生直接反映时人的社会生存状态及其社会心理结构。从这个层面来看，信仰方式既是社会的反映，也是我们认识社会的重要路径。信仰方式作为一种社会存在的现象以及作为一个社会必不可少的环节，在城镇化进程中具有完善人的城镇化、提升城镇化质量、促进全面发展等方面的建构性意义，值得国家治理、宗教事务管理、人文地理以及相关领域人士的重视。

第三章　宗教活动场所的管理：正式制度与非正式运作[1]

伴随着国家城镇化政策的不断推进和落实，宗教进入城镇化范畴，并成为城乡规划的一部分，已被列入最新修订版的《宗教事务条例》（以下简称《条例》）之中。如《条例》中第三十二条明确规定：

"地方各级人民政府应当根据实际需要，将宗教活动场所建设纳入土地利用总体规划和城乡规划。

宗教活动场所、大型露天宗教造像的建设应当符合土地利用总体规划、城乡规划和工程建设、文物保护等有关法律、法规。"

其第二十条对于宗教活动场所的设立要求具备的五项条件中，就包含了："布局合理，符合城乡规划要求，不妨碍周围单位和居民的正常生产、生活。"

由此可见，宗教活动场所在国家宗教政策层面，已被纳入城乡规划之中，服务于城镇化的建设需求。因此，讨论宗教活动场所管理与宗教法治化建设，就不得不置于宗教城镇化视野之中来进行。

第一节　宗教活动场所管理进入学界研究范畴

宗教活动场所是当前国家政府宗教事务管理的主要内容。前国家宗教事务局局长王作安先生指出，经济社会发展、创新社会管理、宗教自身变化等因

1　本章曾以《宗教城镇化视野下的场所管理：正式制度与非正式运作》为题发表于《佛学研究》2018 年第 1 期，此处收入有修改。

素给宗教活动场所管理带来新考验。加强和创新宗教活动场所管理，对依法管理宗教事务、做好新形势下的宗教工作，具有基础性、关键性的意义。[2]

学界对宗教活动场所的研究，存在以下几种情况：

第一，从功能论的角度论证场所参与社会建设的作用与价值。如有学者提出可以将宗教活动场所视为准"公共文化空间"。将公共文化服务体系的建设与宗教活动场所结合起来，使宗教活动场所演变为传布社会核心价值观、整合社会伦理、推动和谐社会建设的公共文化空间。[3]也有学者通过走访广州五大宗教活动场所，实地考察了场所的变迁与发展情况，评估这些场所纳入城市规划的可行性。[4]

第二，从利益均衡的角度，考察宗教活动场所利益纠纷的管理问题。如赣鄂边界的 Y 宫权属纠纷的解决，演绎了一幅府际竞争—府际协商—府际治理的演变图景，提供了一个处理跨区域跨部门治理农村宗教信仰问题的范例。[5]

第三，从法治化的角度，论证宗教活动场所的权属保障与产权制度建设。当前国内宗教活动场所的财产管理与法人制度不相匹配，需要在符合法人管理体制的前提下，明确相关的规定及解决办法。[6]论者提出构建现代宗教产权制度已经成为迫切的任务。要通过加强宗教财产立法、建立宗教财产归属与管理使用制度、设立宗教事务协调委员会、完善救济途径、落实税收优惠待遇、学习借鉴其他国家的先进经验等措施，以便设计出既符合国情又具有可操作性的宗教活动场所产权制度。[7]

功能论的认识实际上也是多年来学界对于宗教的基本态度，即宗教是社会的构成因素，因此，宗教对于社会是有作用的。本研究则试图突破这一功能论范式，另辟蹊径，把利益关系作为分析宗教活动场所纠纷的主要因素。当前

2 王作安：《把握规律 开拓创新 做好新形势下宗教活动场所管理工作》，《中国宗教》，2012 年第 6 期，第 4-9 页。

3 刘涛：《另一种公共文化空间——宗教活动场所与公共文化服务》，《上海文化》，2013 年第 12 期，第 60-67 页。

4 韦羽：《广州宗教生态思考——以新世纪以来广州宗教活动场所变迁为视角》，《广州社会主义学院学报》，2014 年第 3 期，第 48-54 页。

5 文卫勇、刘天宇：《府际关系视角下的省界宗教活动场所治理——以赣鄂边界 Y 宫为例》，《世界宗教文化》，2016 年第 4 期，第 146-151 页。

6 张敏、王凤全：《法人制度下的宗教活动场所财产管理问题探究》，《中央社会主义学院学报》，2015 年第 5 期，第 76-80 页。

7 张明锋：《我国宗教活动场所产权制度设计的学术建议》，《世界宗教研究》，2016 年第 3 期，第 57-64 页。

基于宗教活动场所而发生的冲突与纠纷，其焦点都是为了获取经济利益的分配权。法治化是政府宗教事务管理的发展方向，但是在宗教事务缺乏社会化的前提下，不了解国情民意复杂性利益博弈的情况下，奢谈法律的制定与执行实际上是容易徒劳无功的。

自改革开放以来，中国内地进入了市场经济社会。在新的社会环境中，宗教活动场所逐步得到开放。以"场所"为中心的宗教事务管理制度渐渐滞后于现实的宗教信仰发展状况，并表现出来了一些紧张趋势，甚至发生了与当前社会不相适应的情况。"信教公民的流动，导致原有宗教空间同信徒人数的不相适应；外来人口或农民工信徒的聚集，导致对宗教空间的新需求；城市规划对原有宗教空间的影响等等，使当代中国宗教在行动空间及其布局合理化层面上面临着相当的变迁压力。"[8]

肖尧中教授提出："以宗教活动场所管理为基座建构起来的宗教事务管理体制与城镇化背景下宗教信众流动日益多元的现实状况之间'静'与'动'的矛盾，已是当前宗教事务管理实践中比较突出的矛盾。"[9]他立足于这一矛盾，从场所审批、场所与宗教组织、宗教协会、教职人员等要素的关系出发，分析了城镇化背景下宗教活动场所管理功能的运行困境，探讨了宗教活动场所管理功能的嬗变趋势。

就肖氏对于四川地区的调研来看，"当前宗教活动场所的产权问题远比管理层面上'规定'的复杂得多，尤以一'所'多'权'、多所无'权'的普遍存在为突出表现。"[10]在"所"与"权"之间，如何重视城镇化中的宗教活动场所拆迁安置问题[11]，诱惑着行动者对庙产的觊觎，考验着佛教界的自我整肃能力，也考验着宗教事务管理部门的行政成效。

由于佛教城镇化问题事件的出现，争议迭出。因商业对于宗教的利用以及商业化对宗教所造成的伤害，国家政府在宗教工作中明确提出"去商业化"。佛教城镇化之所以在社会中引起广泛的关注，并呈现为社会公共事件，可以从

8　李向平：《"场所"为中心的"宗教活动空间"——变迁中的中国"宗教制度"》，香港道风山《基督教文化评论：宗教社会学专辑》，2007 年第 26 期，第 93-112 页。

9　肖尧中：《城镇化进程中宗教活动场所管理功能的嬗变》，《世界宗教文化》，2015 年第 4 期，第 40-44 页。

10　肖尧中：《城镇化进程中宗教活动场所管理功能的嬗变》，《世界宗教文化》，2015 年第 4 期，第 42 页。

11　刘金光：《重视城镇化中的宗教活动场所拆迁安置问题》，《中国宗教》，2014 年第 4 期，第 42-44 页。

以下三个背景来认识：

第一，深刻的历史背景。一百多年来对于宗教信仰的漠视化与污名化。改革开放以后，国家宗教政策快速发展，然而历史遗留问题甚多，尤其是在佛道教场所的所有权、使用权上更是纷扰不断。

第二，广泛的社会背景。忽视民众的宗教信仰需求，不只是在新城规划中缺乏宗教用地考虑，还时常引发暴力事件的产生，伤害了广大信众的精神情怀。

第三，具体的宗教背景。如基督教教会产权归教会所有，而佛道教寺庙则是协会管理，和尚道士只有场所使用权，没有场所所有权。

鉴于以上三个背景的现实问题，佛教城镇化在当前面临极大的挑战。在调研之中，笔者发现佛教城镇化问题虽然是一个近年来兴起的现象，但其根源却是历史层叠所造成的。在这三个背景之外，法律法规政策的执行受到阻碍或者是篡改，如地方政府、商业力量以发展之名义侵犯宗教群体的合法权益现象。因此，对于佛教城镇化问题中的宗教活动场所在管理上的正式制度与非正式运作的分析，就是我们剖析佛教城镇化的认识基础。

笔者在导论中，已从社会学视野梳理了当前空间隐喻的三种不同发展趋势，即空间社会化、空间政治化、空间商品化。接下来，首先从空间商品化角度深入分析宗教活动场所作为空间政治的乱象；其次，厘清宗教活动场所的正式制度与非正式运作等配置情况；最后，探讨空间的权利归属，即有场所无产权的佛教城镇化困境，借此推动对于宗教城镇化的认识。

第二节　宗教活动场所的空间政治乱象

由于空间商品化现象的蔓延，在圈地卖钱的围墙经济之中，宗教活动场所未能幸免于难。在特殊的政治社会背景之下，宗教活动场所可化身空间资源参与市场的配置，由个别宗教人士与地方政府、商业资本合谋的宗教产品与服务迎合了旅游经济的需求。

何方耀教授对佛教寺庙与景区设置的关系有着清晰的认识，从积极方面来看，他认为：

> 在景区内的佛教寺庙，可以看作一种人文景观，是景区中独特的文化元素。各个景区在进行规划建设时，一般都会充分考虑寺庙的吸引力，甚至会将佛教寺庙做为核心景点重点经营，大力投资寺庙的基础设施等设备建设。从外在的硬件上看，大部分的景区和其

中的寺庙都显得比较协调，寺庙也愈来愈突出了旅游功能，吸引了
大量的游客，为景区的发展提供了必要的动力。旅游部门也看中了
宗教的市场潜力，用心打造宗教文化旅游路线。[12]

而从消极方面来认识，他也指出：

寺庙与景区最集中的矛盾就是经济收益的分配问题（比如门票
收入的分配），也涉及到寺庙的管理体制问题。按照我国现行的宗教
政策，宗教活动场所应该属于宗教教职人员自主管理，属地的宗教
工作部门进行监管。但是，由于一些旅游景区在进行投资建设时，
将寺庙也纳入了投资范围，景区内的寺庙修建，多由商家投资。所
以，在管理体制上，往往是投资商介入甚至主导了寺庙的管理权，
特别是寺庙的经济活动及其收入的管理，这就产生了僧商合作型管
理模式。有的寺庙登记为佛教活动场所，但实际上没有佛教教职人
员管理，而是被承包，此即投资人主导型管理模式的来源之一；有
的寺庙被景区设卡收门票；有的寺庙所有的收入都由承包者支配，
出家人只是像雇佣工人那样领取"工资"。这种管理模式，影响了正
常的宗教活动的开展，也有损于宗教的社会形象，还妨碍了信教群
众的宗教信仰活动。[13]

根据中国人民大学的相关调查显示，一些地方政府乐意于参与到佛教寺
庙的旅游资源开发和后期管理之中。这些地方政府与佛教团体之间容易形成
一种相互促进的双赢关系，故此佛教教职人员也更愿意维持同政府的合作。[14]
甚至，个别地方出现由政府主导的宗教信仰现象。海南省三亚市政府投资修建
"南山观音文化苑"和海上观音像，两个项目的产权和所有权均归属于三亚市
政府。

由于这一事件，法学界介入了对于国家政教关系的讨论。《法学》杂志不
仅刊发相关文章，还组织了两次学术座谈会。座谈会与相关笔谈内容由童之伟
教授整理以《地方政府投资宗教项目涉及的法律问题——三亚南山观音圣像

---

12 何方耀、宋跃华等著：《当代汉传佛教寺院管理初探》，香港：香港中文大学出版
社，2020年，第305页。

13 何方耀、宋跃华等著：《当代汉传佛教寺院管理初探》，香港中文大学出版社，2020
年，第306页。

14 冯玉军：《中国大陆宗教事务法律治理调研报告》，收于陈至洁、王韵主编：《法治
的局限与希望：中国大陆改革进程中的台湾、宗教与人权因素》，台北：元照出版
有限公司，2015年，第137-138页。

建设与政教关系学术座谈会纪要》[15]为名发表。这篇文章，随后获得《科学与无神论》的转载。甚至，中国佛教协会综合研究室编的《研究动态》也对此进行转载关注，并认为《纪要》文章"有许多真知灼见，值得引起高层领导的高度重视……现在到了坚持政教分离原则，并以此为底线，规范政府部门过深参与宗教内部事务，制止宗教搭台，经济唱戏的时候了"[16]。

有研究者指出："虽然该市政府可能主要着眼于发掘、利用宗教资源进行旅游经济的建设，并未想到过政教关系问题，但政府的这种资金支持和对宗教财产的政府占有实际上有违政教分离原则。"[17]也就是说，地方政府不单利用"宗教搭台、经济唱戏"的名目，甚至公然将宗教定位为推动地方经济、旅游发展的平台和工具，乃至于"摇钱树"，而这种现象的扩大化，直接导致宗教活动场所与景区管理出现纠结难缠的利益矛盾。

时任国家宗教事务局研究中心主任张训谋先生在《2012年中国宗教治理综述报告》中指出："宗教治理方面存在的问题暴露了当前权力资源配置存在的问题。而场所管理中的乱象反映了市场经济条件下一切关系归根结蒂都是经济关系，因而严重干扰了宗教信仰自由政策的客观公正性。"[18]也就是说在由行政主导下的宗教活动场所的资源配置之中，宗教活动场所作为空间的商品化现象已经严重干扰了国家宗教政策的落实与执行。地方政府的跨界僭越行为，严重扰乱了国家正常的政教关系，引起了来自法学界、无神论界与宗教界的共同批评。

围绕宗教活动场所空间资源产权归属而产生的利益纠纷，是近年来佛教城镇化问题事件频发的主要特征。不少地区发生了对于个别寺庙的非法整合、资源错配，产权被剥夺，管理权、使用权被架空，宗教群众作为公民的合法权益得不到保障甚至是遭遇迫害。基层政府对宗教资源的空间失配加剧了其中的张力，地方政府与商业资本的勾连为掠夺宗教活动场所的管理权、使用权制造新的契机，暴力行动更是引发冲突的导火线。

笔者在本章之中，所要研究的宗教活动场所空间资源，具有多层含义：

---

15 童之伟：《地方政府投资宗教项目涉及的法律问题——三亚南山观音圣像建设与政教关系学术座谈会纪要》，《法学》，2005年第11期，第13-20页。

16 魏德东：《法学界的宗教关注》，《中国民族报·宗教周刊·理论》，2006年5月2日。

17 郭延军：《我国处理政教关系应秉持什么原则——从三亚观音圣像的建设和开光说起》，《法学》，2005年第6期，第11-19页；任晓莉：《论宗教信仰自由的宪政保护》，中央民族大学硕士研究生毕业论文，2009年。

18 张训谋：《2012年中国宗教治理综述报告》，金泽、邱永辉主编：《中国宗教报告》，北京：社会科学文献出版社，2013年，第249页。

①从正式制度的层面聚焦于物理空间寺庙为代表的宗教活动场所；②从制度供给角度分析法律政策规定的宗教活动场所空间资源的权利属性，如产权、管理权、使用权的归属，以及最终处置权的表达；③从制度失效角度分析权力支配宗教活动场所空间资源的几种情形。

宗教活动场所，并不只是一个简单的物理空间。从社会性的角度来观察，对于宗教活动场所的占有、管理、使用在实际中包含着种种的社会关系。因此，宗教活动场所也是一种社会空间，反映的是国家政府公共权力的支配，与社会公民个人权利的行使和保障的程度。

在本研究中，从个别地方政府、利益集团将寺庙空间纳入圈地规划之中，以及由此而导致的寺庙管理者、佛教徒、网民反抗的维权行动，可以看到以寺庙为代表的宗教活动场所正在成为不同行动主体抢夺的空间资源。

第三节　正式制度下的宗教活动场所管理

制度，是社会行动的日常准则，是个体行动的合法性来源。在康芒斯的《制度经济学》中提出，制度是集体行动控制个人行动的业务规则和运行中的机构。[19]按照这个观点，制度包含两个层面的内容，第一，业务规则，此规则主要用于集体行动对个人行动的控制；第二，集体机构，个体归属于运行中的而非静止的机构。因此，所谓的业务规则主要指向正式制度与非正式运作，所谓集体机构则可理解为政府部门或者其他社会组织。

宗教事务管理的正式制度，即宗教立法，意指经过国家立法机关或经立法机关授权的机关通过而正式成文的宗教法律法规、政策准则、契约规范。

根据张训谋先生在《国外宗教法规汇编》中的定义，宗教立法涉及的是国家立法机构立法行为和政府行政部门的行政管理行为，主要包括三个方面：①国家立法机构为处理涉及宗教的公共事务而制定的立法，是对因宗教信仰而产生的关系的规范，基本上只局限于宗教事务方面的单项立法；②执政党和政府为处理涉及宗教的事务而制定的政策与行政管理措施；③政府行政机构为处理某一方面的特定宗教事务而与国内外相关宗教机构签订具有约束力的协议。[20]

---

19 [美]康芒斯著，于树生译：《制度经济学》（上册），北京：商务印书馆，1962 年，第 86-89 页。

20 国家宗教事务局宗教研究中心：《国外宗教法规汇编》，2002 年，北京：宗教文化出版社，前言第 5 页。

由于宗教活动场所空间资源配置属于宗教事务管理的范畴，其制度条约与国家公共权力密切相关，是由国家宗教事务管理部门以法律、规则、制度的形式所确立的行动规范。因此，下文主要从制度供给、制度实效、制度空间三个方面对宗教活动场所的空间资源配置模式进行解读。

一、制度供给：法律政策分析

在现代社会管理制度中，最重要的是法律及其应用。"法律是使人类行为服从于规则之治的事业。"[21] "法律旨在创设一种正义的社会秩序"。[22]依法治国的基础在于有法可依，有法必依。缺乏法律的规范与约束就无法界定社会秩序。对宗教事务的管理，也是如此。只有从应然性的纸上法到实然性的行动法，落实相关法律法规才能谈及具体的管理。

1991 年，中共中央、国务院下发《关于进一步做好宗教工作若干问题的通知》，其中提出"依法对宗教事务进行管理"。1996 年，国务院宗教事务局政策法规司编发《全面正确地贯彻执行党的宗教政策 依法加强对宗教事务的管理 积极引导宗教与社会主义社会相适应》，明确指出："政府对宗教事务的管理，要依照法律、法规和政策进行，要提高各级干部特别是领导干部依法行政、依法管理的水平和能力。我国的法律体系包括宪法、法律、法规、部门规章等不同层次，当合国家的政策性文件也是依法管理的重要依据。"

针对无专门宗教法的现象，有学者认为："没有宗教法，不表示无法可循。纵然要制定宗教法，也应在社会既有的宗教习惯中寻求其法规范。"[23]根据 2012 年国家宗教事务局政策法规司编的《宗教政策法规文件选编》来看，中国宗教立法体系主要包括了宪法及其相关法 6 部，中央文件及中央领导讲话 5 种，宗教事务方面的行政法规及部门规章 11 部，其他与宗教事务方面相关的法律法规规章 32 种，相关政策文件 24 种。2004 年，中华人民共和国国务院令第 426 号公布《宗教事务条例》，该条例的颁布意味着国家政府对于宗教事务管理的进一步规范化，法治化。该条例也是十几年来宗教事务管理中

---

21 [美]朗·富勒著，郑戈译：《法律的道德性》，北京：商务印书馆，2005 年，第 124-125 页。

22 [美]E·博登海默著，邓正来著：《法理学、法哲学及其方法》北京：华夏出版社，1987 年，第 302 页。

23 陈至洁、王韵主编：《法治的局限与希望：中国大陆改革进程中的台湾、宗教与人权因素》，台北：元照出版有限公司，2015 年，郭明政序第 3 页。

应用最为广泛的一部法规，分七个部分对总则、宗教团体、宗教活动场所、宗教教职人员、宗教财产、法律责任、附则等进行了具体的规定。也就是说，我国的宗教法律体系相对来说是比较健全的。当前社会中出现佛教城镇化事件的关键不在于有没有宗教法，而在于对相关宗教法律的理解与执行层面所产生的具体问题，如《宗教事务条例》明确规定了宗教团体与宗教活动场所的房屋可以依法办理房地产权属登记。然而由于种种原因，截至 2013 年佛教界 3.3 万个宗教活动场所中的大多数尚未办理，这就给维护佛教界合法权益造成了很大被动，也是造成佛教城镇化进程中寺庙乱象的原因之一。[24]

本节着重于考察宗教法律中关于宗教产权、宗教活动场所管理权、使用权、处置权等权利规定。

（一）宗教产权

产权（Property Right），意指法人的财产权，或指私人财产权。根据阿伦特的说法，财产（在代代相传的土地权的意义上）是文明世界的主要根基，是私人拥有的公共世界的一部分，是人进入世界的最基本政治条件，它让它的所有者致力于保持世界的稳定性。

财产是区分私人与公共的界限，因为这一界限，世界文明得以形成。"没有对私生活的适当建制和保护，就没有自由的公共领域。"[25]财产不是财富，他具有法律赋予的神圣保障。法律的神圣必须用于保护私人的财产，确保私人权益的安全，只有这样，才有真正的公共领域。

财富只是可受支配的资源，缺乏法律意义上的神圣性保障。文明的形成，在于财产的保障。西方社会，"在现代以前，所有文明都建立在私有财产神圣性的观念之上。"[26]只有确立对财产的保护，形成产权制度，才能保证国家社会文明的延续传承。否则，一个社会即使资本积累再多，也只是财富的数量而已，并不能确保财产的安全享有。

宗教产权，指的是法律意义上的宗教法人所合法拥有的宗教财产权。由于我国尚未正式成立宗教法人，也没有宗教法。处理宗教事务的法规主要是《宗

24　《中国佛协副会长建议制定法规破解黑寺庙等难题》，中国新闻网，2013 年 03 月 04 日，http://www.chinanews.com/gn/2013/03-04/4612617.shtml。

25　[美]汉娜·阿伦特著，王寅丽译：《人的境况》，上海：上海人民出版社，2009 年，第 43 页。

26　[美]汉娜·阿伦特著，王寅丽译：《人的境况》，上海：上海人民出版社，2009 年，第 41 页。

教事务条例》（以下简称《条例》），依据原《条例》第五章，修订版《条例》第七章宗教财产部分可知，宗教财产，包括了宗教团体、宗教活动场所合法使用的土地，合法所有或者使用的房屋、构筑物、设施以及个人捐赠等合法收入。宗教财产受法律保护。"任何组织或者个人不得侵占、哄抢、私分、损毁或者非法查封、扣押、冻结、没收、处分宗教团体、宗教活动场所的合法财产，不得损毁宗教团体、宗教活动场所占有、使用的文物。"原《条例》第三十一条、修订版《条例》第五十一条规定宗教活动场所所有的房屋和使用的土地，应当依法向县级以上地方人民政府房产、土地管理部门申请登记，领取所有权、使用权证书；产权变更、转移的，应当及时办理变更、转移手续。也就是说，宗教活动场所作为宗教财产，其产权是受到法律保护的。1986 年制定的《中华人民共和国民法通则》第 77 条明确规定："社会团体包括宗教团体的合法财产受法律保护。"

（二）产权归属

产权一般分为私人产权、共有产权、国有产权。这三类分别规范了产权归属的所有者。私人产权，意味着个人自由支配资源的使用、转让，并享有收益权；共有产权指的是由共同成员集体分享这些权利；国有产权是指由国家拥有，并按政治程序来决定如何支配资源的权利。[27]这三种权利之中，共有产权、国有产权容易产生代理人问题。

依据现有规定，当代中国佛教寺庙的产权，除了私人小庙以外，一般寺庙的产权都归属于佛教协会所有，这是一种共有产权（也称集体产权）的规范。也正是这种规范，导致的是寺庙产权的虚化。在现实之中，之所以出现庙产纠纷，就在于寺庙产权的虚化与模糊不清。寺庙负责人/法人/管理者只有宗教活动场所的管理权，其所有权归属于佛教协会所有。这种情形有一定的弊端，尤其是在基层上，非常容易出现政策上的产权虚化现象，对于宗教治理来说，无疑是一大难题。

以前，虽然法律与《条例》均声明宗教财产受法律保护，但是并未明确产权归属。在解释产权归属问题上，至今沿用的仍然是 1981 年 1 月 27 日最高人民法院与国务院宗教事务局关于寺庙、道观房屋产权归属问题致上海市高级人民法院与上海市宗教事务局的复函。该函件如下："一九八〇年十一月十

---

27 [美]罗纳德·H. 科斯等著，刘守英等译：《财产权利与制度变迁：产权学派与新制度学派译文集》，上海：格致出版社，2014 年，译者的话第 4 页。

一日（80）沪高法民字第 441 号、沪宗请字（80）第 41 号请示报告收悉。关于寺庙、道观等房屋产权归属问题，经研究，原则上同意请示报告所提的处理意见。鉴于这类房屋产权纠纷的情况比较复杂，在处理时，一定要认真执行宗教政策，妥善地处理好公私关系；必要时，应征求当地政府及有关部门的意见，共同作好工作。"

短短三句话，表达了对于解决宗教房产纠纷问题的意见。其在原则上同意上海方面所提供的处理意见，并提出要认真执行宗教政策，妥善处理好公私关系。也就是说，对于宗教活动场所产权的认识及其处理会影响到公私关系。这一点将在本研究中逐步得到呈现。上海方面的四点意见归结起来就是："寺庙、道观房屋大都是由群众捐献而建造。除个别私人出资修建或购置的小庙，可归私人所有外，其它房屋的性质均应属公共财产，其产权归宗教团体市佛教协会与市道教协会所有。土改中虽由僧、尼、道士出面登记并领得所有权证，但应视作僧、尼、道士以管理者身份代为登记，仍属公产，不能作为他们的私有财产。"作为公产寺庙的产权归属于市级佛道教协会，而不属于僧尼个人或者寺庙负责人/法人/管理者。这是导致后来宗教产权问题纠纷不断的所在，也是佛教城镇化问题中不同利益主体的诉求聚焦点。

现在，修订版《条例》之中，第七章〈宗教财产〉第四十九条规定："宗教团体、宗教院校、宗教活动场所对依法占有的属于国家、集体所有的财产，依照法律和国家有关规定管理和使用；对其他合法财产，依法享有所有权或者其他财产权利。"这一条文，对于产权进行了明确的规定，要求依法管理、使用、享有。

（三）管理权

对于作为公共财产的宗教活动场所来说，虽然产权归属于市级宗教团体而不是自身，但是宗教活动场所的管理却主要在于内部。《条例》中规定，宗教活动场所应当成立管理组织，实行民主管理。加强内部管理，依照有关法律、法规、规章的规定，建立健全人员、财务、会计、治安、消防、文物保护、卫生防疫等管理制度。同时，宗教活动场所接受当地人民政府有关部门与宗教事务部门的指导、监督、检查。

（四）处置权

在正常情况下，宗教活动场所作为宗教财产受法律保护，不允许随意处置。原《条例》第30条规定"宗教团体、宗教活动场所合法使用的土地，合法所有或者使用的房屋、构筑物、设施，以及其他合法财产、收益，受法律保护。任何组织或者个人不得侵占、哄抢、私分、损毁或者非法查封、扣押、冻结、没收、处分宗教团体、宗教活动场所的合法财产，不得损毁宗教团体、宗教活动场所占有、使用的文物。"

如果因城市规划或重点工程建设需要拆迁宗教活动场所的，"拆迁人应当与该宗教团体或者宗教活动场所协商，并征求有关宗教事务部门的意见。"（原《条例》第33条规定）也就是说涉及城市规划的宗教活动场所拆迁问题，拆迁人应当与宗教团体或者宗教活动场所协商，并征求宗教事务部门的意见。按照法定程序来看，如果不是城市规划与重点工程建设，任何组织或者个人均不得侵占、查封、扣押、处分宗教团体、宗教活动场所的合法财产。

（五）登记制度

在《条例》之中，多处提到"登记"二字，可以认为对于宗教活动场所主要实行登记管理制度。如原《条例》第15条，修订版《条例》第22条：宗教活动场所经批准筹备并建设完工后，应当向所在地的县级人民政府宗教事务部门申请登记。县级人民政府宗教事务部门应当自收到申请之日起30日内对该宗教活动场所的管理组织、规章制度建设等情况进行审核，对符合条件的予以登记，发给《宗教活动场所登记证》。

宗教活动场所的登记主要是在行政部门进行的，主要对其用途与性质进行登记，具有行政许可的性质。有学者认为这种登记制度非常重要，"通过登记赋予了宗教财产的目的性财产地位，通过登记设定、变更和废止特定宗教财产的宗教性用途和目的，具有阻止人为任意改变宗教财产用途的积极意义。"[28]

二、制度实效：权力配置资源

在正式制度的执行过程中，主要由权力主体通过一定的方式将制度贯彻给管理对象，从而达成精神的传达与对制度的遵守。这种上通下达的沟通机制一般会产生两种效果：一种是权力成功地配置资源取得成效，对象服从了权力主体的管理与安排；另一种则是权力配置资源失效，产生纠纷。以下根据案例分析失效的几种类型，及其具体的表现情况。

---

28 张建文：《宗教财产立法研究》，北京：中国民主法制出版社，2015年，第167页。

（一）权力越位：监督管理变成强制执行

如在 2013 年金泉高王寺事件中，申遗作为城市的重点工程，涉及到宗教活动场所重新规划事宜，根据《条例》规定理应由政府有关部门与寺庙方面进行协商，取得同意后进行。然而，从实际情形中却可以看到权力是如何无视法律规定而贸然越位的。①退出无效：2013 年 1 月份，金泉市召开申遗工作协调会议，高王寺住持法师出席。法师提出高王寺退出申遗，但没有奏效。②限期拆迁：3 月 8 日，高王寺收到区民宗局限期拆迁的通知。通知要求寺庙的整个拆除工程在 5 月 30 日之前完成。③政府决定：3 月 13 日，丝路申遗申报文本编制总负责人董祥海来高王寺考察，有多位政府官员在场。法师对董祥海表达了担忧，"修学和生活是一体化，高王寺拆除这么多的建筑，僧团失去食宿的基本保障，等于是破坏了僧团，破坏了正常的宗教活动"。但他的话被现场的金泉市官员罗厚松打断。罗厚松对董祥海说，不用考虑高王寺的意见，申遗的事情政府作了决定。

从这三种行政决策来看，可以发现，个别地方官员完全不尊重宗教活动场所的存在及其意见，呈现了简单粗暴的强制管理态度。

（二）权力错位：行政管理变成暴力执行

本来宗教事务管理部门对于宗教活动场所的行政管理，只是指导、监督、检查等职责，而在调查案例之中，竟然发生权力部门带头暴力执行的事情。梁昕在《旧城改造与古寺突围　祥光寺规划困局调查》中所反映的，基于区民宗局领导对他们提出的关于了解祥光寺规划等核心问题，一律不予回答。在权宜之下，他们提出了一个请求："区民宗局本身能不能承诺，在祥光寺没有签署合法完备的规划手续之前，不再强行要求祥光寺僧人搬走，也就是说区民宗局本身不会带头去拆寺院？"然而对于这个问题，领导表示暂时不能回答。也就是说，对于规划事件，区民宗局进行了合谋并可能带头进行强拆。2013 年 12 月 8 日上午 7 时 30 分，上百人冲进祥光寺实施强拆，手持各种工具，对佛像进行抢夺，甚至用吊车直接吊走佛像。强拆方对住持法师恶言："敬酒不吃吃罚酒，寺庙不是养老院，该回家就回家去。"在场的凤凰网佛教编辑相机被抢，凤凰团队成员被围打冲散，人身安全受到极大威胁。凤凰网佛教网站、微博等平台最先发布该消息，微博如下："【紧急：祥光寺遭暴力强拆】上午 7 点半，几百人冲进祥光寺实施强拆，他们手拿各种工具，对佛像进行抢夺。凤凰网佛教编辑相机被抢，被围打，人身受到极大威胁。寺院居士手机被抢，居士说用寺院电话报警 30 分钟没有动静。惠平，还有没有王法？@东木警方"[29]

（三）权力失位：有法不依与有警不出

权力失位表达的是当公民需要权力的时候，权力不接应或者是表达不在场。在公民不需要权力的时候，权力却来扰乱。

祥光寺事件中，强拆发生的时候，有居士的手机被抢，另有居士用寺院电话报警 30 分钟没有动静。究竟是派出所无人值班，还是接警不出，就不得而知了。然而，后来警方唯一一次赶到寺外，竟然是因为拆迁方以"扰乱现场，在现场拍照，侵犯他们肖像权"为由报警，警方直接将在现场没有任何违法举动的凤凰网佛教特约调查员邢律师带回派出所，却没有接应居士的报警。

派出所选择性出警、选择性执法的行为只是按照规划的需要进行。公民的合法权利在地方政府机关的权力失位中得不到任何保护。基层执法机关让位于更高的权力部门。这种让位显示地方权力之间的共谋现象。

第四节　非正式运作下的宗教活动场所空间配置

非正式运作不仅指没有成文或不能正式公开的、约定俗成的价值观念、伦理规范、风俗习惯等非正式规则，还包括支撑其运转的人情、面子、社会关系网络。

一、非正式运作的作用

在福柯的研究中，在诸如监狱、地方政权等边缘地区和远离中央政权的领域，权力结构及其统治机器的运作方式，具有非常明显和典型的特征，足以暴露西方社会长期以来被官方论述和权威性政治哲学所掩饰的权力运作的性质。在这些领域，政权运作一方面表现出政权制度化、法制化和真理科学化的特征，另一方面却表现出时时刻刻不断违法、逾越法规和任意滥用权力的特征。[30]福柯的发现让人们更加清楚地认识到，权力在正式制度与非正式运作中的无界蔓延，这一点特别提醒我们要对非正式规则的作用以及制度的非正式运作进行探讨。

从正面角度来看，非正式规则作为一种控制方式对于社会秩序的维护具有一定的积极作用，其不仅适合于中国的传统社会，而且在现代西方发达国

---

29 明贤法师：《祥光寺强拆堪比文革　网友痛斥"还有没有王法"》，凤凰网佛教，2013-12-9，http://fo.ifeng.com/news/detail_2013_12/09/31941870_0.shtml。

30 高宣扬：《当代社会理论》，北京：中国人民大学出版社，2005 年，第 289 页。

家，也被越来越多地用于国家与企业的制度性安排。[31]

从负面效果来看，非正式规则以及制度的非正式运作却妨碍了正式制度的落实。这一点，在一些特殊的领域（非公开、不透明）表现尤甚。常人可能会以为政策确定了就一定会被落实，命令一旦发出就一定会被服从。然而，现实结果却常常是令人匪夷所思的。

童之伟曾经指出，对于政教企关系，与政教关系之中所涉及的产权交易，要讨论的是实践的问题。"为什么只说实践上呢？因为，在原理和原则上，这个问题在我国差不多已经解决，我们在党和国家的权威性文献和学术论著中都能找到这方面的精辟论述。不过，实践有时是另一回事，它主要涉及相关原理、原则在各地实际生活中的落实。"[32]

二、制度的非正式运作

（一）法律的非正式解读

以祥光寺事件为例，其中地方政府在整个事件之中有多处对法律进行了非正式解读，或可称为错误解读。

1. 妨碍教育：现行《宪法》（1982 年）第 36 条规定："任何人不得利用宗教进行破坏社会秩序、损害公民身体健康、妨碍国家教育制度的活动。"在祥光寺事件中，地方政府挟制祥光寺规划的一个理由便是寺庙妨碍了新学校的建设。原来，在地方政府的规划中，准备把祥光寺规划为小学用地。在规划工作指挥部所提供的《关于祥光寺搬迁情况说明》中表示"现因祥光寺未搬迁，造成该小学无法按期建成，无法满足 7000 多回迁户及周边居民子女的就学需求"。这种对法律的非正式解读与对民意的歪曲论述，无视法定程序，其本质只是为了混淆问题所在。

2. 山寨协议：2013 年 12 月 6 日，凤凰网佛教联系到东木省宗教局，在反复的沟通协调之下，区宗教局局长李花稗被迫拿出了一份怪异的拆迁协议。这份协议是由拆迁方，区宗教局和区佛协共同签署完成。而协议上的被拆迁方不是祥光寺，而是区佛协。也就是说，基于产权归属的问题，宗教活

---

31 柯司特，曼威、亚历山卓·波提斯：《底层的世界：非正式经济的起源、动力与影响》，收于夏铸九、王志弘编译《空间的文化形式与社会理论读本》，台北：台湾大学建筑与城乡研究所、明文书局，2002 年，第 333-366 页。

32 童之伟：《地方政府投资宗教项目涉及的法律问题——三亚南山观音圣像建设与政教关系学术座谈会纪要》，《法学》，2005 年第 11 期，第 15 页。

动场所的产权所有者代替了管理者、使用者同意对该场所的拆迁，而且没有通知宗教活动场所的管理者与使用者。这一行径，严重违反了《条例》第三十三条规定："因城市规划或者重点工程建设需要拆迁宗教团体或者宗教活动场所的房屋、构筑物的，拆迁人应当与该宗教团体或者宗教活动场所协商，并征求有关宗教事务部门的意见。"这种现象可以称为披着合法外衣的违法行为。

事后，惠平市民族与宗教事务局主管佛教的局长表示："这个拆迁协议最好由宗教团体（佛协）和宗教活动场所（祥光寺）一起来签，那么，这份协议就比较完善了。接下来我们要求区政府把拆迁协议重新完善起来，要和寺庙法师去签这份协议。"也就是说，代表公权力的地方政府在没有得到宗教活动场所同意的情况下，与佛协签了一份不完善的协议就进行了拆迁事宜，然后试图进行事后补签协议。

（二）关系亲疏与远近

在高王寺事件中，主导负责拆迁的罗厚松既是政府官员，又是企业负责人，在推行项目上具有其他单位个人不可多得的社会资源，在推行项目上更是雷厉风行。因此，他可以在地方上为所欲为，甚至是公然叫嚣不用搭理寺院方面的意见。

在祥光寺事件中，一直没有露面的卜明法师是当地佛教协会会长，需要与地方官员保持良好关系，才能确保自己的生存地位与开展相关工作。因此，他只负责签字，而不出面得罪官员。这一行动，有着工具理性层面的考虑。

与地方政府关系的亲疏与远近，决定了话语表达的份量。这就是被规划寺庙的法师意见，基本上被屏蔽在外的主要原因。相反，佛协领导、主管部门领导，因为自己与地方政府的直接关系，反倒显出一副一言九鼎的形象，有恃无恐，强行推进规划的完成。

第五节　权利归属：有场所无产权的困境

佛教城镇化问题的矛盾冲突在于对空间的争夺，而"空间争夺的核心正是产权"[33]。自科斯以后，产权理论不断得到丰富和发展，经济学家张五常在其中发挥了重要的作用，社会学家周雪光等人也将产权的研究从权利引向关系

---

33 郭于华等主编：《居住的政治》，桂林：广西师范大学出版社，2014年，第109页。

的实践。由于产权界定有经济学、法学、社会学等不同方式，在西方与中国的不同区域发展中产生了不同的特色。尤其在中国本土，产权的界定就是"一个斗争实践的过程……是在日常生活实践中再生产出来的"[34]。

一、产权规定的是关系

产权作为成文制度，是由国家政府设立的约束人与物的关系，是普及于社会所强制实施的选择经济品使用的权利。产权在三个层面上规范了人与人、人与物的关系：

首先，产权制度的界定是因为物作为稀缺资源的存在，为了规范资源分配所设置的制度。产权的完整界定能够减少不确定性，并增进资源的有效配置与使用。[35]

其次，产权制度规范了人在使用物时的社会地位，即作为平等互惠的公民或是可以肆意挥洒的贱民、奴隶。人的权利，决定了交换物品的价值[36]。

最后，产权制度的设置要求国家与民众均要遵守相关的约定，形成明确的社会关系，以此杜绝物的权属纠纷。产权作为社会工具，其重要性在于形成对物进行交易时的合理预期。这些预期通过社会的法律、习俗和道德得到表达。[37]

"产权安排确定了每个人相应于物时的行为规范，每个人都必须遵守他与其他人之间的相互关系，或承担不遵守这种关系的成本。因此，对共同体中通行的产权制度可以描述的，它是一系列用来确定每个人相对于稀缺资源使用时的地位的经济和社会关系。"[38]

---

34 详见郭于华等主编：《居住的政治》，桂林：广西师范大学出版社，2014 年，第 109-151 页。

35 Demsetz, H., "Toward a Theory of Property Rights", *Amer. Econ. Rev.*, May 1967, 57:350.

36 哈罗德·德姆塞茨：《关于产权的理论》，[美]罗纳德·H. 科斯等著，刘守英等译：《财产权利与制度变迁：产权学派与新制度学派译文集》，上海：格致出版社，2014 年，第 70 页。

37 哈罗德·德姆塞茨：《关于产权的理论》，[美]罗纳德·H. 科斯等著，刘守英等译：《财产权利与制度变迁：产权学派与新制度学派译文集》，上海：格致出版社，2014 年，第 71 页。

38 埃瑞克·G. 菲吕博腾、斯韦托扎尔·平乔维奇：《产权与经济理论：近期文献的一个综述》，[美]罗纳德·H. 科斯等著，刘守英等译：《财产权利与制度变迁：产权学派与新制度学派译文集》，上海：格致出版社，2014 年，第 148 页。

产权包括财产所有者对资源的使用权、转让权与收入的享用权。[39]产权的权能受国家法律制度的保障。其完整性，包括了所有者对它具有的排他性和可转让性来衡量。如果权利所有者对他所拥有的权利有排他的使用权、收入的独享权和自由的转让权，就称他所拥有的产权是完整的。如果这些方面的权能受到限制或禁止，就称为产权的残缺。[40]产权残缺有两个方面的问题，其一是制度保障的残缺与虚化，其二是执行层面的无知与暴力。就前文分析而言，寺庙产权纠纷的发生，在这两个方面都有所体现。

二、中国社会中的产权

传统中国的统治思想基于家国结构，以三纲五常思想，形成四海八荒统一的天下体系。西周时期，对于土地产权的认识就记载在《诗经》之中——"溥天之下，莫非王土；率土之滨，莫非王臣"（《诗经·小雅·谷风之什·北山》）。这一认识，将土地的权利完全归于王者，而民众也是为王者所用之臣。这种王权至上、唯一的思想影响了中国历代政权的土地政策。与王相应的是民，与民相关的还是土地。《孟子》："民之为道也，有恒产者有恒心，无恒产者无恒心。"就这样，构建了一个"王—地—民"的统治格局。有研究者提出，传统中国的产权可被视为国家（王者）赋予个人（民众）的仁慈。[41]也有学者认为："在中国人看来，法律只是人类的理性工具，国家以此来行使权力和维护公共秩序……中国只有依法统治而没有法治……法治的执行可以公正，但不是因为公民拥有与生俱来的权利；权利是仁慈统治者的恩赐，公正只是治安良好的条件。正是由于这个原因，产权和私法——合同、侵权和其他不涉及国家的个人纠纷——很少得到强调，与西方普通法和罗马民法的传统形成鲜明对比。"[42]

由于历史的原因，中国在社会正义上强调的是三纲五常，是情义，是人与

---

39 Steven N. S. Cheung, "The Structure of a Contract and the Theory of a Non-Exclusive Resource", *J. Law Econ.*, April 1969, 12.

40 [美]罗纳德·H.科斯等著，刘守英等译：《财产权利与制度变迁：产权学派与新制度学派译文集》，上海：格致出版社，2014 年，译者的话第 4 页。

41 Schurmann H F. Traditional property concepts in China. *The Journal of Asian Studies*, 1956, 15(4): 507-516.

42 Bodde, Derk, and Clarence Morris. *Law in imperial China: exemplified by 190 Ch'ing Dynasty cases: with historical, social, and juridical commentaries*. Harvard University Press, 1967. 转引自[美]福山著，毛俊杰译：《政治秩序与政治衰败：从工业革命到民主全球化》，桂林：广西师范大学出版社，2015 年，第 326 页。

人之间的信任，而不是个人的自由与权利的保护。在差序格局的礼仪社会之中，缺乏对产权的明确保护，如何才能形成法治社会中的制度信任？尽管当代中国政府强调法治精神，试图培养公民的法治意识，但是仍然无法避免社会中存在的违法现象。尤其在面对经济发展所可能带来的庞大利益的时刻，更是考验人性的关口。

三、维权与无权之争

在正式制度之中，宗教活动场所是有产权的，而且还受到法律的保护，但是在现实的政治生活之中，作为公共财产的宗教活动场所的产权却与管理权、使用权等分割开。产权不属于宗教活动场所的管理者与使用者，而是归属于宗教团体。作为宗教活动场所空间的拥有者只拥有了场所物理空间的管理权与使用权。这就将所谓的佛教维权逼入困境之中，即维权者无权可维。

佛教寺庙试图维护自己的合法权益，最后，却发现自己的权益只是虚化的模糊化的悬置的空中楼阁，完全处于产权残缺的状态。

如果寺庙只是文物，权利不归僧团，在法律上就是无权。只有正确定义寺庙产权的性质，确定宗教权益的范畴，才能做到合法合理维权。如果我们考虑到佛教城镇化问题事件出现的背后，个别地方政府人员在工作上的不作为、乱作为的话，那么需要反思的就不是佛教界本身，而是个别地方政府履行政务过程中的工作原则、工作手段、工作目的问题。这就是佛教城镇化的空间政治问题，也是中国产权问题在宗教领域中的再生产实践现象。

四、谁是胜利者?

在佛教城镇化问题之中，谁是胜利者?

个别地方政府虽然实施了暴力规划或者通过各种手段，使得僧人听从其指挥，难道可以说他们就一定是胜利者吗？佛教维权的结果又是什么呢？是佛教的权利大了，还是政府的权力大了？或者是佛教、社会、政府都没有胜利？

从佛教城镇化问题事件的案例来看，佛教的权利在正式制度层面明显得不到伸张，仍然处于尴尬的无权层面，即宗教法人地位的缺乏，产权制度的虚化，导致地方公共权力的不当干预。这一点也正是中国佛教协会多位会长、副会长连续多年在政协提案的主要诉求。基层政府部门虽然权力伸张，直接干涉宗教活动场所的存亡，但是却反映出其法律意识淡薄，官僚意识浓厚等诸多问题。虽然一些地方政府在表面上拆迁了寺庙，但是对非正式手段的娴熟运作，戏弄媒体与社会的做法却导致其公信力沦丧，而这个直接威胁了地方政府权威及其存在的合法性。具体来看，两个案例分别表现出来两种不同的结果：

1. 寺庙胜利：高王寺保住寺庙不被拆。地方政府重新审视区域经济发展与寺庙规划的关系。地方政府也赢得了舆论对其制度文明的称号。这是权力—权利关系的归位。

2. 寺庙失败：祥光寺被拆，住持管理权遭遇剥夺。地方政府虽然成功拆迁寺庙，但是失了民心，背负舆论骂名。

为什么对于地方政府来说，某些寺庙的意见是可以忽略的，长年居住于寺庙的主人在一纸规划面前竟然变成了没有谈判资格的外人。其原因就在于个别政府人员无视法律的真正存在，宗教事务管理尚未真正进入法治领域。

有学者指出，在缺乏公共规则的情势下，一旦国家认真执行"法治"，便会伤及"人情"；一旦涉及宗教问题，便遭遇争议，甚至抗争，从而导致事态的扩大化，最终结果使得国家治理体制在"治—乱"之间循坏，因此，在正式与非正式之间，一个真正意味的法治社会及其建设，始终是题中应有之义。[43]

在法治社会中，"政府同样被置于宪法、法律之下，个人服从法律与政府服从法律，同样是基本的准则。"[44]当政府曲解正式制度并且大量利用非正式运作进行管理的时候，这就不是一个正常的社会，而是一个病态的国家。因此，可以说，在暴力行动之中，没有人是真正的胜利者。透露出来的只有问题与教训，而没有成功的经验。

现在，修订版《条例》明确宗教活动场所的法人资格，与场所的产权归属，使得保护合法的宗教权益，有了法理政策上的依据。但是，居安思危，我们需要警惕宗教城镇化过程的空间政治问题，这是中国产权问题在宗教领域中的再生产实践现象，值得持续关注。

---

43 肖云泽：《信仰方式与土地规则——以 A 省土地专项整治行动中的基督教为例》，
　《道风：基督教文化评论》，第 46 期，2017 年春。

44 何怀宏：《西方公民不服从的传统》，长春：吉林人民出版社，2001 年，第 18 页。

第四章 权力代理与程序正义：佛教城镇化与城市治理

本章以权力关系的运作为切入口，探讨佛教城镇化过程中各级官员的权力归属、权力代理、社会信任、程序正义以及权力信仰等问题。具体来说，要讨论的是城市治理中涉及佛教城镇化事件的各级官员：①权力归属：不同层级政府在宗教事务管理上的权力指向；②权力代理：基层政府在佛教城镇化进程中对于宗教活动场所的处置，展现了什么样的权力关系与运作逻辑？③社会信任：由三种不同矛盾处理方式所导致的不同信任结果；④程序正义：国家法律对于宗教事务管理工作的规定与基层政府在实际执行中所展现的地方逻辑。

第一节 权力归属：政府在宗教事务管理上的权力指向

在近年来涉及佛教城镇化的问题中，几乎每一个问题事件的背后都有地方官员的影子。[1]只是由于双方或者多方行动主体利益分配不均，才导致出现纠纷。甚至，一些地方官员公然以行政权力为幌子，进行强制性规划。如果寺庙管理者不同意规划，他们就进行利益胁迫，人身威胁。对于这种地方官员的

---

[1] 已有研究表明：地方政府所主导的违法行为这一特殊的国情更加剧了监督与矫正土地违法行为的难度。郜永昌：《中国土地使用管制法律制度研究》，重庆大学博士学位论文，2007年。

越界行为，在社会学上应该如何认识，反映了什么样的权力结构，是本章要重点分析的问题。

一、国家管理的权力机制

本节讨论的是在推动宗教空间政治中所涉及的官员与官员之间的权力代理关系。权力代理指的是地方政府代理中央政府的公共权力。程序正义指的是政府行政决策的合法性与正当性。在权力代理与程序正义之间，讲究的是权力关系的运作机制问题。

在计划经济的总体性社会之中，政治框架是定型社会的基本框架，政治权力支配着整个社会生活。各种社会组织高度附着于政治框架而呈现出高度的交织、粘着和不分化状态。[2]地方政府代理中央对地方的行政管理是几乎没有特殊利益可言的。

在市场经济社会之中，由于财政分权，中央政府、地方政府与市场之间逐渐形成了新的多元化利益格局。在现实生活中，由于权力关系掺杂利益关系，从而导致了在城市治理之中佛教城镇化问题纠纷的出现。

讨论政府在宗教事务管理上的权力归属，需要将问题诉诸国家宗教事务管理的权力机制。具体而言，即是由行政权力相关因素所引发或阻止的宗教活动场所空间资源配置的过程；其行动主体包括了各级人民政府以及由政府出台的法律法规、政策规划，或与政府相关的行政力量、财政能力、暴力机关等。

二、中央与地方的利益分化

在计划经济社会，国家通过所有制、行政制、单位制、身份制等体制性力量，高度集中社会资源，并对整个社会进行分层，按照单位与其中的个人进行了具体的分配。郑杭生等人曾从社会互构论的角度提出："社会运行的'国家化'与国家管理的'社会化'和'公共化'趋势，从特定角度揭示了社会与国家之间存在的一种事实性的关系：国家是社会的国家，它为社会行使权力，是社会权益的代理人。"[3]

改革开放以后，社会资源的"占有主体和控制层次发生了很大变化，具体

2　孙立平：《总体性社会研究——对改革前中国社会结构的概要分析》，《中国社会科学季刊》，1993 年第 2 期。

3　郑杭生、杨敏：《社会互构论：世界眼光下的中国特色社会学理论的新探索——当代中国"个人与社会关系研究"》，北京：中国人民大学出版社，2010 年，第 448 页。

表现为一种从上向下倾斜的趋势。这种倾斜的结果就是地方、部门和单位的自主权和地位重要性上升，中央和地方、部门、单位之间利益的分化和分割日益明显地显现出来。"[4]

在国家机制之中，由于中央与地方的利益分化，不同级别的行政部门对于同一事件可能因为立场的不同，而有不同的主张与行动。相对来说，国家与省级职能部门更多地是发出指导性的政策，具体的执行主体主要依靠基层地方政府与地方职能部门。然而，地方政府、村干部，却不必然是纯粹的国家机制公共权力的代理人。他们身处地方社会之中，在角色定位上，既是执行政策制度的代理人，又是具有地方身份的利益代表。前者在公共理性上要求他们遵守国法，依法行政，后者则在私人身份上决定了他们需要考虑地方发展、个人形象与个人利益。地方身份决定了地方官员在行动中的执行力度，也决定了他们是否在执行政策中采取基层策略。这种多层制之间的权衡，反映了国家机制的内部运营的复杂状况。探究这些部门对于同一事件的认识与行动及其背后的动机，可以更清晰地认识在宗教事务管理层面国家政治权力机制的运作模式。

三、中央—地方的目标冲突

在宗教事务管理领域，从目标设定上来说，中央关注的是从法律与政策层面维护宗教界的合法权益，从而实现维护社会秩序稳定发展的目标。中央制定出来的法律依据如《宗教事务条例》等，也成为了寺庙遭遇暴力规划时所使用的司法武器，从而与规划者进行抗衡，或者是进行利益协商。当运用司法武器维护合法权益仍然失效的时候，以寺庙为主的行动者一般会诉诸省级政府宗教事务管理部门乃至于国家宗教事务局的公平审判。在某种程度上，地方政府为了城市规划、经济发展以及自身的形象工程，却有可能采取选择性执政的行为，以实现自己的行政目标。这就导致了在佛教城镇化问题中所涉及的宗教空间政治变迁之上，不同行动者的诉求最后往往成为了考验中央—地方的权力关系问题。[5]

4　郑杭生等：《当代中国社会结构和社会关系研究》，北京：首都师范大学出版社，1997年，第84页。

5　谢岳曾对农民工集体行动失败进行研究，认为中央政府与地方政府相互冲突的政策目标，导致了农民工的"司法动员"经常性失败，也正是由于温和的抗议策略低效甚至无效，才迫使农民工采取更加激进的行动策略。谢岳：《从"司法动员"到"街头抗议"——农民工集体行动失败的政治因素及其后果》，《开放时代》，2010年第9期，第46-56页。

第二节　权力关系与运作逻辑

《宗教事务条例》虽然由国务院颁布施行，但是在执行之中，具体的情况则是由地方宗教事务管理部门开展。在落实宗教政策之中，基于信息不对称与中央对地方的监控缺漏，地方在执行中央政策的时候有可能会根据自身利益偏好而采取选择性的做法，其中就包括为了自身利益，不惜违反中央政策的行为。这种现象可以称之为宗教事务管理中的权力代理问题。

根据前国家宗教事务局局长叶小文先生的说法，这种权力代理问题主要有以下几种情况：

> 有的人认为既然实行宗教信仰自由政策，对宗教活动就可以不管不问，放任自流，造成有的地方宗教活动混乱无序发展；有的认为宗教与无神论是对立的，因而对宗教采取压制和不承认的态度，激化矛盾，影响稳定；有的则搞所谓"宗教搭台，经济唱戏"，人为地发展宗教；有的把搞无神论宣传与贯彻宗教信仰自由政策对立起来，听任迷信活动泛滥成灾。[6]

从叶小文先生所举类型来看，反映了宗教干部在地方上处理经济发展与伦理价值的不同路径：第一种在于对法律的认识不足，第二种在于对法律的错误认识，第三种的目标是经济利益，第四种则是缺乏作为。当前的佛教城镇化纠纷，主要集中于利益矛盾。从权力运行的结构性来看，权力代理的问题主要集中于权力的执行层面，其主要影响因素是宗教空间政治。

在城镇化进程中，"一些地方存在不正确的政绩观，将宗教定位为推动地方经济、旅游发展的平台和工具，甚至是'摇钱树'。"[7]这一点在高王寺事件中尤其明显，地方政府将高王寺纳入申遗工程，从文物角度解读对高王寺的建筑规划。尽管文物专家强调申遗过程不涉及商业开发，但是从金泉市政府的相关文件之中，却明显地指向了佛教文化风景区的开发。因此，不得不说这是一起由权力与利益共谋的事件。在祥光寺事件之中，也是因为开发涉及的规划。不同的是，地方政府已经提前建好了新寺庙，而且新寺庙距离原祥光寺只有不到 50 米的距离。其关键问题在于新寺庙建成以后，虽然沿用祥光寺的名义，

6　叶小文：《序：结合宗教工作的实际改造我们的学习》，龚学增：《宗教问题干部读本》，北京：中共中央党校出版社，2000 年，第 2-3 页。

7　张训谋：《2012 年中国宗教治理综述报告》，金泽、邱永辉主编：《宗教蓝皮书·中国宗教报告（2013）》，北京：社会科学文献出版社，2013 年，第 249 页。

但是原来的寺庙负责人却要被换成新的寺庙管理委员会。可以说，这种由地方官员主导的抢夺寺庙经营权的"狸猫换太子"做法，表明祥光寺事件从头到尾就是空间政治的纠纷问题。

以下，从国家、省、市、县宗教事务管理部门的行动具体分析佛教城镇化问题中的权力关系与运作逻辑。

一、国家宗教事务局的声明

高王寺事件，系于 2013 年 4 月 10 日由《南方都市报》最先报道出来。当天晚上 8 点多，六小龄童在微博上写道，"埋有玄奘大师灵骨的金泉高王寺正面临大规模规划，当地政府给出的原因是丝绸之路联合申遗的需要，据说是投资建设'高王寺佛教文化旅游景区建设项目'，我的佛友阔塘法师作为寺院住持阻止无效，网民们都在呼吁我给予关注，事关重大，我作为一个演员真诚地希望国家宗教事务局等有关机构及领导出面协调。"借助于"大师兄"孙悟空扮演者的知名度，六小龄童的这条微博短时间内引起了网友的极大关注，获得近 5 千万次的浏览，近 20 万次转发，近 3 千条评论。

次日，国家宗教事务局网站刊登消息称："我局已经注意到媒体相关报道，并要求金水省宗教局实地调查了解情况，协调当地有关部门听取包括佛教界在内的各方意见，依照相关法规和政策规定妥善处理。"[8]

从国家宗教事务局这则简单的声明中可以看出：第一，作为国家宗教事务管理部门的国家宗教事务局在最高层面对此事表达了自己的关注；第二，国家宗教事务局不仅关注到了事件，并已经要求金水省宗教局安排实地调查，进一步了解情况；第三，要求当地有关部门听取包括佛教界在内的各方意见；第四，要求对该事件依照相关法规和政策妥善处理。

2004 年 11 月 30 日中华人民共和国国务院令第 426 号公布，自 2005 年 3 月 1 日起施行的《宗教事务条例》第三条："国家依法保护正常的宗教活动，维护宗教团体、宗教活动场所和信教公民的合法权益。"[9]国家宗教事务局所发出的声明正是基于对宗教活动场所合法权益的维护，这是国家宗教事务局的职责所在。针对佛教城镇化问题这种突发事件，国家宗教事务局的职

8　《我局新闻发言人就金泉高王寺遭"拆迁"事做出回应》，国家宗教局官网，2013-4-11，http://www.sara.gov.cn//xwzx/xwjj/19878.htm。

9　国家宗教事务局政策法规司编：《宗教政策法规文件选编》，北京：宗教文化出版社，2012 年，第 64 页。

责具体体现在：①掌握宗教现状与发展动态，提出处理宗教问题的政策建议；②推动落实宗教事务工作的法律法规；③依法履行宗教事务管理职责，依法保护公民宗教信仰自由和正常的宗教活动，维护宗教界的合法权益，促进宗教关系和谐；④指导地方政府宗教事务部门依法履行管理职能，处理宗教事务的重大事件。[10]

二、失声的省市宗教事务管理部门

从后续的情况发展来看，我们在公开途径中找不到金水省宗教局以及金泉市宗教局直接针对高王寺事件的情况说明。

在事件之中，出面的市级行政部门主要是金泉市文物局与金泉市申遗工作领导小组，宗教事务管理部门则始终是金泉市久全区宗教局。

为什么省市两级的宗教事务管理部门一直没有出面？我们很难猜测其背后缘由。或者是该申遗项目一直以来就是文物部门牵头的事情，其他部门主要在于配合而已。

根据金泉市文物局官方网站的说明可以了解到，"丝绸之路申遗是国家重大文化遗产保护工程"[11]，系由国家文物局指导，金水省政府、金水省文物局、金泉市政府、金泉市文物局共同完成的一个国家工程。该项目自 2006 年启动以来，已在前期准备工作取得了阶段性成果。2011 年 12 月 27 日，中国、哈萨克斯坦、吉尔吉斯斯坦三国共同签署了丝绸之路联合申遗备忘录，确定了"丝绸之路：起始段和天山廊道的路网"的项目名称。2012 年 7 月，高王寺同其他五处遗产点被国家文物局列入"丝绸之路中国段首批申遗名单"。2012 年 11 月，国家文物局组织专家到金泉进行考察指导。直到 2014 年 6 月 22 日，丝绸之路被列入《世界遗产名录》。[12]

对政府而言，寺庙的价值在于作为文物资源能够参与申遗，从而顺利地完成国家工程。从文物局申遗的角度来看，文物专家的身份要求他们提出自己的专业性看法，推动申遗工作的实施。因此，至于寺庙的宗教本位，就不是政府

---

10 《国家宗教事务局简介》，国家宗教事务局官方网站，2016-8-15，http://www.sara. gov.cn/jqgk/zs/index.htm。

11 《高王寺申遗相关情况说明》，金泉市文物局官网，2013-4-11，http://www.xawwj. com/ptl/def/def/index_1270_2570_ci_trid_625015.html。

12 郭桂香：《丝路申遗金泉给力》，国家文物局官网，2014-7-1，http://www.sach.gov. cn/art/2014/7/1/art_722_92528.html。

部门需要重点考虑的范畴了。然而，从政治角度对寺庙宗教本位的忽视，却几乎造成了无法挽救的损失。

三、历史遗留的文物逻辑

不能忽视的是，由于历史的原因，文物部门与宗教事务管理部门之间，对于被定义为文物保护单位的宗教活动场所的划定，在寺观的属性、职能和归属上，一直都存在纠纷。

1989 年，中国佛教协会前会长赵朴初先生曾在中央的一次协调会上专门谈及此问题。在他所举的例子中，包括了青龙寺。青龙寺作为我国唐代弘扬密教的重要道场，日本人空海曾于此师从惠果和尚学法，回国后创立日本真言宗，传播了唐代的中国文化。后日本真言宗为了报答祖恩，增进中日友好，在空海逝世 1200 年之际，发起在空海居住过的青龙寺东院遗址修建宗教纪念建筑物。建筑费用，日方提出一亿日元，金泉市有关部门索价二亿日元，几经讨价还价，最后达成一亿三千万日元。这些部门人员完全不顾国家的体面和政治影响，把友好事业当作赚钱的买卖，实属罕见。青龙寺遗址修复后，最后定为"惠果、空海纪念堂"，本身毫无文物价值，纯属宗教纪念性的建筑，又是日本佛教真言宗信徒捐资建成，里面完全是宗教殿堂的陈设，与文物毫不相干，理应由佛教界来管理。但文物部门从一开始就打算长期把持不放，对此日本真言宗极为不满，强烈要求中国佛教协会委派僧人管理。赵朴初曾就此事多次向有关部门提出。该省领导的态度是明朗的。之所以拖了多年未能得到解决，就是国家文物局的负责人作梗，鼓动省、市文物部门顶住。[13]

将近三十年的时间，同样是金泉的寺庙，问题还是跟文物部门有关，目的可能不同，但是手段依然。历史的原因，造就所谓"文物寺观""旅游寺观""园林寺观"。从社会秩序的角度来看，国家文物部门个别人士以文物作梗的方式，损害的是宪法所保护的公民宗教信仰自由权利，严重说来就是破坏依法治国方略。文物部门这些做法，既颠覆了传统宗教文化的形象，也严重妨碍宗教信仰活动的正常运行，还引起了海内外宗教界的质疑与不满。

令人讶异的是，金泉市久全区宗教局在事件之中，表达的观点竟然与文物局、文物专家是一致的，都指出要拆迁的是违章建筑。文物专家表示，寺庙的

---

13 赵朴初：《正本清源 赵朴初谈寺观的属性、职能和归属》，凤凰网华人佛教，2013-04-13，http://fo.ifeng.com/guanchajia/detail_2013_04/13/24186476_0.shtml。

三分之二是违章建筑，不利于申遗。高王寺对此说法进行了强烈的抗议，认为文物部门"强行绑架高王寺拆除大量建筑，迁出僧团，实际上是对高王寺塔使用权的转移和宗教活动场所功能的变更"[14]。这种说法是在文物逻辑基础之上对于宗教活动场所属性的改变。

就宗教活动场所的文物逻辑而言，宗教确有文化价值毋庸置疑，但这种文化必须符合宗教的特定场域。文物逻辑的缺陷在于把一座千年寺庙简单看作博物馆或者旅游景点，而忽视了在寺庙物理空间背后层层累叠而成的历史文化积淀，也忽视了无数信众的虔诚信仰之心。这种逻辑尽管能够解释当前中国佛教城镇化进程所出现的信仰乱象问题，但是也为宗教的良性发展带来了诸多的弊端与争议。宗教作为文物，首先是宗教层面的存在，其次才是文物层面的保护。基于历史上宗教法物的前提，才让当时的法物成为当今的文物。以制度性的保护代替主体的存在，是宗教活动场所空间政治文物逻辑的立论基础。然而，文化遗产、归属组织与现实制度绝不可混淆。以文物代替宗教的空间政治逻辑，表示个别地方政府在使用策略的时候，故意混淆时空秩序，制造颠倒错乱，错用历史伤害现实，错用所谓文物抹杀信仰的超越性和神圣性，假文化之名强取豪夺，从根本上伤害佛教作为制度性宗教的根基。

事实上，文物专家的语言逻辑在完全不顾及寺庙的现实生存状况之下，贸然推进项目的完成。这种做法本身就存在程序是否正义的问题。这也是中国佛教协会发布声明中所强烈反对的一点。中国佛教协会在声明之中将这种做法的合法性上诉至中央政府，要求必须得到国务院批准方可。本来，宗教局的职责在于贯彻执行党和国家关于民族、宗教工作的方针、政策，维护宗教活动场所的合法权益。该区宗教局局长却在地方政府申遗压力之下，疲惫而无奈地以文物逻辑代替宗教现实回应了社会舆论的质疑。

从区宗教局局长的意见表达来看，之所以出现不顾宗教活动场所合法权益的现象，也有可能与我国的政治权力结构相关。

中国的政治运作逻辑之中存在条块关系[15]，其中蕴含多种类型模式与矛盾。在佛教城镇化问题事件之中，在条上既有纵向的职能部门之间的业务指导关系，也有块上横向的权力归属关系。权力归属即权力的来源，具有实质性权

14 高王寺：《维护高王寺僧团的生存权和僧团与玄奘塔一体性的请示》，高王寺单独印行散发本，2013年4月。
15 周振超：《当代中国政府条块关系研究》，天津：天津人民出版社，2009年。

威，而业务指导关系仅具有象征性权威。[16]

虽然区宗教局作为宗教事务管理部门，在业务关系上听从上级宗教职能部门的指导。但是，在行政上，宗教事务管理部门的人事权却是由地方政府掌握与任命。也就是说，地方党委政府才是宗教局真正的权力归属。既然宗教局的直接上司并不是上一级宗教职能部门，而是同一级的地方党委与政府，那么，在权力关系的博弈之中，宗教局的行动就理所当然地只能服从于党委政府的指示。相对来说，业务指导的上级职能部门的意见也就只是起到参考作用而已。

另外，在业务管理上，即使是国家宗教事务局的相关指示，也只能是通过省级宗教事务管理部门逐级进行传达，而不能直接跨越到市县级别。这就可能产生中央权力的边缘化现象，在无形中造成了权力代理过程的薄弱环节。

地方宗教事务管理部门的地位与角色，决定了他们在实际工作之中更多的是配合地方政府进行地方建设的需要。从这个角度来看的话，区宗教局局长迫于地方政府申遗压力，在言论上倾向于文物部门或许就是一种可以理解的行为。

高王寺后来的妥善处理当然还是有赖于地方政府的正确决策。报道出来以后，舆论一直在发生变化，地方政府、寺庙与社会各界一直在进行博弈。最后，地方政府从大局出发，给出了两点意见："第一，高王寺塔是否申遗，请院方拿出一个正式的态度之后再协商；第二，在协商结果出来之前，当地政府不会动高王寺的一砖一瓦。现在关键要看高王寺院方的态度，如果高王寺不配合，即便是强行申遗，也不会成功。"[17]

第三节　暴力撕裂信任关系

相对于高王寺事件中的省市级别宗教事务管理部门的缺席来说，在祥光寺事件中，东木省民族与宗教事务厅、惠平市民宗局、升平区民宗局分别在事件中表达了自己的态度，也做出了自己的行动。

针对近年来公共事件的研究，可以发现，其共同之处是都涉及地方政府与

---

16 实质权威、象征性权威概念参考 Aghion P, Tirole J. Formal and real authority in organizations. *Journal of political economy,* 1997, 105(1): 1-29.

17 《金泉高王寺面临拆迁 回应：协商结果出来前不动一砖一瓦》，人民网，2013-4-11，http://society.people.com.cn/n/2013/0411/c1008-21102147.html。

当地民众的空间政治，即地方政府成为复杂空间政治中的一方[18]。具体来说，地方政府的权力—利益关系受到现实制度环境的影响。在当前的城镇化进程之中，伴随着改革开放而来的政府行为的市场化，即地方政府作为"具有特殊利益结构和效用偏好的行为主体"[19]，在市场分配上，已从职能上的指导、监督变成主导、瓜分，并按照自己的意志实现其行政目标与经济目标。

在祥光寺事件之中，因规划所起的纠纷，表现出来的不是简单的寺庙与规划方之间的矛盾，而是寺庙与地方宗教事务管理部门官员之间的冲突。下面根据祥光寺事件的发展历程，具体分析三种不同的矛盾处理方式所导致的社会信任结果。

一、失序：压制打破信任关系

在《关于祥光寺遭非法强拆的投诉信》中提到：

> 有关部门和人员利用职权，公然违反《东木省城市房屋拆迁管理条例》（2002 年 9 月 29 日公告）、《关于城市建设中拆迁教堂、寺庙等房屋问题处理意见的通知》（国宗发[1993]21 号）规定，未经寺院负责人和当地广大村民同意，由区民族与宗教事务局李花稗局长一手精心策划、操纵安排祥光寺规划安置工作。其曾多次在不同场合口头以通牒、要挟、逼迫等方式威逼寺院负责人立即同意规划，并曾扬言：若拒不搬迁，将派区佛教协会人员进驻寺院进行整顿，进行行政干预；如果经过整顿拒不配合搬迁，将强行解除释白礼的住持身份。[20]

单纯从投诉信来看，我们无法确知在计划对祥光寺进行规划以前，区民宗局与祥光寺之间是否存在不可言说的利益瓜葛，也许区民宗局只是在执行区政府的规划而已。根据官方资料显示，祥光寺所在的危旧房改造项目是惠平市迄今为止最大的旧屋区改造项目，也是政府为民办实事项目。但是，从上述的文字中，矛头指向的是区民宗局的领导，而且提到该领导在不同场合口头以各

---

18 杨雪冬:《公共危机倒逼地方政府"再地方化"》,《当代社科视野》,2011 年第 4 期,第 50 页。

19 何显明:《市场化进程中的地方政府角色及其行为逻辑——基于地方政府自主性的视角》,《浙江大学学报》（人文社会科学版）,2007 年第 6 期。

20 梁昕:《旧城改造与古寺突围 祥光寺拆迁困局调查》,凤凰网,2013-12-7, http://fo.ifeng.com/news/detail_2013_12/07/31888498_0.shtml。

种方式威逼祥光寺负责人，甚至还要进行行政干预，乃至于强行解除释白礼的住持身份。这种对当事人居高临下的压制处理态度在某种程度上打破了政府与寺庙之间的信任关系。

事实上，2013 年 6 月 21 日，升平区民宗局就已下达一封《查账》书面通知，称该局将对祥光寺的财务工作进行检查。"请务必通知场所的会计、出纳等相关人员到场，并提供财务工作的各项管理机制、会计制度、会计凭证、会计账簿、会计报表等资料。鉴于你寺之前多次拖延检查，今特书面通知，届时若相关人员或资料不到位，将以拒检视之。"而且，释白礼和寺院的居士一致表示，区民宗局的领导曾表达过，如果祥光寺不能清楚说明 10 年以来的财务明细，不但两位老比丘尼要立即搬走，更要把住持白礼法师送去劳改。

在正常的情况下，行政干预是以国家权力为基础，可以分为强制性与非强制性两种。强制性的行政干预主要是通过法律法规进行指示、规定，具有强制性和约束力；非强制性干预则是以劝说、宣传、教育等指导方式为主，不具有强制性与约束力。

从区民宗局的书面通知与其领导的表述来看，明显是要对祥光寺进行强制性的行政干预。这种干预必须以法律法规为准则，并不是单纯依长官意志为转移。作为区民宗局，对管辖的寺庙进行检查、监督是份内之事，但是特别强调要一下子清楚说明 10 年以来的财务明细，这就明显是滥用职权、倚强凌弱的打压表现了。这种行为只能说明前十年区民宗局在行政事务上的不作为。这时候需要追究的就不是寺庙的问题，而是区民宗局的执政能力问题。

对宗教活动场所进行行政干预是地方宗教事务管理部门的权力，根据《宗教事务条例》第十八条的规定："宗教活动场所应当加强内部管理，依照有关法律、法规、规章的规定，建立健全人员、财务、会计、治安、消防、文物保护、卫生防疫等管理制度，接受当地人民政府有关部门的指导、监督、检查。"也就是说，宗教事务管理部门对宗教活动场所是有指导、监督与检查的权力，但是《条例》之中并没有说明期限，也没有表示说如果不能清楚说明十年来的财务明细，就要寺庙管理者搬出，或者送去劳改。使用威胁性的语言，只能说明行动者自身的不自信。

尽管如此，不得不说明的是，在《条例》第六章法律责任之中，却明确规定了国家工作人员在宗教事务管理工作中滥用职权、玩忽职守、徇私舞弊，构成犯罪的，依法追究刑事责任；尚不构成犯罪的，依法给予行政处分。侵犯宗教活动场所和信教公民合法权益的，依法承担民事责任；构成犯罪的，依法追究刑事责任。侵犯公私财产等违法活动，构成犯罪的，依法追究刑事责任；尚不构成犯罪的，由有关主管部门依法给予行政处罚；对公民、法人或者其他组织造成损失的，依法承担民事责任。

区民宗局在试图对祥光寺进行行政干预过程中，并没有考虑到《条例》对于国家工作人员使用权力的限制，才会出现使用威胁性的语言进行强制性的行政干预。在区民宗局所主导的对祥光寺的强拆之中，其滥用职权的问题，以及强拆寺庙等违反司法程序正义的行为，依《条例》而言，随时可以追究其法律责任。

二、有序：沟通恢复信任关系

2013 年 7 月 5 日，惠平市民宗局局长亲自到祥光寺和白礼法师友好交流 2 个小时。当晚，白礼法师的精神面貌就有了明显的改善，尽管老人家还在继续打针治疗，但是已经没有了之前的焦虑。她用当地话反复说："这回可好了，再不用担心了，局长和我们道歉了，还问我们有什么要求。"此时，白礼法师对政府的行为表示信任，而愿意和政府谈规划协议。

一般说来，纠纷的兴起在于缺乏沟通，或者沟通不畅。没有良好的沟通就没有信任。只有通过正常的沟通才能产生信任。在升平区民宗局通过行政干预与个人语言暴力打破信任以后，惠平民宗局领导亲临现场，与当事人进行沟通，重新建立了白礼法师与政府之间的信任。在这种信任环境之中，白礼法师也愿意与政府谈规划协议，说明了她本人对于市政工程并不反感，只是希望可以表达自己的声音。

然而，后来白礼法师与政府之间并没有谈拢。其中产生了什么变化，外人很难获悉，危机在是年 12 月再次爆发。

12 月 6 日，凤凰网佛教随同白礼法师前往东木省宗教厅反映情况。省厅领导嘉怡在认真听取事实叙述后，不由感触道："看来先前下面的市和区宗教局说都是法师的不好，并不完全属实。"本着解决问题的态度，相关省厅领导通知升平区宗教局局长李花稗一起，于当天下午实地考察了祥光寺，并组织凤凰网佛教等人与李花稗局长座谈，面对面说明情况。

在情况说明的过程中，李局长拿出已经签署好了的"规划协议"。原来，早在 2013 年 10 月 25 日协议就已签妥。然而，协议签署的双方，却绕开了规划对象祥光寺，而是由"规划办与区佛协"代劳。根据中华人民共和国国务院令第 426 号《宗教事务条例》第五章第三十三条规定："因城市规划或者重点工程建设需要拆迁宗教团体或者宗教活动场所的房屋、构筑物的，拆迁人应当与该宗教团体或者宗教活动场所协商，并征求有关宗教事务部门的意见。经各方协商同意拆迁的，拆迁人应当对被拆迁的房屋、构筑物予以重建，或者根据国家有关规定，按照被拆迁房屋、构筑物的市场评估价给予补偿"。升平区宗教局绕开寺庙炮制的拆迁协议，属于违反相关规定的行为。所以，后来东木省民宗厅认定该协议不成立。

针对惠平市、区两级政府宗教事务管理部门在佛教城镇化问题事件中的不良表现，在国家宗教事务局相关领导的指示下，东木省民族与宗教事务厅厅长陈鑫于 12 月 9 日上午紧急召集市区两级民宗局领导，传达了省厅三点处理意见：

1. 要求市民宗局领导站出来解决问题。

2. 要求区佛教协会必须与祥光寺法师沟通，协商解决问题，妥善安置祥光寺法师，解决过程要透明。

3. 市民宗局及区民宗局要与凤凰网佛教频道沟通，消除误会。

会后，厅长亲自前往祥光寺看望住持白礼法师，对白礼法师表达了省民宗厅的处理态度，并对法师表示：规划协议要重新签订（原规划协议不合法），今后白礼法师还是祥光寺住持，关于祥光寺的工作（包括规划安置等），一定会征得白礼法师的同意。

厅长看望白礼法师时，市、区两级民宗局负责人均在场。[21]

从省厅的处理来看，上级宗教事务管理部门一直致力于通过沟通恢复双方之间的信任，恢复有序的社会状态。但是，由于省级对下级部门的监督管理存在着明显的社会距离，停留于例行"公事化"[22]。相对来说，市与区两级部门之间有着更为密切的关系。

在学界的研究中，政府内部的考核机制设计在很大程度上促成了基层政府利益共同体的形成。这种考核机制，诱发了地方政府的共谋行为，为维护小

21　梁昕：《旧城改造与古寺突围　祥光寺拆迁困局调查》，凤凰网华人佛教，2013-12-7，http://fo.ifeng.com/news/detail_2013_12/07/31888498_0.shtml。

22　[美]周雪光：《论官僚权力的有限性——以中国政府过程中的"考核检查"环节为例》，收于[德]托马斯·海贝勒、[德]舒耕德、杨雪冬主编：《"主动的"地方政治：作为战略群体的县乡干部》，北京：中央编译出版社，2013 年，第 392 页。

团体之间的共同利益而参与共谋行为提供了另一个制度化基础，最终导致了组织目标替代的后果。[23]也就是说，由于共谋现象的存在，市与区之间更容易结成利益共同体，并一起应付省级部门的监督管理。这就是暴力撕裂信任状况之所以产生的制度环境。

三、无序：暴力撕裂信任关系

在信任的形成与破坏之间，还有一种情况，笔者将其称为"暴力撕裂信任"。这种"撕裂"的情况与"打破"不同，"打破"只是两者关系变僵，难以开展具体工作，还可以通过"沟通"进行恢复。但是，如果双方在沟通之中产生了"暴力"，那么信任就难以再次恢复了。在祥光寺事件中，产生了多重暴力的情形。

2013 年 12 月 8 日上午 7 时 30 分，祥光寺遭遇强拆。在场的凤凰网佛教特约调查员邢律师被带到街道派出所。经省宗教厅协调，邢律师方才获得安全。摄影师曹老师被围打，相机被抢，腿部受伤后，失去联系。直到晚上十点钟左右，才确定了安全。

12 月 9 日上午，省厅领导召集市区两级领导，传达处理意见。然而，令人诧异的是，省厅前脚刚走，当天下午就发生了逼签生死状将人强行抬离寺院，造成驱离宗教活动场所的事实，其实质就是变相剥夺国家公民"宗教信仰自由"的基本人权，而这是《宪法》明令禁止的行为。

惠平市民宗局、升平区民宗局也没有按照省厅处理意见与凤凰网佛教沟通情况。

当天下午，街道及村委会就开始实施驱赶白礼法师，声称若不离开，后果自负。84 岁老法师的俗家女儿被迫与街道村委会签协议，协议内容大致包括：老法师继续住在寺院，病亡均由家属负责。

12 月 11 日早上，大量保安将两位老法师强行抬出祥光寺。

12 月 13 日，老法师被软禁在新寺院。门前有看守，不让进出，也不让看望她的法师和居士进来。

12 月 30 日，规划办拿着与佛协签署的非法规划协议让白礼法师签字。白礼法师表示协议内容都没看清楚，不能签字。

虽然省厅介入处理事件，但是因为地方上的多重暴力，已经严重撕裂了寺

---

23 周雪光：《基层政府间的"共谋现象"——一个政府行为的制度逻辑》，《开放时代》，2009 年第 12 期。

庙与地方政府、佛教信众与地方政府之间的信任。白礼法师与区民宗局之间的矛盾已经达到了顶点，完全处于无序的状态之中。省级宗教职能部门的意见悬空，寺庙沦为废墟，信仰者的权利无法表达，社会出现结构性紧张关系。各种舆论直接指向地方政府与街道村委会基层干部的暴力作为。

本应该由规划办或者开发商完成的事情，最后由宗教事务管理部门代劳了。这是一种政府权力侵入商业领域的行为。这种行为虽然有可能在一定程度上加速地方城镇化的速度，但是在社会效益上，却明显破坏了社会的结构性稳定，影响了基层政府的公信力。这种由地方政府人员利用自身职权，甚至动用国家暴力机关的强拆行为，使得包括政府行政权力本身在内的多个社会领域分配原则的破坏，成为具体领域的非正义和社会整体的复合非正义。[24]

第四节　程序正义与地方逻辑

前面对两个具体的佛教城镇化问题事件中的权力关系进行了分析，可以发现，事件的导火线往往出在地方政府的处理方式与处理态度上。地方官员之所以在宗教事务管理工作中会出现蛮横的行政态度，笔者认为，有几个具体的原因：

一、地方官员的官僚化

在推动寺庙的规划行动之中，地方官员采取何等策略进行行政管理呢？从已有的材料来看，地方官员对于寺庙更多的是管制与约束，乃至于强制执行，而缺乏人性化地深入基层，在了解寺庙方面的意见中进行适当的安排。然而，这一行动实际上是建构在两者的权势地位之悬殊基础上的，以强势群体对弱势群体的居高临下状态而言，出现暴力倾向不可避免。当然，这一点也许只是个别地方官员缺乏民主、法治的执政观念。

他们之所以会出现这样的暴力行为，与官僚系统的制度环境是分不开的。在当前的官员选拔系统以及职责考核系统之中，如何实现有效的管理与监督，防止官僚化现象的出现，需要政治学家进行系统思考。

二、属地化管理的漏洞

在祥光寺事件之中，市、区两级的地方官员竟然敢于忽视来自国家宗教事

务局、省级宗教事务管理部门的指导意见，公然藐视来自中央与上级组织的权威，完全展现了地方权力的蛮横。

东木省民宗厅调研员嘉怡说，"祥光寺隶属惠平市管理，省厅对其具体并不了解。今年以来，虽然先后两次收到惠平升平区祥光寺有关规划的投诉信，但都已经转给了惠平市民宗局。至于有没有被市局及其下属部门关注和处理，则不得而知。"这种属地化的管理模式，对于事件的恶性进展，有一定的责任关系。照正常的行政路径，省厅收到举报信以后，按属地管理原则，将举报信转给下级部门进行调查核实，是需要监督与核查的。在发现有问题的时候，省厅也需要及时介入。然而，在祥光寺事件之中，省厅两次收到投诉，都直接转给下级部门，没有进一步的过问。这种行为在权力关系上表现出来的是对于下级部门的信任，但是对于利益受损的当事者祥光寺来说，则是一种毁灭性的后果。

为什么在面对祥光寺遭无效规划协议侵权、合法利益受到剥夺的时候，省厅领导尽管十分谙熟宗教政策法规，但是面对区宗教局的违规和强硬的时候仍然表示很无奈？[25]从程序正义来说，这种属地化管理模式是否存在明显的漏洞，省厅的行政管理与行政监督是否尽到责任，是需要反思的。尤其是从政府权力的实践策略与基层治理的技术理性来看，地方政府使用了何种话语策略，以及在现实的行政之中，如何处理自身与宗教界人士的关系，值得我们特别留意。

三、实质权威与象征权威

为什么在中央、省级部门以及有关领导承诺妥善处理的情况，地方政府仍然铤而走险强行规划？对这一问题的思考，反映了如下事实：以宗教活动场所空间政治为核心的地方秩序的重构与维系，考验着中央控制、地方自治与社会治理之间衔接均衡的问题。

如果不考虑到地方宗教职能部门的多重权力代理的话，那么很难理解他们为什么在事件之中出现一意孤行的行为。但是，如果考虑到中国政治体系的复杂性以及权力的多重性的话，也许就容易理解。

已有研究表明：中国政府多委托方的权威地位差异很大，呈现差序性的格局，即党委>政府>职能部门。从权威角度看，对于地方政府及部门而言，上级党委政府具有实质权威，上级政府具有正式权威，而上级职能部门仅具有象征

---

25 梁昕：《祥光寺"强拆"进行时 违规夺寺事态严重》，凤凰网佛教，2013-12-7，http://fo.ifeng.com/news/detail_2013_12/07/31888597_0.shtml。

性权威。从权威关系看，地方政府与上级党委政府是党政领导关系，与上级政府是行政领导关系，与上级职能部门是业务指导关系。[26]

也就是说，在宗教事务管理的职能上，国家、省级宗教事务管理部门相对于地方宗教事务管理部门来说只是一种象征性权威，只具有业务指导关系。而同级别的党委、政府才真正具有实质权威、正式权威，也就是说只有党政领导关系、行政领导关系，才是对事件具有决定性影响的权力关系。

在高王寺事件之中，李利安教授给当地市长写过一份详实报告，市长批示参考执行。这一因素对于高王寺的保存，有着不可替代的作用。[27]从政治结构来看，这一举措实际上也显示了地方政府在吸纳社会意见的制度文明程度。在祥光寺事件之中，各种权力关系的博弈没有涉及市级党政领导，未能引起真正权力关系人物的重视，其规划也就成为了必然的后果了。

第五节　权力信仰与城市治理

当前宗教问题的产生，其根源往往在于权力关系的错位与空间政治的错配。这是宗教事务管理工作中缺乏法治化的结果。传统信仰方式之中，权力是一个主导的因素，也是进行社会动员的主要方式。由权力认可的寺庙，具有合法性，可以开门传播宗教。如果权力不允许，寺庙只能关门，甚至随意被拆。宗教活动场所的合法性由政治权力所赋予，而非宗教本身的属性和信众的正当需求所赋予，宣告的是权力的进场与宗教的退化。这一现象体现了权力主体的强势作为，也表明了信众的弱势形象。可以说，在这种环境之中，主导社会民众信仰的不是神圣的宗教，而是权力。于此，不妨将之称为权力信仰。实际上，权力信仰在中国社会处处存在。

从本文案例中的权力主导的佛教城镇化问题来看，权力几乎无所不能。那么，权力信仰的对象，权力信仰的有效性、合法性何在呢？

一、权力的信仰对象

权力信仰的只能是权力，而不会是法律，所以权力本身就是权力信仰得以

26　练宏：《注意力竞争——基于参与观察与多案例的组织性分析》，《社会学研究》，2016 年第 4 期，第 8 页。

27　访谈对象：李利安教授，时间 2016-7-21，地点：浙江省舟山市中国佛学院普陀山分院。

存在与运作的手段。2014 年 4 月 17 日，国家宗教事务局在北京召开贯彻十部门文件《关于处理涉及佛教寺庙、道教宫观管理有关问题的意见》（国宗发〔2012〕41 号文件，简称十部门文件）经验交流会上，王健秘书长介绍说，有些地方在贯彻十部门文件的过程中，政府建寺并没能真正触动，反而是佛教信众宗教活动所需而建的寺庙屡遭拆除，这是值得注意的现象。[28]

这种现象正可为权力信仰做出注脚，即因权力而建的寺庙有着充分的保障，而真正能够反映信众需求的寺庙却要被强行规划。高王寺、祥光寺都是因为地方权力部门认定要规划，所以才受到了威胁。只是，高王寺最后得以保存，祥光寺则惨遭暴力规划而无力回天。

二、权力信仰的有效性

权力信仰的有效性并不在于信仰本身，而在于通过权力对利益结构的重新配置。高王寺的属性是宗教活动场所，文物部门却一直强调它是全国重点文物保护单位，丝毫不顾及寺庙作为宗教活动场所的完整性，只是一味强调文物保护的规范性。对于文物保护的强调本来无可厚非，只是这种文物逻辑的背后却是通过权力否认高王寺僧团的生存权利与对于寺庙的管理权利。这就显示出宗教空间政治中地方官员赤裸裸地利用权力剥夺寺庙管理权，将寺庙收编以后进行再分配的经营模式。

祥光寺本来是有住持的，政府新修建了一个寺庙以后，也叫做祥光寺，还凭空冒出来一个祥光寺管理委员会来插手寺院的管理。这个所谓的管委会的成员甚至在后来抢夺白礼法师为信众准备的平安牒。基层的信仰管理乱象因权力、利益的参与而显得更加复杂。

在佛教城镇化问题事件之中，呈现出来各级部门的不同决议、意见，以及个别地方人员违反上级指示的乾纲独断，严重撕裂了公共权力与城市治理的有效执行。

三、权力信仰的合法性

从佛教城镇化问题事件之中所展现的权力信仰来看，个别地方官员的选择性执政行为既得不到法律意义的支持，也得不到来自上级职能部门的认可。可以基本认定权力信仰不具备法理上的合法性，其行动也只是在于对利益的

---

28 常正：《国家宗教事务局贯彻十部门文件经验交流会在北京召开》，《法音》，2014 年第 4 期，第 64 页。

配置而已。因此，产权明晰，即是法治。权力信仰的局限性就在于法律的规范化。2016 年 4 月 23 日习近平总书记在全国宗教工作会议上强调："要提高宗教工作法治化水平，用法律规范政府管理宗教事务的行为，用法律调节涉及宗教的各种社会关系。"权力之所以敢于非理性地发展，甚至不惜越界肆虐，事实上就在于对法律权威的蔑视。权力的信仰本身应该是有边界的，这种边界就是法律。

中国宗教治理法治化的根本难题，就在于公共权力的理性化[29]与法治化。只有当公共权力真正遵守法律，践行执法为民的承诺的时候，信仰私人化才能走向信仰公共化。

在信仰方式公共化的过程中，公共权力始终是一种重要的影响因素。对此，公共领域与私人领域之间的界限需要明确。私人权利必须在法律范围内得到保障，而公共权力更应该在法律范围内发挥规范性作用。否则，佛教城镇化进程中的宗教法治化就是空谈，宗教空间政治就仍然只是权力支配的资源而已。

---

29 李向平：《"私人范畴"与"社会产物"——宗教信仰方式与宗教治理法治化问题》，中国人民大学国家发展与战略研究院、中国人民大学法学院主编：《中国宗教法治高端论坛 2016》，北京，2016 年 6 月，第 8 页。

第五章　媒体报道中的佛教城镇化与公共权力的转化

　　自 20 世纪 90 年代开始，学界就已关注到宗教的网络化传播问题。一方面，由于互联网起于美国，所以这方面的研究早期集中于对美国基督教的网络传播进行讨论；另一方面，由于互联网促使宗教与科技的整合，学界涉及的议题主要是互联网传播对于宗教组织形态、宗教权威、宗教虔诚、宗教价值的挑战与塑造等方面。[1]简而言之，学界认为从信仰与实践的双重性来看，网络传播正在挑战传统宗教的发展模式。[2]

第一节　互联网、媒体与宗教

　　本章中的媒体是指包括传统媒体与新媒体在内的统称。其中，新媒体作为双向互动的 UGC（用户原创内容）社交媒体，其突出的是即时传播、即兴传播，主要包括了宗教行业媒体与新浪微博等新媒体；而传统媒体则侧重于单向传播的官方媒体和市场媒体，它们在深度传播上仍具有重要的影响力。基于传统媒体对于互联网技术的应用及其在新媒体上的快速发展，传统媒体与新媒体共同形成了一股新的传播合力。在互联网上，媒体之间以及媒体与网民之间的联动，日益频繁，在流动空间之中形成了新的网络社区。由于对公共议题的

1　相关讨论参见徐以骅：《宗教与当代国际关系》，上海：上海人民出版社，2012 年，第 92-121 页。

2　许正林、贾兵：《当前西方基督教网络传播态势及其研究视野》，《上海大学学报（社会科学版）》，2010 年第 11 期；吴华、任雅仙：《新媒体视域下的宗教传播与社会治理研究：以佛教网络群体为线索》，《新闻界》，2016 年第 17 期。

关注，这些集结了线上线下大量资源的网络社区逐渐形成了足以影响宗教舆情发展的力量。在当代佛教城镇化之中，媒体发挥着积极的推动作用，并促进传统信仰方式的变革与新信仰方式的形成。

本章讨论的是各类媒体对于佛教城镇化事件的报道情况。首先，分析媒体介入佛教城镇化问题报道的缘由；其次，分析不同媒体报道所产生的聚合与博弈；最后，根据报道的情况，分析公共话语与官方话语之间所发生的权力转换，即"私人化"的行政权力在真相与舆论之间如何逐步让位于"公共化"的社会权力。

第二节　媒体介入佛教城镇化事件

公共事件的爆发一般都不是无源之水、无本之木，而是有着长期的酝酿过程。一个完整公共事件的舆情包括了事件酝酿、危机发生、事件建构、媒体联动到公众互动，进而影响决策等六个阶段。由于在事件酝酿阶段，危机并未充分显现，主体不会马上考虑媒体曝光，而是寻求自我解决的办法。媒体的介入主要是从第二个阶段，即事件危机发生开始。只有在行为主体感觉自身无能为力，危机明显发生而无法避免的时候，他们才会紧急寻求媒体的介入。本研究中所涉及到的案例就是如此。

一、《南方都市报》首度介入高王寺事件

高王寺事件虽然是在 2013 年爆发出来的，但事件的源头要追溯到 6 年前金水省的申遗计划。根据报道以及笔者的实地访谈，可以得知：

2007 年，金水省金泉市政府将高王寺纳入申请世界文化遗产工作范畴。由于当时只提到要对寺庙的环境进行治理与硬化周边道路等无伤大雅之事，没有涉及更深层问题事宜，高王寺表示支持政府工作，同意加入申遗项目。

2012 年 4 月，政府与高王寺达成一致意见，将高王寺纳入丝绸之路联合"申遗"名单。当年 10 月，高王寺僧众突然得知为了申遗，许多寺内建筑必须拆除，随即提出异议。自此，危机出现，规划之事成为困扰高王寺生存的头号难题。

2013 年 1 月，在金泉市的申遗工作协调会议上，高王寺住持阔塘法师申请退出申遗计划，未能获得政府许可。

2013 年 3 月 7 日，金泉市政府各有关部门到高王寺视察申遗工作。在没

有征求高王寺意见的情况下，就在第二天下达《金泉市久全区丝绸之路申报世界文化遗产工作领导小组关于高王寺塔申遗工作任务安排的通知》给高王寺，通知中要求 5 月 30 日之前完成对高王寺约三分之二建筑的拆除。

之后，高王寺开始对外发布此事件信息，寺庙住持法师甚至协同法律顾问进京寻求中国佛教协会等机构的帮助。[3]与此同时，一些媒体也陆续收到信众关于高王寺遭遇规划的爆料。

2013 年 4 月 4 日清明节，《南方都市报》记者高龙到达金泉采访高王寺。在采访之中，高龙获得大量证据材料。他随后接连发表数篇新闻报道，直指高王寺危机以及申遗背后的商业运作模式。其于 2013 年 4 月 10 日发表在《南方都市报》的第一篇报道《拆迁逼近玄奘埋骨古刹》，引起了舆论喧哗。

二、凤凰网佛教调查祥光寺规划困局

祥光寺位于惠平市繁华街道，该街道隶属于该市最大的旧屋区改造项目。自 2010 年 3 月底，该项目就已实施动迁。可以说，对祥光寺的重建是早在三年前就已规划好的事情。

2013 年，祥光寺辗转联系到凤凰网佛教，希望对其面临的规划困境予以关注。是年 7 月，凤凰网佛教与北京大学法律专家专程前往惠平调查祥光寺事件，并由梁昕执笔完成了《旧城改造与古寺突围　祥光寺规划困局调查》。在区宗教局、区委区政府、区宣传部、"规划委员会"等代表在内的联席会议上，行政部门表达"进一步了解情况，将继续沟通协商，争取早日签订协议和谐搬迁"的承诺以后，该调查报告没有立即发出。然而，五个月以后，形势急转直下。祥光寺面临强拆危险。凤凰网佛教旋即发出前述报告，并在其门户网站上进行紧急呼吁。

从以上两个事件的媒体报道情况来看，其介入均是在危机发生之际，参与到事件之中来，这也是符合媒体报道的时效性新闻逻辑。在媒体介入之后，地方性的规划事件逐渐演化为全国性的佛教维权事件乃至于国际性的公共事件。

第三节　媒体聚合制定公共议程

媒体聚合指的是媒体通过议程设置，经由自己的关系网络，联合不同媒

3　访谈对象，圣明法师，地点，高王寺，时间：2016-11-5。

体，进行追踪报道，从而形成阶段性热点，充分调动线上、线下的社会公众与网民的广泛关注，进行舆论引导。一些专业媒体的社会化参与，以其深度调查访谈在揭露事件真相的同时获得了公众的关注与支持。

在对佛教城镇化问题进行报道的过程中，媒体、媒体之间以及媒体与网民之间产生了聚合效应：①一个媒体在一个时间段内对事件进行连续性报道；②媒体之间形成联动，对事件以及事件背后的行动主体进行多方面的跟踪报道；③传统媒体与新媒体之间展开充分而活跃的互动，共同推动事件的持续性发酵。

高王寺事件中，《南方都市报》的报道出来以后，迅疾在社会民众中产生了热烈的讨论。加上当天晚上大师兄孙悟空在微博上的发声，短时间内获得了将近 20 万次的转发，以及近 3 千条评论。第二天，凤凰网佛教发布《高王寺公开信 维护僧团生存权与玄奘塔一体》，以及著名佛教学者李利安教授的文章《5 月 30 日前拆高王寺 佛教学者紧急呼吁阻止》，该文章以电报形式为题，增强危机感。

在媒体的聚合层面，南方报系与凤凰网佛教动员了线上、线下各种资源，并加以整合，共同推动舆情的发展。

南方报系继第一篇采访文章发布之后，又紧接着发布《六小龄童关注高王寺拆迁》（2013-04-11）、《保住一座有僧人的高王寺》（2013-04-15）、《记者手记：高王寺拆迁的六个逻辑》（2013-4-17）、《逐利佛明寺》（2013-5-15）《联合国教科文组织调查高王寺拆迁》（2013-04-16）、《解码"直湖系"》（2013-05-15）、《贵崖将接替直湖系经营佛明寺景区 外债近 30 亿》（2013-6-23）等包含深度报道与评论的系列性文章。

南都网的张天潘也发布了《官商合体的政治经济逻辑》（2013-4-21），从社会层面对以高王寺为代表的文化旅游城市开发背后的官商媾和现象进行了批评监督。

南方周刊的文涛则发表了《高王寺僧侣：别把手伸进寺内》（2013-04-25）对高王寺的艰难处境做了进一步的采访。

随后，曾鸣在《南方周末》上连续发表《斗法佛明寺》（2013-5-9）、《谁的舍利？》（2013-5-9）两篇文章，直指对高王寺有前车之鉴的佛明寺直湖模式。

南方报系的系列报道，形成一套组合拳，借助《南方都市报》《南方周刊》《南方周末》与南都网等多种媒体手段，进行报网互动，在两个月左右的时间内形成了重要的社会影响力。

根据世界报业与新闻出版者协会《世界报业年鉴》所发布的 2011 年世界日报发行量前 100 名排行榜，《南方都市报》以高达 191 万份的发行量位居世界第 18 位，中国第 3 位。[4]该报主要覆盖了珠三角地区以及港澳地区，其读者群体以中青年的高学历白领、社会精英为主，社会参与度强，具有一定的社会影响力。

《南方周末》发行量也在 100 万份左右[5]，覆盖了全国各大中城市，核心读者群为知识型精英。在这么一份深具公信力、影响力的时政周报上，记者没有停留在对高王寺事件的恋战，而是将采访延伸到了与高王寺相关的佛明寺，及主导这两个寺院开发的直湖模式。虽然直湖文投声明没有参与高王寺事件之中，但是由于领导不经意间一句"第二个佛明寺"的话，让人联想到佛明寺发展模式的弊端。近几年来，直湖文投通过"宗教搭台、经济唱戏"的商业化模式运作佛明寺引发一连串的风波。这次，《南方周末》针对佛明寺与舍利的深度报道，无疑给直湖模式来了一个釜底抽薪。对于高王寺的解围还是起到了重要的作用。

总体来看，南方报系的报道不是以护庙维权为主要诉求，几位记者的报道在反映寺庙现状的同时，更侧重于从工商、行政管理部门收集相关证据，对于运作高王寺开发的官商合谋现象进行掘地三尺般的解剖，同时反思政治文化生态与城市发展的矛盾所在。这种报道方式将地方性的宗教规划事件与商业开发问题结合起来，形成特定的社会效果，成为一个具有影响力的公共事件，引发社会各界的广泛关注。

相对而言，凤凰网佛教的护法色彩比较浓烈。由于凤凰网佛教是专业的佛教门户网站，隶属于大型中文网站凤凰网，是基于凤凰传媒平台的专业佛教媒体。虽然有调查显示，凤凰网佛教的受众 70% 以上不是佛教徒，而是普通的凤凰网民。[6]但是，凤凰网佛教对涉及佛教重大事件的立场及其影响力，决定了其在事件中所承担的主体角色。

4　《我省 5 报纸进 2011 年世界日报发行量前 100 名排行榜》，广东新闻出版网，2013-1-7，http://www.xwcbj.gd.gov.cn/news/html/xyjb/187/52/article/1357540548353.html。

5　1993 年 10 月 29 日，《南方周末》第 507 期发行量突破 100 万份大关。南方周末编辑部：《〈南方周末〉二十五年大事记》，2009-02-12，http://www.infzm.com/content/23699。

6　崔明晨：《宗教媒体与大众传媒的距离有多远》，觉醒主编：《当代宗教媒体的定位与责任》，北京：金城出版社，2011 年，第 249 页。

凤凰网佛教专门开辟了保卫高王寺专题报道，从评论、呼吁、追踪、图集等角度切入，该专题先后有 3700 多万人次的参与，是目前所知道参与人数最多的一个佛教城镇化专题。有学者统计，凤凰网佛教在高王寺事件中发表报道、评论 135 篇，远远高于大公网佛教频道 108 篇，西部网 51 篇、腾讯大秦网 28 篇。[7]

凤凰网佛教特别注重捕捉社会热点问题，并擅长进行线上、线下的资源动员。

第一，开展线上宣传：在高王寺事件中，凤凰网佛教从一开始就注重整合国家、社会各界的力量对事件进行跟踪报道。4 月 11 日，凤凰网佛教从发布高王寺公开信与李利安教授的救急呼吁开始介入高王寺事件之中。第二天，凤凰网佛教接连发出明贤法师、普隐学堂、律师邢彦超以及一些高校学生社团的多篇文章，从社会力量与社团层面对事件进行跟踪与呼吁。之后，又转发了来自时任国家宗教事务局局长王作安先生在《学习时报》上发表的《拆迁宗教房产要依法进行》一文，为事件进行定调。

第二，组织线下行动：2013 年 5 月 25 日，由明贤法师等人策划的京津高校学生社团参访高王寺活动，联合了北京大学禅学社、中国人民大学禅学社、北京大学国学社、北京大学宗教哲学研究会、天津大学行思学社、北京中医药大学国学社等高校学生社团，组成玄奘大师祖庭文化参访团，参访了千年古刹护国高王寺。该活动以《风雨中的文化巡礼 京津高校学生社团参访高王寺》为题，在凤凰网佛教登载以后，点击率达到 2000 多万，并有 1000 多条评论。

以凤凰网佛教为主的行业媒体所进行的网络动员，为佛教城镇化中维护宗教界合法权益行动获得社会大众的广泛支持创造了条件。

第四节　媒体博弈影响舆论导向

媒体博弈指的是不同媒体之间对同一事件进行不同立场的报道，从而影响舆论导向。媒体博弈促使佛教城镇化事件的冲突凸显结构化、戏剧化。另外，不同媒体的专业化与社会化程度，也在某种程度上左右舆论的导向。在高王寺

7　谭璐:《宗教领域突发事件网络舆情研究——基于"高王寺"事件的案例分析》，西北大学硕士学位论文，2015 年，第 23 页。

事件之中，由于涉及国家宗教事务局、中国佛教协会、国家文物局、中国玄奘研究中心等有关政府与事业部门，受到了包括中央电视台、金水电视台、金泉电视台、《人民日报》《光明日报》《文汇报》《南方都市报》《中国青年报》《中国民族报》、凤凰网佛教、新浪网等媒体和大量海内外网站的报道与关注。媒体的集中传播，形成了震撼性的社会效应。

由于前面所述《南方都市报》、凤凰网佛教主要揭露高王寺规划背后地方政府行径的不合法、不合理问题，而地方政府也动用了自己的传播渠道进行了舆论对弈。其中，中央电视台的不同频道在同一时间对高王寺都有所关注，而同一频道在不同时间的报道上也有所侧重。另外，《光明日报》也发表了支持地方政府与文物部门观点的相关文章。这些官方媒体之间，以及官方媒体与市场媒体、行业媒体之间的博弈，形成了一场舆论主导权争夺战。

高王寺事件是因佛教城镇化问题引发的利益纠纷使得各媒体的争相报道，甚至在同一时间登上了中央电视台的不同频道。可以说，宗教活动场所的利益纠纷已经引起了社会的广泛关注。虽然不同频道之间所持立场未必相同，访谈对象也有异，但是对这一事件的公开讨论，至少表明了国家与社会在宗教治理上的进步，即通过公开透明的方式，接受社会公共媒体与舆论的监督，而不是沿用惯习将事件扼杀在萌芽之中。各类媒体的聚合与博弈对于信仰方式的公共化转型有着重大的意义。这一点将在后面进行分析。

一、中央电视台的文物保护说

2013 年 4 月 12 日，CCTV-13 新闻频道《朝闻天下》栏目播出高王寺规划调查的报道，其中采访了金泉市久全区宗教局局长龚安与丝绸之路申遗文本编制组负责人、中国建筑设计院历史研究所所长董祥海教授。在报道中，龚安从文物保护的角度提出针对违规建筑进行规划。董祥海说："全国重点文物保护单位，在申遗的名号下被拆，其实完全与事实相反，他们在 1.6 公顷的范围内，盖了 6000 多平米的生活用房，像这种肯定对国保单位高王寺是一种负面影响，拆除的是 4000 多平米，还有 2000 多平米保留在山上。"董的观点是只拆三分之二的寺庙建筑不算拆寺庙，而且规划是为了对高王寺的环境做出更好的整治与管理。

在 CCTV-4 中文国际频道《中国新闻》栏目中董祥海教授指责高王寺僧人撒谎。他认为：①所谓的拆迁建筑不是拆庙，因为大部分是不拆的。然而，这一点与他在 CCTV-13 所说的拆三分之二，以及在寺庙所标示要拆的部分是有出入的。经董祥海指出的有 30 余处违章建筑，均要拆除。董祥海对寺庙与大众反对拆迁的事情表示不理解，他认为高王寺能够参与到申遗之中是好事，有反对的声音令他感到非常困惑。②规划申遗与商业开发的关系，董祥海认为申遗不涉及商业开发。事实上，他的这句话"此地无银三百两"。在久全区招商局发布的公开信息中早已公开表示将对高王寺周边进行开发，要"以高王寺为景区核心，建设一个融旅游、文化、商贸、园林、观光、休闲度假、宗教体验为一体的文化旅游综合体"。因此，舆论普遍认为，官方的申遗并非完全是一件公益性行为，其背后必然带来的是商业开发。

对于董祥海所强调的规划是一种整治行为的观点以及指责僧人撒谎的言论，佛教学者李利安教授表示不敢苟同，他特地写了文章进行质疑。北大学子也不敢苟同。在董祥海北大讲座的现场，学子们进行了一连串的质疑。然而，董祥海认为部分北大学生受媒体误导。他坚持认为"强拆、驱僧、占寺、商业开发等概念是伪命题"。事实上，董祥海所在的单位——某建筑设计院历史研究所本身就是一个企业单位，他们的咨询属于盈利性质的商业行为。因此，他的言论与行为使得他和他的单位的公信力不可避免地受到了质疑。

二、《光明日报》的共识性平台

2013 年 5 月 11 日，《光明日报》第 12 版"争鸣"栏目发表了署名为芃如旧的文章《搭建建设性共识的平台》，从政府与文物部门的立场申明："师傅"本无恙，所谓"拆迁"，计划拆除的是上世纪九十年代的违法建筑；从文物部门公布的整治计划图上可直观：拆除体量仅占整个高王寺的一小部分，而并非此前爆出的"三分之二"。这篇文章的内容主要包括三点：①最首要的是不偏离事实和逻辑；②最重要的是坚守法律底线；③最需要的是克制、谨慎的态度。文章中提出："要整治的对象正是未经任何文物部门或宗教事务部门批准同意的违法建筑……保护文物，整治违法建筑，是维护法律尊严的应有之义！"[8]

然而，这篇文章的观点，由于只是站在文物部门的角度，丝毫没有反映现实的情况，不管是前面要求拆迁三分之二的事实，还是寺庙僧团的生存挣扎都被他直接忽略。该文章在发表次日就受到了反驳。哲学博士陆中俊认为：第一，

---

8 芃如旧：《搭建建设性共识的平台》，《光明日报》，2013 年 5 月 11 日。

寺庙首先就是宗教活动场所，作为国家首批全国重点寺院之一，其宗教活动场所属性只有国务院有权变更，任何部门不能随意变更或者破坏。第二，虽然高王寺属于文物保护单位，但不是文物部门管理单位。高王寺寺产的使用权、管理权归于僧团，文物部门是无权插手的。第三，关于"违建"问题，已有证据表明是行政部门所设之局，意图给寺院下套。因此，综合来看，高王寺反抗拆迁是合理合法的，并不是芄如旧表达的偏离事实，倒是芄如旧文章中的立场及其利益诉求令人质疑。

高王寺事件中，由于涉及到市政府多个部门，在申遗的名号之下，政府力争规划并试图通过官方媒体控制舆论。然而，由于表述的前后矛盾，强力规划的意图，引来了社会各界的广泛关注，并迅速成为一起质疑申遗真相的大讨论。

舆论的力量，促使政府进行了反思，政府也在参考民意的基础上，充分尊重佛教界的意见，不再刻意坚持规划事宜，最后保全了高王寺的样貌。

相对而言，祥光寺就没有那么幸运了。在祥光寺事件中，虽然公共媒体最后阻止不了强权对寺庙的拆迁，但是真切表达了媒体参与维权的决心，也带动了信众对于寺庙、法师，乃至于佛教命运的深切关注。

三、惠平新闻网的报道

有学者认为，传媒可以促进人与人之间面对面的交往，也可以妨碍这种交往。前一种传播帮助人们广泛交往，把自己转化为能动的"公众"。后一种传播支配着人们，把他们变为被动的"受众"。[9]

在祥光寺事件中，大部分舆论主要集中在护寺维权方面，只有地方性电视台为主的地方媒体站在了政府规划的立场。其采访对象和语言表达完全是地方政府的官僚化思维。

首先，记者所采访的释卜明、李花稗等人，都是不愿意接受其他媒体的采访。但是，在惠平记者的采访中，升平区佛教协会会长释卜明认为："此次规划，宗教政策落实得很好，没有损害佛教界的利益。"李花稗说："升平区佛教界一向爱国爱教，慈悲济世，为社会发展做出了贡献，我们一定要维护好他们的合法权益。同时，佛教界也应该支持经济社会建设大局，为民利民。"这两点都是特别针对舆论焦点而发出来的话。这两位人士，一位是代替寺庙签署了

9　徐贲：《通往尊严的公共生活》北京：中央编译出版社，2016年，第217页。

协议，收取规划费的佛协会长；一位则是主导规划的宗教局长。因此他们的言论未能得到舆论的认可。

其次，记者在新祥光寺采访了几位所谓的信众，最后却被揭穿都是新祥光寺管委会的主要成员，是迫不及待要求规划的受益者。

再次，所谓的接受采访与照相，不过是为了制造假新闻的摆拍。报道中的祥光寺残破的照片，被网友认出是村龙舟存放的破厝，而不是真正的祥光寺。

然后，在该报道中，还提到要前往采访释白礼法师，只是法师未接受采访。这一点颇让人质疑记者是否真的尝试过。

最后，对惠平市其他几位不愿透露姓名法师的采访，记者在报道中写到："根据已签订的补偿协议的相关内容和新建祥光寺的现状，祥光寺的权益并未受到侵犯。"这一点却在后来被质疑为断章取义。

本来一场澄清真相，解决问题的行为，就这么被一场做秀式的报道粉饰而过。对旧祥光寺的贬低，对新祥光寺的刻意抬高，对政府相关人员的捧扬，对于真相的掩饰，只能说地方媒体的拙劣采访，充分展现其受私人化关系影响之深，在新闻专业化、报道社会化层面上的严重不足。作为一次仓促完成的报道，地方媒体在试图遮掩大众媒体真相的过程之中，却在事实面前自我沦陷，成为了公信力的累赘。

在祥光寺事件中，地方媒体十分被动地卷入到事件中来，以教条主义的表达方式，脱离实际的采访，扭曲了事件的真相。因此，只能在大众媒体与社会大众的见招拆招之中，节节败退。当然，市场媒体与地方媒体两种媒体的境况，实际上与其所处的权力关系、利益链条息息相关。地方媒体受制于行政权力部门，受其领导，领其薪水，为其宣传。地方媒体的行动受其体制身份制约，他们必须服从体制的权威，对上级领导负责，这种身份决定了地方媒体在新闻采播中的工具主义态度及其官僚化倾向。

市场媒体则是服务于市场经济社会，其营业收入主要来自于大众的点击率，以及由此而来的广告收入。两者的生存模式不一样，自然运作方式也不同。一个是主动出击，寻找新闻热点，甚至是参与、创造、引领新闻热点，将自身从一个专业的媒体打造成为一个公共媒体。与前者的主动相反的是，地方媒体显得被动，是在舆论压力之下，不得不参与到事件的报道中来。由于立场所限，身处行政权力机制之中，地方媒体无奈做出的报道却被网友责为弄虚作假，实在可惜。

第五节　权力的转化：公共话语与官方话语

从已有的媒体报道来看，在多方博弈的过程中，每一个媒体都在用自己的方式表达对于事件的态度，并试图通过自身的报道影响舆论的导向。而舆论最终是如何被导向的，与报道的内容，以及内容的来源，还有内容的可信度有着重要的关系。接下来以公共话语与官方话语为例，分析这两种不同的报道方式，以及通过这两种方式所发生的权力转化。

一、公共话语

公共话语的形成，需要借助深度报道。深度报道，是指针对重大新闻事件或社会问题，通过实地采访，获得大量数据、资料的基础上深入挖掘事件内在脉络，并阐明事件因果关系，从而揭示问题实质的系统性、追踪性的报道方式。由于舆论一般都会经历形成、发展、消退的规律，因此，如何在舆论热点消沉之后，创造新的高潮，就考验媒体利用事实真相把握公共话语的议程设置能力。

在针对佛教城镇化问题的报道中，凤凰网佛教以专题性的方式，动员各种社会力量，汇聚大量的材料进行了深度报道。虽然在一些评论性文章之中，不乏煽情化的语言，但是从整体来看，其采访涉及到各级官员、规划方以及被拆寺庙的主要负责人等，从总体上给人可以信赖的感觉。

在祥光寺事件之中，凤凰网佛教率先发表梁昕《旧城改造与古寺突围 惠平祥光寺规划困局调查》（2013 年 12 月 7 日）其中详细介绍了事件起因，并对祥光寺僧尼、东木省民宗厅、惠平市民宗局、区宗教局与规划办进行了走访与实地考察，并将问题聚焦在：祥光寺事件，谁是规划人？祥光寺是钉子户吗？为何没有规划协议？城市危房改造工程为何不在规划时保留两个既有的公益项目？

然而，这篇报道只是凤凰网佛教在 2013 年 7 月份与北京大学法律专家的调查，在当时由于得到政府部门表示"进一步了解情况，将继续沟通协商，争取早日签订协议和谐搬迁"的承诺以后没有立即发表。

时隔五个月之后，祥光寺直面规划。

从另一篇纪实报道之中，可以获知祥光寺的规划协议已经由规划办与区佛协签署，这里面竟然跳过当事者祥光寺。由于凤凰网佛教对事件的报道与追踪，扎实又专业，并根据事情进展迅速组织了来自明贤法师、圣凯法师、刘元春教授和其他人士等僧俗两界的稿子，对事件进行跟踪评论。尽管最后未能阻止祥光寺被规划，但是其揭示出来的佛教城镇化过程中发生在信仰领域的空间政治之争却让人有了更多的反思。

《南方都市报》的报道中，高龙通过追踪采访，认为高王寺规划事件中所涉及到的问题，并不仅仅是一个寺庙的存亡问题，而是一次典型的中国式拆迁，其中透露出来的是"强弱分明的对峙格局、肥厚的利益前景、政府开道、公司背后闪烁"等问题。他还总结了地方政府为了支持规划所使用的多种逻辑范式，如公权逻辑中的政府包办、美学逻辑中的环境整治、经济逻辑中的商业阳谋、违章建筑逻辑中的托词、文物逻辑中的混乱甄别与专家逻辑中的片面裁决。他分别针对这六个逻辑进行了一一的反驳，从而令人直接怀疑地方官员的公信力及其行政权力的"私人化"运作。

在高王寺规划事件之后，高龙与南方报系的其他记者还在追踪高王寺背后的官商媾和问题，他们顺藤摸瓜，介入到对操纵佛明寺背后的直湖系的剖析道路上。从他所回顾的采访过程和采访手记，可以看得出来他是如何在重重压力之下进行采访。他通过走访金水省工商局，找到佛明寺集团的全部企业档案；在金泉市工商局，打印了直湖系集团与下属公司的工商资料。获知 2012 年，直湖系集团因违建高尔夫球场事件曝光，罗厚松辞去集体董事长、总经理和法人代表职务。他还到金水图书馆找到了有关直湖研究的著作；又通过佛教界人士的相助，联系上佛明寺高层，获知佛明寺景区发展过程中的几个关键细节，以及一组关键数据；随后又到全于县财神文化景区，了解直湖系伪造财神庙的过程。高龙还联系了岳路平，了解了他策展"舍利归来"的整个行动历程。在金泉的时候，高龙的手机遭遇无法正常通话：通话前持续盲音，通话声音常卡住，同时背景噪音异常。在宾馆上网时，相关部门的网站、某企业搜索网站经常不能打开，甚至无法显示搜索结果。[10]

从高龙的采访经历来看，他的行动直指对方的权力背景与空间政治，他走访工商局让他获取到了最权威的信息。然而，他也遭遇了无形的监控压力，这种无形的压力在他回广州以后，才恢复了正常。

高龙在后续的报道之中揭穿佛明寺背后的造神运动，解码直湖系的运作模式，也将其盈利模式和高达近 30 亿的外债展现在社会大众眼前。这种报道

---

10 高龙：《记者回顾直湖采访过程　神话背后是求"大"的发展思路》，南都网，2013-05-29，http://www.nandu.com/nis/201305/29/58180.html。

方式，令人深思的不仅仅是宗教治理问题，而是涉及城镇化进程中宗教背后的权力机制与利益分配问题。

二、官方话语

官方话语的表达，非常直截了当，一般采取行政通稿。这里的行政通稿，并不一定是简单的通稿，而是指一些媒体为个别地方官员的利益考虑，而对事件进行的片面式报道。行政通稿也可能通过实地采访，比如在祥光寺事件中，惠平当地记者走访了地方上的领导，并表达了他们一贯的观点，但是对于寺庙管理者的意见却直接忽略不计，而且所谓的多名信众，最后也被揭穿都是新寺庙管委会的主要头头，所拍照片被指有误。像这种通稿的专业化程度明显是很不足的，因此从一出来就受到舆论的批评。

在祥光寺事件中，虽然地方媒体的报道惨遭失败，但是地方行政权力却在短时间内对祥光寺实施了强拆，而没有给舆论留下更多的时间。

相对而言，在高王寺事件之中，主张规划一方的地方政府的行政通稿能力是比较强的。地方政府人员通过央视的新闻节目，以专家的口吻播出对于高王寺问题的看法，直接将舆论导向了合理化规划的境况。其在《光明日报》上发表争鸣文章，提出搭建共识性平台的意见，对于不了解实情的公众来说，也有一定的影响力。可以说，在高王寺事件中，地方政府借助这些权威媒体的报道，进行舆论导向，应该说是比较成功的。但是这种成功的背后，反映的是地方政府的权力运作能力，而没有完整解释事实的真相，所以仍然受到了李利安教授与众多网友的质疑。

三、权力转化

作为公共权力的代表，地方官员的种种行为似乎有着天然的合法性与正当性。在强权逻辑之中，地方政府可以不管民众利益的得失，而肆意包办一切。在地方官员的法律逻辑之中，法律是以我为主，为我所用。在这一部分中，要讨论的是权力的转化问题，即"私人化"运作的行政权力如何在真相面前让位于坚持"公共化"的社会权力，以及对这两种权力之间的转化起决定性作用的公私关系。

行政权力，在宗教活动场所管理领域，指的是宗教事务管理部门依法对宗教活动场所进行行政许可、行政处罚、行政监督与检查的权力。这种权力的行使必须在法律与政策的规范下进行，并受到媒体与社会的监督。如果地方官员因为私人关系逾越了法律法规的界限，就要受到法律的制裁。

社会权力是指在国家与社会二元化格局下，社会主体拥有自己的社会资源和独立的经济、社会地位而形成对国家和社会的影响力、支配力。新闻媒体拥有的知情权、参与权、表达权、监督权，也可转化为强大的社会公共权力。它是公民权利和社会权力的合金。[11]社会权力在本文中指的是在媒体报道中以事实真相为依归的舆论影响力。一个媒体是否具有社会权力，取决于其报道的内容真实性与导向性。社会权力的大小，则与其舆论影响力直接相关。

从高王寺事件来看，地方官员所掌握的权力与利益是相当庞大的。因此，尽管他们在行动中产生了违规问题受到来自上级领导部门以及社会的广泛质疑，但是其运作模式仍然得到推行。

高王寺事件的爆发，只是直湖模式弊病的阶段性反映而已。事实上，主导金泉城市开发的直湖模式，早在多年前就已受到来自中央权威媒体《人民日报》与社会人士的质疑。尽管当时，金泉本地媒体对抗中央权威媒体，仍然对该模式进行歌功颂德。但是，后来在艺术家岳路平通过新媒体发起"舍利回家"公益抗争行动中，通过《中国企业报》的报道以后，被数百家媒体网站转载，揭开了媒体报道直湖问题的新一轮热潮，这一行动也间接促成了后来中央十部门遏制借教敛财文件的出台。[12]

在高王寺事件中，以南方报系和凤凰网佛教为主的市场媒体与行业媒体通过对事件的调查报道，产生的社会权力直接冲击着直湖系利用行政权力所进行的官商媾和现象。大部分媒体与网民也一直在跟踪官方媒体的报道，揭穿部分官方媒体所掩饰的真相，以及对寺庙僧众作为行动群体利益与意见的忽视，在过度强调文物保护的过程中忽略了寺庙本身作为宗教活动场所的功能，以及寺庙的意见。

面对寺庙的反抗，以及舆论一边倒的情况，地方官员借助自身的运作，通过中央电视台、《光明日报》等权威媒体进行舆论反击。在这种媒体之间的聚合与博弈之中，双方进行了多个层面的较量：

---

11 郭道晖：《论社会权力的存在形态》，《河南省政法管理干部学院学报》，2009 年第 4 期，第 1-8 页；郭道晖：《新闻媒体的公权利与社会权力》，《河北法学》，2012 年第 1 期，第 2-10 页。

12 王天定：《自媒体、意见领袖与媒体议程——以公民行动"舍利回家"为例》，《南方传媒研究 39》，广州：南方日报出版社，2012 年 12 月。

其一，地方官员从一开始试图对高王寺实行主体性规划，引发舆论焦点之后，就一直在以行政权力的身份联合文物专家的权威为自己的利益行为背书，强调进行的是违规整治，不是全部整治，试图利用行政权力与法律的名义平息舆情。

其二，在多个媒体参与采访的舆情转变过程之中，文物专家一直强调的是以环境整治的名义使得高王寺变得更好，只是这种所谓的善意背后却是主导僧寺分离的利益格局。这就在后来引起了舆论的波动。

其三，在这种舆论博弈之中，地方官员试图用行政权力转寺庙为文化园区的商业行动，暴露出来的是公共权力的不规范，甚至是公共权力对于私人权利的侵犯。

高王寺虽然是文物保护单位，但其更是国务院批准公布的全国重点寺院，因此在身份上首先是作为宗教活动场所而存在，其合法权益受到法律的保护。任何人与单位在没有得到其同意的情况之下，是不能对其进行规划的，无论是主体性规划还是局部规划。再加上申遗的目的开发文化风景区，实际上是变更寺庙宗教活动场所的属性。这一点更是违背了相关法律、法规。

由此可见，地方官员的行政权力在高王寺事件的早期处理上是错位表达，尤其在对寺庙表达权利层面，体现出来的公权逻辑令人匪夷所思。因此，南方报系与凤凰网佛教借助自身对于事件的挖掘与表达，通过媒体作为表达的工具，利用了舆论的社会权力，成功转化了地方官员在权力运作上的私人化。在保护高王寺的过程之中，也对权力的使用与利益的表达提出了规范性的要求。

在博弈之中，地方官员并非一意孤行，他们实际上也在不断调整自己的策略。后来，金泉官方就高王寺申遗情况发布说明称，根据遗产的真实性、完整性、科学有效的管理，以及利益相关者的支持等是世界遗产申报的基本要求，高王寺的申遗工作将在充分尊重寺院意愿的情况下进行。[13]至此，可以看出行政权力出现回归公共事务的迹象。

地方官员权衡利弊之后，改变口径，提出尊重寺院意愿的现象，一方面宣告了媒体监督社会权力的胜利，另一方面，也说明了地方政府对于个体权利的尊重与对于程序正义的遵守。

---

13 《金泉市申遗工作领导小组办公室发布高王寺申遗相关情况说明》，中国广播网，2013-04-11，http://native.cnr.cn/city/201304/t20130411_512340717.shtml。

行政权力的使用是建立在公共事务的层面之上，如果地方官员借助公共的名义对私人的权利进行侵害的话，就会产生权力错位现象。在宗教活动场所规划事件之中，寺庙信众联系媒体进行报道，其曝光作用对于行政权力来说有着重要的监督、约束功能，这种功能就是舆论压力，也可以称之为社会权力。社会权力的使用主要是针对行政权力的私用与权力失位、错位、缺位等问题。两种权力的博弈实际考验的是公共与私人关系的应用。如果地方官员能够秉公执法，依法行事，行政权力就可以畅通无阻。而如果个别官员以权谋私，则社会权力会对他们的行为进行曝光，从而形成一种制约的力量。因此，在公私之间，私人的权利需要得到尊重，公共的权力也需要依照法律进行。

第六章　宗教同源性与政治同构性：
以地方佛教协会为例[1]

　　佛教僧团及其管理问题，是影响中国佛教整体发展的根本问题。汉地早期僧团杂乱，交州一带，"沙门耽好酒浆，或蓄妻子，取贱卖贵，专行诈绐。"[2]之后，为了规范出家人的生活，僧制因陋就简地发展出来。[3]到了元代，仍然出现各种问题，朝廷敕德辉修《百丈清规》，其中规定："除刑名重罪、例属有司外，若僧人自相干犯，当以清规律之。若斗诤犯分，若污行纵逸，若侵渔常住，若私与钱物，宜从家训，毋扬外丑。"[4]明代圆澄法师曾著《慨古录》[5]揭示丛林弊端与政府宗教政策的失误，进而提出解决之方法建议。他认为丛林弊端的出现并非全然由佛教造成，国家宗教政策的不当也是重要的原因。

　　以僧众组织起来的僧团，或者说由信众形成的宗教组织，在政府宗教管理之中，既是宗教政策形成的影响因素，也是执行宗教政策的行动主体。

　　以佛教为例，以往对于僧团与爱国宗教协会的宗教事务管理的研究，主要存在两种视角：第一，内部视角，主要对僧团管理、僧尼形象、清规戒律等方面进行研究。如王永会博士的学位论文，主要对中国汉传佛教僧团与其管理体

1　本章简版曾以《宗教同源性与政治同构性：论爱国宗教协会的行动结构与意义指
　　向》为题发表于《宗教学研究》2018 年第 2 期。
2　《弘明集》卷一，收于《大正藏》第 52 册，台北：新文丰出版股份有限公司，1994
　　年，第 4 页。
3　龙泉：《汉地教团的建立及早期形态》，《法音》，1996 年第 8 期，第 13 页。
4　[元]德辉：《敕修百丈清规》卷二，《大正藏》第 48 册，第 1121 页。
5　[明]湛然圆澄：《慨古录》，收于《卍续藏经》第 114 册，台北：新文丰出版股份有
　　限公司，1995 年。

制的历史及未来发展做出深入研究。其中提到了近代以来佛教的自治化发展，僧团组织的建设、僧团的整顿以及新中国成立以后以中国佛教协会为核心，各地佛教协会与基层僧团紧密联系的体系，最后指出未来僧团管理发展及其制度创新的可行方向。[6]就建国以后中国佛教协会的行动而言，其既受限于政治环境的压力，也在寻求突破政治困境保护佛教的发展。"当政府利用中国佛教协会为政治服务、领导全国佛教徒走社会主义道路的同时，佛教也在利用政治为自身的生存和发展开拓空间。客观地看，佛教协会保护了一批具有历史和文化意义的寺院，培养了一批佛教人才，为当代佛教的快速恢复打下了基础。"[7]学愚教授从宗教史学的角度对其创立做出了较为详细的分析，并揭示了其与政治的双重互动。

第二，外部视角，主要从政府的宗教政策，以及宗教协会作为社会团体的角色，探讨政府与协会的关系，协会与场所的关系，进而讨论宗教事务管理的社会化、法治化。肖尧中指出，调整爱国宗教协会的功能构架，前提是明确它在宗教——社会的关系结构中发挥什么作用。但在其内部，各层级协会承担的社会功能、发挥的作用须进行分级分层考察。从国家治理体系现代化的大视野看，爱国宗教协会系统的设计，至少需预设坚持现代社会管理的扁平化原则、强调协会的功能定位的明晰化、重视国家对爱国宗教协会的社团定性三大原则。政府对爱国宗教协会的支持，应逐步转向以购买服务为主的方式和路径上来。[8]

上述两种视角，一方面从宗教史学的角度讨论了僧团的管理，另一方面从政治管理的视角对佛教协会进行了案例调研，有助于我们进一步认识中国宗教组织的历史与现状。但是，相对而言，前述宗教史学的研究明显无法涵摄城镇化进程中的宗教组织的发展现状；政治管理的调研视角，容易流于对策性的应用研究而无意理论拓展的讨论。基于此，本章拟在上述成果的基础上，

6　王永会：《中国佛教僧团发展及其管理研究》，四川大学博士学位论文，2001 年。

7　学愚：《中国佛教的社会主义改造》，香港：中文大学出版社，2015 年，第 480-481 页。

8　肖尧中：《城镇化进程中宗教活动场所管理功能的嬗变》，《世界宗教文化》2015 年第 4 期，第 40-44 页；肖尧中：《宗教事务管理的社会化转向及其实现路径》，《中央社会主义学院学报》2016 年第 4 期，第 81-84 页；肖尧中：《当前爱国宗教协会面临的主要问题及调整路径思考》，《信仰方式与社会变迁暨中国社会学会宗教社会学专业委员会成立研讨会论文集》，上海：华东师范大学社会学系，2017 年，第 173-180 页。

运用历史社会学与宗教政治学的理论，通过中国的基层社会运作实践深入分析以地方佛教协会为代表的爱国宗教协会作为宗教组织的行动结构及其意义指向。

第一节　僧团的行动结构与佛教的社会形象

就实而论，佛教城镇化过程中出现的僧尼负面形象实际上与社会的时代潮流有着直接的关系。现实之中的僧人、佛教协会、地方政府、中央政府，都有各自的现实诉求，尤其是在处理空间政治中的权力与利益的时候，由不同主体集合而成的行动结构尤其值得讨论。这个命题展开来看，实际上涉及佛教的社会形象与僧团的行动结构两个层面的问题。

对于前者即僧人的社会形象来看，在笔者的调研中，发现社会上存在两种片面的认识弊端：①从佛教的经典形象出发来认识现实的僧人，对僧人期望过高，认为僧人就像圣人一样，是顶礼与膜拜的对象。但是，当这些人意识到僧人并不是经典中所说的圣人，而是由普通人组成，并且各有自己烦恼的时候，可能信仰上就会受到打击，从而由盲信走向不信的局面。②从近年来的佛教社会形象来认识僧人，对于一些含有佛教色彩的商业行为、不法行为嗤之以鼻，并用之对僧人形象进行全盘否定。这种看法则是把个别风景区中利用佛教资源进行宣传的商业化，个别僧人不守清规戒律向"钱"看的行为或者假僧人的负面形象，当作僧团整体形象，属于片面化地认识佛教的社会现象。这两种情况，都没有在一个客观的层面上来认识真正的僧人以及他们的行为。

实际上，僧人的社会形象是佛教发展中一个非常重要的问题。前辈高僧大德的威仪，一直是后世佛弟子们学习的榜样。佛教在发展过程中，经常强调"以戒为师""庄严佛法"，正是表明了只有整肃威仪才能获得社会的尊重。那么，在现实的社会生活之中，面对佛教团体利益受损的时候，处于不同位置的僧人是如何选择自己的行动。这就是本章要探讨的佛教行为主体的多元诉求。

对于僧团的行动结构来说，这是社会上佛教负面形象之所以形成的结构性原因。一个僧人团体是如何组织起来的？什么因素决定了这个团体的选拔机制？在团体之中能获取何等利益？其与政治机构、社会民众的关系是如何的？这些都是值得我们进行深入的探讨。本章将从历史与社会的角度认识佛教协会的起源与作用，围绕佛教城镇化问题的事件，探讨国家、省、市不同级别佛教协会在事件之中的言论、行动，与其所起到的具体作用，并试图对以佛教协会为代表的佛教团体的发展趋势做出尝试性的探索。

第二节　佛教协会的起源与作用

帝制时期的中国，世俗政权为了控制佛教团体，结合了佛教规制与汉族官制形成了一套僧官制度。这套制度在民国以后被废弃了。之后，各类佛教团体兴起。大致可归纳为四类：以佛教会为主的各寺院之间的联络与协调机构、讲经会与佛学研究团体、居士修行与弘法团体、救济与慈善团体。[9]其中，佛教会是统领佛教信众，护教弘法的核心机构，在中华人民共和国成立以后以爱国宗教协会面世，本章主要以佛教协会为讨论对象。

一、近代以来的佛教协会

1912 年民国成立，江浙僧人拥护八指头陀敬安寄禅法师成立"中华佛教总会"，在各省、县分别设置支部、分部。1913 年内务部公布的《寺庙管理暂行规则》规定任何人不得强占庙产。1914 年，袁世凯取消中华佛教总会，颁布《寺庙管理条例》，声称"若得到地方政府许可，庙产可充当公益事业。"此条例严重威胁到僧团与寺庙的生存权利，引起全国各地佛教僧众的强烈抗议。[10]

笔者曾在此基础之上，以民国四川省佛教协会的运作为例，从中层组织理论的层面对近现代的佛教协会进行较为系统的研究，具体展现了四川省佛教会在特殊时期，通过内部鼎革与外部抗争的方式，赢得必要的生存空间。由于四川省佛教会能够整合全省资源，因此，无论是在保护庙产，还是组织僧教育以及其他社会性活动中，均发挥了总会与县分会所不能代替的功能与作用。[11]

9　邓子美：《传统佛教与中国近代化——百年文化冲撞与交流》，上海：华东师范大学出版社，1994 年，第 198-199 页。

10　关于庙产问题，可参考：陈金龙：《南京国民政府时期的政教关系：以佛教为中心的考察》，北京：中国社会科学出版社，2011 年；许效正：《清末民初庙产问题研究（1895-1916）》，北京：宗教文化出版社，2016 年。

11　吴华：《成都佛教团体的近代激变：以四川省佛教会为例》，《宗教学研究》，2016 年第 3 期；收于吴华：《民国成都佛教研究（1912-1949）》，北京：宗教文化出版社，2016 年。

二、新中国成立以后的佛教协会

新中国成立以后，由于党和政府的宗教事务管理机构不健全，缺少懂宗教业务的干部，在宗教问题的管理上出现了很多偏差。如干部之中存在"左"的情绪，认为佛教工作在于取消僧尼，盲目鼓励僧尼还俗，以此作为工作的成绩。在寺庙里举办政治学习班，向僧尼宣传《共同纲领》和新人生观，要僧尼学习《社会发展史》和《新民主主义革命史》等。[12]另外一些地方借口发展文教和社会公益事业，以强迫命令的方式拆寺庙、毁佛像，怂恿僧尼还俗，毁坏法物经典等种种限制宗教活动，并以此作为"积极"与"进步"的表现。这些行为严重脱离群众，使得党宗教信仰自由的宣传工作落空。[13]

当时的巨赞法师在北京与中共高层田汉、胡乔木、林伯渠、李维汉等人频繁接触。在他们的理解和支持下，巨赞法师联合佛教界人士，与赵朴初、陈铭枢等人发起组建全国佛教徒团体"中国佛教协会"。后来，在毛泽东和中共中央宣传部、统战部的领导下，批准组织中国佛教协会。

1953 年 5 月 30 日至 6 月 3 日，在北京举行第一届全国代表会议，选举圆瑛法师为第一任会长，宣告中国佛教协会成立。同时，发布了《中国佛教协会》章程，其中第二条规定中国佛教协会的性质是："中国佛教徒的联合组织，其宗旨为：团结全国佛教徒，在人民政府领导下，参加爱护祖国及保卫世界和平运动；协助人民政府贯彻宗教信仰自由政策；并联系各地佛教徒，发扬佛教优良传统。"[14]

赵朴初曾经说："中共中央和中央人民政府支持佛教界人士发起成立中国佛教协会的决策，不仅完全正确，而且具有远见卓识……建立中国佛教协会，就能够充分发挥佛教的特点和优势，为社会稳定、民族团结、国家繁荣、祖国统一、国际友好、世界和平做出积极的贡献。"[15]

中国佛教协会的成立是中国当代佛教史上的重大事件。李刚先生曾撰文对其成立的历史背景、成立经过、汉民族地区佛教问题座谈会三个部分做了较

---

12 中共中央宣传部编：《宣传通讯》，1953 年第 9 期，第 13-14 页；转引自李刚：《中国佛教协会成立经过考略》，《当代中国史研究》，2005 年 3 月，第 111 页。

13 中共中央宣传部编：《宣传通讯》，1953 年第 20 期，第 2-3 页；转引自李刚：《中国佛教协会成立经过考略》，《当代中国史研究》，2005 年 3 月，第 111 页。

14 巨赞主编：《现代佛学》（庆祝中国佛教协会成立专号），北京：现代佛学社，1953 年 6 月 15 日。

15 赵朴初：《中国佛教协会四十年——在中国佛教协会第六届全国代表会议上的报告》，《法音》，1993 年第 12 期，第 12 页。

为详细的论述，并认为佛教协会的成立对维护佛教界的利益，加强政府和佛教界的沟通，加强佛教界的内部团结起到了巨大的不可替代的作用。[16]

三、佛教协会的制度化建设

在市场经济大潮中，一些寺院存在管理不善、道风不正，少数僧人存在戒规松弛、贪图享受、追逐名利甚至拉帮结伙的现象，社会上不时出现佛教的负面新闻。[17]

对于佛教发展过程中存在的内部建设问题，佛教协会认识得非常清楚。在中国佛教协会第六届全国代表会议上赵朴初会长做《中国佛教协会四十年》报告中指出："在改革开放和市场经济大潮中，拜金主义、享乐主义、极端个人主义腐朽思想的泛起是难以避免的。在这种情况下，有相当一部分人信仰淡化，戒律松弛；有些人道风败坏，结党营私，追名逐利，奢侈享乐乃至腐化堕落；个别寺院的极少数僧人还有违法乱纪、刑事犯罪的行为。这些邪魔腐败的风气严重侵蚀着我们佛教的肌体，极大地损害了我们佛教的形象和声誉；如果任其蔓延，势必会葬送我们的佛教事业。"他强调："各级佛教协会和全国佛教界必须把工作重点转移到佛教自身建设、提高四众素质上来。"[18]在中国佛教协会第八次全国代表会议上，国家宗教事务局局长王作安先生发表讲话，他说："这些年来，社会上出现的享乐主义、金钱至上等不良风气，对佛教界产生了一定冲击和影响，道风问题随之而来，并有扩大之势。道风问题不仅关乎佛教的形象与声誉，甚至直接关涉佛教的根本与命脉，必须高度重视，认真对待。对于佛教法师来讲，有必要强调以戒为师、以德为先。"[19]

这么多年来，中国佛教协会一直都在强调道风建设是根本。2015 年，中国佛教协会修订《中国佛教协会章程》，特意将原章程第二十七条中"汉传佛教教务委员会"修改为"汉传佛教教务教风委员会"。[20]

在加强内部建设的同时，中国佛教协会也非常注重外部形象的树立，并通

---

16 李刚：《中国佛教协会成立经过考略》，《当代中国史研究》，2005 年 3 月。

17 陈星桥：《略论佛教被侵权的类型、危害及其解决之道》，《法音》2014 年第 4 期。

18 赵朴初：《中国佛教协会四十年——在中国佛教协会第六届全国代表会议上的报告》，《法音》，1993 年第 12 期，第 12 页。

19 王作安：《在中国佛教协会第八次全国代表会议开幕式上的讲话》，《法音》，2010年第 2 期，第 10 页。

20 刀述仁：《关于〈中国佛教协会章程（修订草案）〉的说明》，《法音》，2015 年第 5期，第 22 页。

过各种方式解决佛教权益的保护问题，如以议案、提案、代表建议等方式积极推动寺院法人资格、产权归属与佛教寺院有关的参观景点对佛教教职人员和信教群众免收门票等问题的解决落实。对于社会上侵犯佛教徒宗教信仰自由权利和寺院合法权益的现象，中国佛教协会积极反映情况，协助党政主管部门加以纠正，并通过新闻发言人、杂志、网站等媒体表明严正立场，甚至还专门成立了佛教权益保护委员会。这些工作，对全面贯彻落实宗教信仰自由政策、维护佛教界合法权益，起到了重要作用。[21]

从整体上来说，中国佛教协会作为全国佛教徒的核心管理组织，自成立以来，就一直注重自身建设的制度化与规范化，形成了中央—地方—寺院的监督管理体制，保证了中国佛教的良性发展。[22]可以说"中国佛教协会和地方各级佛教协会，是佛教事业健康发展的组织保障"[23]。然而，不可忽视的是，在各级佛教协会的管理当中，以及在寺庙自身的发展过程中，也不同程度地存在着民主意识缺乏、民主管理体制与制度的缺乏、民主管理不能落实的现象。[24]

第三节　地方佛教协会的空间政治

前面说过，佛教协会是作为内部的教务组织而存在，佛教协会的作用在于团结佛教徒，维护佛教的合法权益，发展佛教事业。然而，在佛教发展的过程之中，也出现了个别人士借地方佛教协会这一平台追名逐利的现象，甚至是结党营私的道风问题。中国佛教协会提出这些问题，并且进行了反思，是一种进步的表现。但是，在面对佛教城镇化中，各级佛教协会是如何参与其中，表现了何种形象？不同佛教协会主体在这些具体事件之中所表现出来的态度、言论、行为及其效应，都是值得我们进行深思的。

在高王寺事件与祥光寺事件中，中国佛教协会均发出声明，在立场上表示强烈反对违反政策法规、侵犯佛教界合法权益的行为。然而，地方佛教协会呢？在反对强拆的护法卫教之中，网民呐喊："作为高王寺强拆事件关涉方，

21　传印：《中国佛教协会六十年》，《佛学研究》第 22 期，2013 年，第 3 页。

22　王永会：《中国佛教僧团发展及其管理研究》，四川大学博士学位论文，2001 年，第 170 页。

23　传印：《中国佛教协会六十年》，《佛学研究》第 22 期，2013 年，第 7 页。

24　王永会：《中国佛教僧团发展及其管理研究》，四川大学博士学位论文，2001 年，第 230 页。

当地佛协、高王寺的僧团，对事件至关重要的，我们要听到僧团的声音！"[25]作为事发寺庙的直接管理者——区县级佛教协会、市级佛教协会，乃至于省级佛教协会的声音在哪里？本节主要梳理地方佛教协会在事件中的几种表现，以作具体的讨论。

一、"卖佛求荣"的佛协领导

祥光寺之所以被拆，有一个关键的环节，就是规划协议的签署。然而，这份协议却不是由寺庙签署，而是由区佛教协会所签。这一点说明了地方党委政府对于佛教产权的认识，如某位区党委领导所表示的："寺院财产都是登记在佛教协会下面的，佛协是有资格做决定的"[26]。也就是说，在地方党委的认识之中，寺院的产权单位是佛教协会，那么规划寺庙就只需要得到佛教协会同意签署意见就可以了。至于寺庙的意见如何，是可以忽略的。

在政策方面，根据 1980 年最高人民法院、国务院宗教事务局回复上海市高级法院、上海市宗教事务局的《关于寺庙、道观等房屋产权归属问题的请示报告》来看，该回复原则上同意上海方面提出来的意见，即寺庙"房屋大都是由群众捐献而建造。因此，除个别确系私人出资修建或购置的小庙，仍可归私人所有外，其它房屋的性质均应属公共财产，其产权归宗教团体市佛教协会与市道教协会所有"。此即地方党委政府对于寺庙产权认识的由来。但是，政府人员却忽视了具有宗教法律功能的《宗教事务条例》中对于拆迁事务的规定。

根据 2004 年公布的《宗教事务条例》第三十三条规定："因城市规划或者重点工程建设需要拆迁宗教团体或者宗教活动场所的房屋、构筑物的，拆迁人应当与该宗教团体或者宗教活动场所协商，并征求有关宗教事务部门的意见。经各方协商同意拆迁的，拆迁人应当对被拆迁的房屋、构筑物予以重建，或者根据国家有关规定，按照被拆迁房屋、构筑物的市场评估价格予以补偿。"

也就是说，在产权归属上，佛教寺庙属于佛教团体的规定具有政策应然性，但是在社会生活中，佛教寺庙由宗教活动场所法人管理则具有社会实然性。

从政策应然性来看，佛教作为社会的宗教团体，有着宗教发展的规律与特

25　《直湖系玩弄高王寺僧众全过程的原貌解析》，百度贴吧，2013-05-10，https://tieba.baidu.com/p/2319641829。

26　梁昕：《旧城改造与古寺突围　祥光寺拆迁困局调查》，凤凰网华人佛教，2013-12-7，http://fo.ifeng.com/news/detail_2013_12/07/31888498_0.shtml。

殊的历史背景。在古代的僧团管理之中，佛教徒个人没有财产，一切财富归整个僧尼团体所有。寺庙的建设、生活所需，既源于十方也用于十方。然而，新中国成立以后，佛教已经不再单纯是原来由僧尼所构成的僧团组织，而是成为了由出家人与在家人组合形成的四众弟子共同管理的教务组织。因此，20世纪80年代的政策之所以规定佛教协会作为佛教团体拥有寺庙产权的规定，就是考虑到佛教发展的历史背景与现实情形的复杂性，试图对其进行综合考虑，以妥善解决房屋产权纠纷问题。

从社会实然性来看，佛教寺庙作为宗教活动场所，拥有在国家宗教事务局合法登记的认证，开设有专属的银行账号，具有独立核算能力。原《条例》第十八条规定："宗教活动场所应当加强内部管理，依照有关法律、法规、规章的规定，建立健全人员、财务、会计、治安、消防、文物保护、卫生防疫等管理制度。"也就是说，宗教活动场所在实际经营上是作为一个独立的法人主体而存在的，其合法的权利与利益是受到法律的保护。在这种情形下，佛教寺庙对于宗教活动场所自身的管理与合法权益的捍卫就具有社会实然性。当然，佛教寺庙作为宗教活动场所，还应该接受当地人民政府相关部门的指导、监督与检查，但是这一规定并不妨碍其独立性。

我国的国家法律与宗教政策都强调保护佛教的合法权益。原《条例》之中规定"拆迁人应当与该宗教团体或者宗教活动场所协商……经各方协商同意"，之后才是进行重建或者根据国家规定按照拆迁房屋的构筑物的市场评估价格予以补偿。这也就是说佛教团体的意见是协商性的，有一定的重要性，在政策执行上是需要参考的。但是，原《条例》同时规定，要求在各方协商同意的情况下，才可以实施拆迁行动。否则作为强拆，属于侵犯寺庙合法权益的违法行为。因此，只有将政策应然性与社会实然性结合起来，才能正确理解条例的规定，也才能够在法律范围内谈论佛教合法权益的归属与配置。

区佛协属于宗教团体，在政策上是产权的归属者，对于宗教活动场所的规划问题，可以表达一定的意见。但是，佛协毕竟不是宗教活动场所的直接管理者，不是宗教活动场所的法人，也没有宗教活动场所的管理权，因此，佛协作为行动主体的意见只能是作为参考，而不能作为根本定论或者是具有决定性的意见。相反的，祥光寺住持白礼法师作为宗教活动场所的法人代表，是宗教活动场所的直接负责人，对宗教活动场所拥有直接的管理权，他的意见在法理上才是真正具有决定性的意义。

如果区佛协不顾及祥光寺僧团的表达意见与利益诉求，抛开祥光寺直接签署协议，那就是一种越俎代庖的行为。这份协议的签署只能使暴力规划蒙上合法的面纱，实际上是经不起法理责任的推敲。所以，省民族与宗教事务厅厅长在亲自前往祥光寺看望住持白礼法师的时候，才会对法师表示："规划协议要重新签订"。这一行动，从行政程序上说明了由区佛协所签署的规划协议缺乏合法性，得不到来自上级政府部门的认可。

除了越厨代庖签署协议以外，区佛协会长卜明法师还在接受市新闻记者采访的时候，扬言旧祥光寺为旧式土木、砖混结构房屋，由于年代较久，部分房屋结构存在严重的安全隐患。这一说法其实是有策略的，并非直接指房屋存在安全问题，因为祥光寺没有存在这一问题。但是，说"旧式土木、砖混结构"，然后从结构层面上来说，部分房屋结构存在严重的安全隐患，那就可以蒙混过关了。而且，还可以呼应记者报道中的内容，即"寺庙建设花费近 600 万元，在用木方面，尽可能采用整体木材，仅木料方面就花费 300 多万元"。后者内容是否属实，视公众关心的范畴。卜明法师的说法无非是想把公众引向他所要表达的意思——"此次规划，宗教政策落实得很好，没有损害佛教界的利益"[27]。他在报道之中，表明了对规划的支持态度，从而站对了地方官员的队伍。然而，面对寺庙僧团的诉求，面对社会舆论对保护佛教合法权益的呼吁，他全然忽略了。

从祥光寺事件来看，当地佛协僧官与地方个别官员沆瀣一气，已然形成利益共同体。这种与官员合谋，结党营私，严重违反佛教道风的现象，正是中国佛教协会与国家宗教事务局一直批判的对象。

如果站在祥光寺僧团的立场，保障祥光寺的合法权益，区佛协会长就得不到寺庙，还可能因违抗官员意志，吃力不讨好，最后说不定还要被主管官员轰下台。但是，与官员进行合谋，对于个人来说，却是有百利而无一害。区佛协会长的举动起码有三种好处：首先，可以保住自己的会长位置，继续稳当地方佛教协会领导，在地方佛教群体内叱咤风云。其次，签署协议以后，凭空出现的赔偿款直接打进佛协账户，至于原祥光寺僧团能否拿到，只能事后再说。最后，建成寺庙以后，或许需要佛协派出僧人参与寺庙管理，正好可以分一杯

---

27 陈玲云：《榕最大危旧房改造项目将回迁 祥光寺搬迁受关注》，福州新闻网，2013-12-12，http://news.fznews.com.cn/fuzhou/2013-12-12/20131212b5Sg5Uan22144656.shtml。

羹。至于媒体与外界，乃至于中国佛教协会，或者是惠平市以外的佛教团体如何看待此事件，统统不在区佛协会长的考虑范畴之内。

二、噤若寒蝉的省市佛协

在高王寺事件之中，该宗教活动场所的负责人阔塘法师本身不仅担任寺庙住持职务，还是金水省佛教协会副秘书长、金泉市佛教协会副会长。按理来说，在当地佛教界，他也算是有地位的人，但是这么一位省副秘书长、市副会长所住持的寺庙竟然遭遇强拆，还要寻求老朋友六小龄童的帮助呼吁，实在令人咋舌！在事件之中，虽然阔塘法师亲自进京寻求中国佛教协会的帮助，之后又在寺庙贴满中国佛教协会的声明，但是作为爱国宗教团体的地方佛教协会为什么没有公开发布只言片语，而是噤若寒蝉。难道阔塘法师的举动只是为一己谋私利，而得不到地方佛教团体的同情与支持吗？

相关评论认为，"在高王寺规划这个事件中，中国佛教协会明确表态，但没有看到地方相关佛教协会的表态。如果相关佛教协会在这种情况下不表态，就没有存在的意义了。"[28]

三、难得一见的反思声音

在本研究所涉及到的案例之中，地方佛教协会的主要领导均对地方官员表示了服从，而未能从当地内部产生足够的力量牵引事件的发展或者阻碍规划的发生。但是，在服从之外，仍然出现了个别比较公正的声音，尽管非常微弱，但是毕竟发出来了。

2013 年 12 月 12 日，祥光寺被暴力规划以后的第四天，惠平市民宗局招局长专门召集佛教协会副秘书长以上人员"交流"此事件。会议应到三四十人，实到不过十几个人。会上，招局长首先"感谢"大家没有参与祥光寺规划一事。出席会议的大和尚们大多沉默不语。只有一位法师提出："既然你们做得那么好，为什么会出祥光寺这样的事呢？"

以下，从三个层面来分析这次会议与法师的表现。

首先，市民宗局局长为什么要感谢佛协的众人没有参与到事件之中呢？难道参与是坏事，给他们的暴力行动添堵吗？如果说，不参与就是好事，那么这一表态是否就从侧面表示这一事件实际上是由官商合谋所主导的利益纠纷

---

28 记者高龙：《联合国教科文组织调查高王寺拆迁》，《南方都市报》，2013-4-16，AA17 版。

事件呢？

其次，佛协领导们对于宗教局的领导所感谢的事情竟然表示沉默，而没有积极的回应。这种现象说明了在权力关系上，佛协领导们实际上只是权力部门所领导的下级人员，他们必须遵从上级领导的意志。对于事件来说，即使他们有意见，也不能发表，发表了也没有用处。因此，大部分人只能以沉默的态度表达对于事件的漠视。但是，要反省的是，当官员认为自己做得好，做得对的时候，为什么会出现外界舆论一边倒的谴责现象呢？市、区两级政府为什么敢于冒天下之大不韪，冒犯上级组织权威进行强拆呢？这些不得不让人怀疑地方官员行径的合法性，以及宗教事务管理部门作为权力部门在规划事件中的空间政治。

最后，一位法师的声音打破了会议的沉默，他提出："既然你们做得那么好，为什么会出祥光寺这样的事呢？"可以说，这是祥光寺遭遇规划以后，最难得的一次反思的声音。这个声音对于宗教事务管理部门的形象是一个大大的讽刺，即当权力使用者自以为得逞的时候，实际上是他们最缺乏监督的时候。这个时候，上级的监督、媒体的监督都已经呈现无效的迹象，外界对于事件的进展也几乎无能为力。这个内部的反思声音却让人不得不对主导事件背后的宗教事务管理部门的权力关系以及宗教活动场所的空间政治进行一番考量。当然，后来作为社会权力主导者媒体的监督未能等来宗教事务管理部门的回馈，省级宗教事务管理部门也没有再对事件进行公告与说明。事件就此沉潜，大事化小，小事化了，但对于事件的反思是不应该消失的。

会议次日，惠平市所有寺院均接到宗教局通知，要求"全体消音"，不准就祥光寺事件接受任何媒体采访，也不允许通过网络等途径发表任何关于祥光寺的消息。据此，地方行政部门捂住了法师们的嘴，不让当地僧团再有表达的机会了。[29]

第四节　宗教同源性与政治同构性

从上述地方佛教协会领导的种种作为来看，站在佛教立场的内部人可能会认为他们的行动看似不可理喻。然而，从社会结构与社会关系的角度来看，

29　张瞻：《毁佛者的手段——祥光寺事件》，华北法制网：2013-12-14，http://hbfzw.net/Article/tegao/201312/1868.html。

他们的行动处处充满着理性。以下借助两个概念"宗教同源性""政治同构性"分析地方佛教协会作为组织的行动结构及其意义指向。

一、地方佛教协会的宗教同源性

地方佛教协会作为宗教组织，其创立源于佛教，其行动权力源于佛教徒的共同赋予，反映宗教徒的利益诉求，这一点笔者将其称为宗教同源性。佛教协会的行动立场出于佛教自身和佛教与国家社会的交往关系，就其章程而言，佛教协会具有两种社会职能：

其一，作为爱国团体。在沟通党政与佛教团体信众之间的关系中发挥桥梁纽带的作用，切实做到贯彻落实党和国家宗教信仰自由政策。这一职能要求佛教协会团结、带领佛教徒爱国爱教，坚定不移走中国特色社会主义道路。这是国家对所有爱国宗教协会的共同要求，也是佛教协会成立的政治背景。

其二，作为教务组织。这一职能要求佛教协会承担解决佛教内部的管理需要。这是佛教协会之所以成立的根本原因。作为教务组织的佛教协会，只有加强内部建设，才能维护佛教界的合法权益。只有安顿好内务以后，才能谈得上继承优秀传统，弘扬教义思想。佛教协会需要带领各佛教团体、信众共同拓宽佛教服务社会的渠道和空间，切实维护佛教界人士和信教群众的合法权益。

也就是说，维护佛教界的合法权益，是佛教协会的宗教同源性的根本要求。如果佛教内部建设不完善，就会出现影响佛教协会发展的倾向，也就无法维护好佛教界的合法权益，更谈不上其他的社会服务了。

二、地方佛教协会的政治同构性

地方佛教协会的政治同构性，指的是地方佛教协会作为民间组织，登记机关是民政部门，经费自筹。但是其业务主管单位则是政府宗教事务管理部门。因此，地方佛教协会虽然不属于政府机构，但是在权力和利益上与政府行政系统之间关联着政治属性。

其一，从地方佛教协会领导政治权力的获得来看，多数地方佛协领导的晋升机制，已不是传统的根据佛教修行与道德品行进行论资排辈，而是通过在某些官员面前良好的表现与做出让官员满意的行动，获得相关的权力位置。这种方式在行政体系上决定了个别地方佛教协会领导的权力来源与权力指向，即"权力因官员而得，权力为官员所用"。这是宗教协会政治同构性的决定性因素。

其二，从地方佛教协会与地方官员的利益来看，地方佛教协会领导的权力既然源于地方主管官员的首肯，那么，在涉及权位的社会行动中，表态与不表态，就取决于是否影响到官员与自身的利益诉求。如果是有利于个别官员的，只要这些官员罩着自己，那就一定要努力表态；如果是对官员无利的，那么就会影响到自己的前途，是坚决不能出现的。

也就是说，个别地方佛教协会领导在现实中已经出现与地方官员结成利益共同体的情形，官僧合谋现象作为一种内外结合的力量，从内部破坏了僧团的和合，影响到了佛教团体的公共利益，而增益了个别"僧官"的私人利益。在这种情况之下，如何让"僧官"为僧团、教团代言呢？

三、在宗教同源性与政治同构性中的抉择

在宗教活动场所的规划事件之中，地方佛教协会领导的表态与否，如何表态，反映的是他们在宗教同源性与政治同构性之间所进行的抉择。前者是价值理性，后者是工具理性。前者是其宗教身份的象征，后者是其权力地位的来源。

选择宗教身份，意味着在价值理性原则上必须维护佛教群体的公共合法权益。这一点说明他们忠于自身信仰，也许可以让他们在佛教界得到尊重，却不能够让他们在权力圈子中受到认可。如果他们选择权力、地位，则效果正好相反，他们得罪的只是作为管理对象的"自己人"——佛教信众，而不是动辄影响位子的权力分配者。前者是在价值理性层面的坚持，后者是在工具理性层面进行的选择。后一种选择的决定因素是权力、利益，而与前者决定因素的道德、良知无涉。那么，无论最后做出何种选择，都说明了佛协领导进行过深思熟虑，他们的行为都是充满理性的，只是他们对自己的身份定位决定了他们的立场，也决定事件的实际走向。

在这个选择的过程之中，宗教空间政治从宗教层面转移到了政治层面，伴随这个转移过程的是佛协领导与地方官员之间的利益联盟。这种现象的出现，并不能简单地归咎于佛协领导个人道德的沦丧，或者是道风的弱化。深入挖掘出现此类现象的结构性原因，可以发现其根源实际上在于佛教城镇化过程中的制度体系建设与监督管理上。

首先，从地方佛教协会领导的选拔机制来看，佛协精英的晋升机制是否有一套独立自主的选拔标准，能否根据佛教传统、自身特性、时代背景建构出一套适合社会转型时期的戒律规约，既促进佛教在国家社会中的公共交往，维护

佛教群体的合法权益，又能够以此形成有效的制度建设，对于试图为个人谋取私利的行为具备约束功能。

其次，由于地方权力分配者在分配资源的过程中，能够代表公共权力赋予协会管理者相应的名分，而宗教活动场所受地方佛教协会管理。在这种官僚政治体系之中，意志不坚定的个别地方佛教协会管理者就容易在宗教同源性与政治同构性之中徘徊，时而以宗教身份统理教内事务，时而在公共事件中做出自己的政治投资举动。

最后，从地方官员的执政行为来看，地方政府宗教事务管理部门能否依法执政，是否存在结党营私现象，是其中的重要问题。依法规范政府部门的管理，在政府部门中实行严格的监督管理机制，是杜绝政商教合谋现象的根源。

地方佛教协会只敢对无关痛痒的事情发声，对于自己份内本该明确维护的合法权益却视而不见，听而不闻。这种情况的发生，与当前的权力机制有着直接的关联。正常来说，佛教协会是政府与寺庙的桥梁，但由于地方政府代表国家公共权力，给予了佛教协会管理者认可、升迁等名利机会，而寺庙只是地方佛教协会的管理对象。在这种官僚政治体系之中，相衡之下，地方佛教协会管理者听命地方官员，而佛教协会沦为政治的工具，成为个别人员博取声望的政治平台，丧失其作为社会事业单位的职业责任与公共良知就是可以理解，但不能容忍的事情了。

第五节　地方佛教协会的意义指向

以上我们通过具体的案例，详细分析了佛教协会的起源与作用，地方佛教协会在佛教城镇化中的表现，进而分析了主导地方佛教协会领导做出选择背后的宗教同源性与政治同构性。从以上的分析之中，可以看出地方佛教协会作为一个组织，也存在着官僚化、利益化的倾向。那么，如何处理宗教领域中产生的这一问题，这就需要具体探讨宗教空间政治影响下的道风建设、信仰方式与社会关系，乃至于佛教社会的建构路径问题。

一、空间政治影响下的道风建设

佛教信仰建设的根本在于制度建设，而不在于经济建设。在佛教协会中，制度建设主要表现在道风建设上。历年来，中国佛教协会的报告一直强调道风建设是根本。改革开放以后，国家进入市场经济发展时期。个人思想得到大解放的同时，也出现了私人化、商业化的现象。贝拉等人认为："现代宗教是以一种急剧增加的个人主义，即以一种超级私人化的方式来呈现其自身。"[30]在佛教界，受社会上拜金主义、享乐主义与极端个人主义的影响，不可避免地出现各种影响道风的现象，这些现象严重破坏了佛教组织的制度性发展。

佛教道风问题之所以出现，不是个别僧人的问题，也不是单纯佛教内部的问题。这个问题的出现，有多个层面的原因，需要区别不同的利益主体，针对具体问题进行分析，才能形成清晰的认识。下面，我们将与地方佛教协会相关的利益主体分解为三个部分开展讨论：

第一，佛教徒是社会认识佛教的形象代表，他们对自身信仰的坚持与否直接影响了佛教在社会中的公众形象。经济大潮流之中，个别僧人信仰淡化，忽视戒律，追名逐利，最容易引起社会的议论。

第二，寺庙作为宗教活动场所是形成佛教信仰方式的主要空间。寺庙在日常管理与规划中，如何设置信仰议程，规划寺庙布置，全面影响了佛教徒的信仰方式。因此，可以说，佛教寺庙对于佛教事业发展的认识，与信仰方式的变迁有着根本的关系。在寺庙建设上，寺庙管理者如果热衷于修庙造像求大求高，殿堂设置奢华不实，就会出现远离佛教精神的道风问题。在寺庙管理上，如果寺庙的财务管理缺乏凭证依据，事务管理杂乱无章，人事管理混乱无序，这些都直接侵蚀佛教事业的健康发展。

第三，地方政府宗教事务管理部门对佛教团体、宗教活动场所负有监督管理的责任。地方佛教协会作为爱国宗教协会，属于中介组织，介于国家与社会之间，是一种"权力替代性组织"。国家对于宗教活动场所空间资源的控制或利用，主要是通过爱国宗教协会这种"权力替代性组织"进行，也就是说采取的是间接的、非正式的方式。[31]然而，个别地方政府将间接的变为直接的，将非正式的管理变为正式的进入，以经济建设目标代替对宗教的管理职能，将宗教活动场所视作有利可图的投机领域。

根据前会长赵朴初先生所述，地方政府部门错误干涉宗教领域主要有三种情况：①觊觎房产，攫取寺院房屋地皮等财物搞房地产开发，侵犯佛教界合法权益；②借佛敛财，在名山大寺设卡高额收费，滥建营利设施，损害宗

---

30 Bellah, R. N., R Madsen, W. M. Sullivan, A. Swidler, and S. M. Tipton. 1986. Habits of the Heart. Berkeley: University of California Press, pp. 219-249.

31 李向平：《中国当代宗教的社会学诠释》，上海：上海人民出版社，2006年，第29页。

教人文景观；③以政代教，包办代替，干预佛教内部人事、财务、教务，甚至由政府宗教事务部门充当佛教团体、寺院法人代表。[32]地方官员唆使宗教名山上市、设置宗教活动场所的高价门票，运作各种"宗教搭台，经济唱戏"的现象，严重破坏了佛教的历史传统与社会形象，错误引导佛教信徒形成不良的信仰方式。因此，只有纠正个别地方党政领导过度开发佛教道教资源发展经济的偏差，才能在宗教界形成良好的道风现象。[33]这一点也正是 2006 年中国佛教协会《研究动态》之所以转载童之伟教授整理的《地方政府投资宗教项目涉及的法律问题——三亚南山观音圣像建设与政教关系学术座谈会纪要》[34]的因缘所在，其目的正是在于只有坚持政教分离原则，才能形成政教和谐的局面。

从以上三个不同利益主体的行为与后果来看，佛教道风的形成关系着宗教空间政治在时代与社会中的变迁，以及信仰方式的确立。佛教的道风建设问题，针对的就不只是僧团的内部问题，而是一个在空间政治诱惑之下的涉及地方官员、宗教活动场所与宗教人士的行动合法性问题。只有厘清不同行为主体的表现，规范他们的行动，形成体系化的制度建设，才能真正建构一个具有良好形象的宗教组织。

"寺院作为佛教的载体，在社会生活中的本位作用在于净化人心、导善社会，如果直接或间接地以经济利益为目的，无疑是对本位作用的损害。寺院应多考虑如何更好地回应社会大众的需求，回馈社会，利益大众。"[35]此言可谓论及道风对于佛教本位的作用。如果不守本分，就丧失了作为佛教主体的信仰神圣性。坚守道风建设的佛教本位思想，在此前提之下，回应社会大众的宗教诉求，才有可能实现佛教的弘法利生宏愿。否则，无神圣性的宗教组织，谈何服务社会，利益众生，或言"无法何以利生，无道何以养才"。

道风的形成实际上反映了宗教空间政治在时代与社会中的变迁，以及信仰方式的确立。

32 赵朴初：《赵朴初文集》，北京：华文出版社，2007 年，第 1378 页。

33 刘舒凌：《宗教局：佛道教场所被承包乱象得到一定程度遏制》，《法音》，2014 年第 4 期，第 63 页。

34 童之伟：《地方政府投资宗教项目涉及的法律问题——三亚南山观音圣像建设与政教关系学术座谈会纪要》，《法学》，2005 年第 11 期。

35 韩文：《商业请退出庙门——中国佛教协会学诚会长接受〈中国经济周刊〉专访》，《中国经济周刊》，2015 年 10 月 19 日。

二、由社会关系构建的信仰方式

改革开放以来，国家在经济体制上进行了深刻的变革，社会利益格局不断调整。人民群众对于宗教的需求有增无减，宗教名山大川的旅游在黄金周时期人满为患，佛教寺庙中出现头香拍卖行为。这些现象的发生表示当前的信仰方式出现了无序、盲目的状态。当代佛教寺庙的门票收费有着特殊的自养背景。近几年来，根据不同寺庙的发展与收支情况来看，大多数寺庙在确保自养的情况下已经逐渐取消了门票制度。但是，佛教信仰的供养—功德现象，仍然被当作有利可图的商业领域，吸引着不同主体的觊觎。围绕着佛教寺庙的利益，不同社会关系之间仍然在进行着或明或暗的博弈。

在前面的分析之中，我们已经区别了影响佛教道风建设的三种不同主体，接下来分析佛教协会在不同主体中的结构性作用。

地方佛教协会是以上三种利益主体的沟通核心，在地方政府与寺庙、信众的关系之中起到了连接沟通的作用。地方佛教协会接受地方政府的监督管理，同时也对地方佛教信仰方式的形成承担着重要的引导作用。

第一，在行政管理上，地方佛教协会团结、带领当地佛教徒遵守宪法、法律、法规和国家政策，协助地方政府落实宗教信仰自由政策。地方佛教协会传达地方政府对于宗教领域的管理安排，协助地方政府做好地方佛教的管理工作。

第二，在教务组织上，地方佛教协会作为基层的佛教团体，知悉佛教内部的管理难题以及佛教信仰的各种趋向，并通过各种方式向地方政府反映佛教界人士的意见和诉求，维护佛教界的合法权益。

第三，在寺庙管理上，地方佛教协会领导基层佛教寺庙，对寺庙的生存与发展有着直接的管理责任。根据《中国佛教协会章程》与地方佛教协会章程的情况来看，均要求佛教协会督导寺院完善自我管理、严肃清规戒律、开展弘法利生活动。地方佛教协会对于僧尼的管理主要是通过以寺庙为单位来实现的。在寺庙的设立上，地方佛教协会负有申请、管理的责任，对于寺庙内部管理事务的规范化有着监督的责任。

第四，在信众管理上，地方佛教协会实际上还承担了引导居士正信正行，护持三宝的重要责任。一方面，居士的信仰是否符合佛教八正道的要求，是地方佛教协会需要察觉并加以正确引导的方向；另一方面，护持三宝是居士的责任，地方佛教协会需要通过合法合理的方式进行引导，推进地方佛教的稳定发展。

从以上四个方面来看，地方佛教协会充当了沟通政府与佛教徒之间的桥梁纽带。地方佛教协会作用的发挥，是佛教同社会主义社会相适应的重要前提。因此，地方佛教协会的运作集中反映了社会关系对于佛教信仰方式形成的重要过程。地方佛教协会的形成与发展全面反映了地方佛教的社会关系。在中国基层社会有什么样的信仰方式，取决于地方佛教协会能否以及如何主导社会关系建构信仰交往。

三、佛教社会的建构路径

基于地方佛教协会对社会关系的集中反映，其在道风建设与信仰方式的形成具有重要的引领与监督责任。本节以此为基础讨论地方佛教协会如何引领佛教信徒进入佛教社会的建构路径。

陈兵教授讲过："诸宗教包括佛教的现行模式，恐怕都不足以适应新世纪，尤其是二十一世纪中期以后人类的需要，皆须应时契机，调整改革。"[36]

"佛教社会"[37]的提出与建构就在于沟通佛教与社会的关系，进而促使佛教适应社会，进入社会。"佛教社会"概念系李向平教授提出，其应用主要在于理解和讨论佛教社会建设功能。李教授从理论上建构了这一概念，并提出形成佛教社会的三个面向——佛教信仰结构、佛教组织的社会性、信徒之间的社会关系三个层面。这是一个具有创新性的概念，其具体实施尚有待挖掘与验证。借助本文的研究，笔者认为，佛教社会的形成可以借由佛教协会的变革而形成。

佛教社会是佛教信仰方式在国家社会中的结构性表现。之所以这么说，在于佛教协会作为佛教适应国家社会机构的出现，本身就是一种适应时代变革的产物，是佛教进入国家社会的一种重要面向，也是在城镇化进程中构建佛教社会的主要行为主体。以下借用李向平教授所提出的三个面向分析佛教协会在建构佛教社会中的具体路径。

第一，佛教信仰结构。信仰结构是经由人与人之间的基于信仰观念的交往所形成的人与神之间的关系。佛教协会是政府与僧人之间、僧人与僧人之间、僧人与信众之间的共同纽带，通过对不同社会关系在信仰理念上的引领与规范，塑造了人与佛菩萨之间的交往关系，进而形成体系化的佛教信仰结构。

---

36 陈兵：《中国佛教的回顾与展望》，《法音》，2000 年第 2 期，第 11 页。
37 李向平：《"佛教社会"与"和谐社会"》，《法音》，2008 年第 4 期，第 12 页。

第二，佛教组织的社会性。从佛教各团体、组织来看，佛教协会的组织性是最强的。作为一个自上而下，并具有久远历史背景、广泛社会影响的教务组织，佛教协会在连通中央与地方，政府与宗教之间具有独特的组织性、联动性。这一身份足以让其成为进入佛教社会的最主要的行为主体。

第三，信徒之间的社会关系。佛教社会的建构直接反映信徒之间的社会关系及其社会认同、信仰认同。佛教协会作为教务组织的权威身份，在建构信仰认同上具有先天的优势。在其日常运作之中，地方佛教协会能够充分反映信徒之间的信仰诉求，并建立对于佛教的认同。

当然，以上分析只是从理想层面对佛教协会引导佛教进入佛教社会做出初步的探讨。佛教协会本身在发展之中，也存在着多方面的内外问题与局限性。前文中出现地方佛教协会领导无视基层寺庙合法权益的现象，就是其中的典型个案。但是，不管如何，佛教协会在未来社会之中仍然具有重要的作用，是佛教参与社会的重要组织，是影响宗教空间政治变迁的主要行为主体，也是促进信仰方式变革的最主要力量。

第七章　佛教城镇化与社会信任

　　信任，表达的是人与人、人与群体之间互相依赖的关系。这种关系，既表现在主体心理层面上的安全、可靠，又表现在对于客体的个人、或者群体规则的认可与遵循。人与人之间有信任，则互相扶持、成长。人与群体之间有信任，则呈现出人为群体服务，群体照顾个体的和谐景象。反之，当出现人与人之间不信任，则互相欺诈、互相剥夺。人与群体之间不信任，则表现为个体的离散化，与群体的碎片化。因此，对于信任的讨论就离不开信任的多重属性。

　　从信任形成与表达的机制来看，信任的多重属性主要表现于其主体性、关系性以及社会性。

　　第一，信任的主体性。信任基于个体的主体性而产生。信任与否不是一个外界强加给个人所能达成的效果，而是主体对客体发自内心的认可。按照吉登斯的话来说，信任产生于人类个体的"本体性安全"需要，是一个人对于他人或系统之依赖性所持有的信心。[1]因此，信任首先表现为主体对客体的信心。

　　第二，信任的关系性。信任与否，以及信任的程度，不仅与主体直接相关，而且与客体也有着极为密切的关系。卢曼认为："在任何情况下，信任都是一种社会关系，社会关系本身从属于特殊的规则系统。信任在互动框架中产生，互动既受心理影响，也受社会系统影响，而且不可能排他地与任何单方面相联系。"[2]当主体表现出对于客体的信心时，客体能否以诚相待，决定了主体的信任能否得到进一步的落实。因此，信任表现出了关系互动的一面，我们将

1　[英]安东尼·吉登斯著，田禾译：《现代性的后果》，南京：译林出版社，2000年，第19-30页。

2　[德]尼克拉斯·卢曼著，瞿铁鹏译：《信任：一个社会复杂性的简化机制》，上海：上海世纪出版集团，2005年，第6-7页。

之称为信任的关系性。

第三，信任的社会性。信任不是个体之间的事情，而是社会的综合力量。信任之所以在社会学研究中被郑重地提出，甚至得到了较大范围的重视，就在于其社会属性。齐美尔认为信任是社会中最重要的综合力量之一。[3]福山说"信任可以在一个行为规范、诚实而合作的群体中产生，它依赖于人们共同遵守的规则和群体成员的素质。"[4]

基于信任的多重属性，有学者认为信任作为一种典型的社会事实，它不仅渗透进个体的心理层面，同时渗透进社会整体的体制结构。[5]因此，对于信任的认识就需要在社会结构的层面上来分析。基于此，本章试图在社会结构视野下解读宗教与信任的关系，梳理在佛教城镇化中所出现的熟人信任、组织信任与制度信任等问题，从而讨论佛教城镇化视野下的组织信任与制度信任的机制，进而分析宗教信仰方式与信任的结构性关系。

第一节　社会结构视野下的宗教与信任的关系

一、宗教与信任关系的学术史回顾

信任问题是当前社会学研究中的重要议题。对于信任问题的研究更多地集中于广泛意义上的信任模式、类型，以及社会流动与信任、市场与信任等宏观领域。在社会学的分析框架之中，对宗教与信任问题的关注，日渐增加。与整体上的信任研究范式相应的是，内地已有的研究主要侧重于经验数据的分析，如王佳、司徒剑萍通过对 2007 年居民文化生活调查数据对宗教信仰和人际信任的分析；[6]高师宁、杨凤岗通过访谈天主教企业家研究宗教信仰与市场经济的关系[7]；窦方基于 2010 年 CGSS 数据分析宗教信仰对亲缘信任、

---

3 G. Simme. *The Philosophy of Money*. London: Routledge, 1978. pp. 178-179.

4 [美]弗朗西斯·福山著，彭志华译：《信任——社会美德与创造经济繁荣》，海口：海南出版社，2001 年，第 31 页。

5 Lewis, J. D., & Weight, A. Trust as a Social Reality, *Social Forces,* 1985. 63(4), 967-985. 收于周怡主编：《我们信谁？：关于信任模式与机制的社会科学探索》，北京：社会科学文献出版社，2014 年，第 246 页。

6 王佳、司徒剑萍：《当代中国社会的宗教信仰和人际信任》，《世界宗教文化》，2010 年第 4 期，第 78-85 页。

7 高师宁、杨凤岗：《宗教信仰与市场经济——中国天主教企业家信仰与信任问题调查》，《基督宗教研究（第 12 辑）》，2009 年，第 306-326 页。

熟人信任、外人信任以及一般化信任的影响作用；[8]李峰利用长三角调查数据（2011）了解人们对宗教组织信任的现状及影响因素。[9]这些研究之中，除了高师宁等人的文章以访谈为主进行案例分析以外，其他作品都是从宏观角度讨论了一般信任的问题。这些研究的论点可归纳如下：

第一，熟人信任与陌生人信任。有研究表明佛道教徒的熟人信任水平显著低于无信仰者；但是陌生人信任较高。也有学者根据数据判断民众对宗教组织的信任处于一个较低水平。

第二，宗教组织信任。宗教信仰的重要性和宗教活动参与频率能够提高信任水平[10]，宗教归属、社会信任、组织参与和对世俗机构的信任对宗教组织信任的影响最大；阶层、社会参与也有一定的影响。

第三，西方基督宗教比中国的佛道教具有更高的教内信任程度，基督宗教信仰可以转化成为社会资本进而促进经济发展。[11]

简单说来，以上三点主要论述了信仰对于信任的影响与宗教组织中的信任问题。这些问题虽然有助于对宗教在社会中的认识，但是如果落实在现实之中，则仍然无法解释以下问题：

首先，宏观性、整体化、绝对化的认识，即使能够揭示某些模棱两可的社会事实，但无助于具体情境的认识与应用。对于宗教与信任的认识，并不能简单地停留在宏观的认识层面，还应该通过具体事件讨论其形成机制与影响因素。

其次，宗教组织信任是一个笼统的概念。以佛教为例，具体的宗教组织就包含了区、市、省、国等级别佛教协会。前文已经分析了佛教协会具有宗教同源性与政治同构性两个属性，因此，即使是佛教协会这一宗教组织也是有着包含价值理性与工具理性的多重利益交织。大而化之地将这些不同等级的宗教组织进行笼统的分类打钩，试图进行讨论，无异于缘木求鱼。

8　窦方：《宗教信仰与中国居民的信任水平——基于 2010 年 CGSS 数据》，《第六届珞珈国是论坛论文集》，武汉，2012-11。

9　李峰：《对宗教组织之信任的探索性研究——以上海数据为例》，《社会》，2013 年第 2 期，第 85-110 页；李峰：《科学主义、文化民族主义与民众对——佛道耶之信任：以长三角数据为例》，《世界宗教研究》，2015 年第 3 期，第 19-32 页。

10　王佳、司徒剑萍：《当代中国社会的宗教信仰和人际信任》，《世界宗教文化》，2010年第 4 期，第 78-85 页。

11　高师宁、杨凤岗：《宗教信仰与市场经济——中国天主教企业家信仰与信任问题调查》，《基督宗教研究（第 12 辑）》，2009 年，第 306-326 页。

最后，在具体的宗教信仰方式的形成过程中，熟人信任、组织信任与制度信任之间的关联性如何演化，并形成宗教信仰方式与信任的结构性关系，仍然有待讨论。在本文之中，笔者主要考察信任在宗教事务管理、宗教组织与宗教徒之间的关系及其产生的问题。

二、宗教与信任的关系

宗教与信任的关系，学界见仁见智，对这两者的认识，既认为有正向影响，也认为有负向影响，还有认为不存在显著的关系。[12]有学者的研究结果表明，个体的宗教性越强，其值得信任的水平就越高。[13]也有学者提出，宗教对信任的影响有组内和组外之别。对于有共同信仰者，宗教与信任呈现正相关关系；而对非共同信仰者，宗教与信任则是负相关关系。这一观点指出了宗教具有信任边界，每一种文化和每一个社会都存在某种信任边界，在边界之内的人比边界之外的人被认为更加值得信任。[14]另有分析认为，宗教和信任之间的关系在很大程度上取决于信任所指向的对象类型。例如，在熟人信任方面，与年龄、教育水平、种族或政治思想等因素相比，宗教的影响微乎其微。然而，在陌生人信任方面，考虑其他因素后，与主流新教徒相比，天主教徒和非基督教（如印度教、犹太教、伊斯兰教等）教徒对陌生人更不信任。[15]主流新教徒更倾向于参加那些直接或间接地通过公民参与的方式促进更广泛的社会交流的教会活动，这种活动可以促进外联社会资本的生成，并将他们和更广泛的社会联系起来。[16]阮荣平、王兵基于中国数据的研究，发现①宗教对于信任尤其是社会化信任有显著的正向影响；②宗教对信任的影响随着"差序格局"半径的增加而增加；③宗教对信任的作用机制主要是信仰效应而非组织效应。他们的

---

12 综述见阮荣平、王兵：《差序格局下的宗教信仰和信任——来自中国十个城市的经验数据》，《社会》，2011 年第 4 期，第 195-217 页。

13 Tan, J. And C. Vogel. "Religion and Trust: An Experimental Study". *Journal of Economic Psychology*. 2008. 29(6) 832-848.

14 Fukuyama, F. *Trust: Social Virtue and the Creation of Prosperity*. The Free Press. 1995.

15 Michael R. Welch; David Sikkink, Matthew T. Loveland：《信任的半径——宗教、社会嵌入与陌生人信任》，原载于 Social Forces, 2007 年第 86 卷第 1 期，第 23-46 页；收于周怡主编：《我们信谁？：关于信任模式与机制的社会科学探索》，北京：社会科学文献出版社，2014 年，第 334-335 页。

16 Beyerlein, Kraig and John R. Hipp. "From Pews to Participation: The Effect of Congregation Activity and Context on Bridging Civic Engagement." *Social Problems*. 2006. 53(1): 97-117.

研究部分地解释了目前有关宗教与信任之间关系研究结论的矛盾性。[17]

从社会资本的角度来看，信仰能否促成普遍信任的产生被当作考验宗教组织存在合法性的一个重要标准。信仰是否必然产生信任，信仰是否必然促进社会资本的良性发展？这两者之间的关系难道是一种单向的思维吗？

第一，不同文化背景导致不一样的宗教观念，每一种宗教观念适应的是当时当地的社会生存背景。单向的宗教认识思维模式并不适用于对人类社会的整体性认识。相对于一神教来说，更多的研究结果表示多神教在形成信任方面力度更弱。这一结果的确有其教义教理方面的考虑，诸如一神教以神为主导，人臣服于神，为神服务。多神教更强调由人而神，因德而神，因此兼容并蓄。然而，不同宗教是否适应了不同的国家历史社会民情呢？这一点苏国勋先生有着较为精辟的论述：

> 譬如在宗教社会学研究中，大凡学习过这门学科的人都知道，他们的宗教知识是从进化论角度习得的，任何一本与宗教有关的教科书都会告诉你，人们的宗教信仰是从图腾崇拜的前自然神论到自然神（万物有灵）论、再到多神论乃至一神论发展进化的。在这种习而不察的概念所组成的知识框架影响下，人们自然而然会得出一神论信仰要比多神论和自然神论信仰高级、精致，甚至理性这样的价值判断，殊不知这种貌似客观—中立的宗教知识、概念里浸透着浓厚的西方中心论的价值观念。从福柯的知识/权力说中，人们可以看到这种宗教社会学知识作为一种权力对人们精神领域的宰制作用。用这种概念框架去研究中国宗教或民俗信仰，必然会得出中国人在宗教信仰领域中的无知、愚昧、迷信传统、非理性、实用主义、功利心态，进一步推论出西方文明优于东方文明的结论。其实，这个结论早已为19世纪以来的人类学研究所证伪，这种以己之长比人之短的做法也成为西方比较文化研究或跨文化研究最为人所诟病之处，适足表现出西方中心主义所固有的机械论的线性思维定式的褊狭、不宽容、唯我论，在文化上搞以我划线、排斥异己，其根源恰恰存在于西方的宗教原教旨主义之中。反观中国人的宗教观念或民俗信仰，倘以西方宗教为基准，那么中国人的宗教信仰确有包括祖

---

17 阮荣平、王兵：《差序格局下的宗教信仰和信任——来自中国十个城市的经验数据》，《社会》，2011年第4期，第195-217页。

先崇拜的多神信仰、"临时抱佛脚，有事才拜神"的功利心态等方面的问题。但如果变换个角度思考，从中国文化所习惯的和合思维方式和行为方式上去认识，这可能反倒是中国人的长处。正是这种在信仰上的宽容、豁达、包容异己、海纳百川的胸襟，体现了中国传统文化中的"毋意、毋必、毋固、毋我"（孔子语）、中和变通的哲学思想。惟其如此，才使中华民族在几千年的历史中避免了欧洲发生的十字军东征和伊斯兰圣战式的宗教屠戮。按照哈贝马斯的说法，信奉西方宗教的欧洲人，其强烈的民族主义情绪最集中的表现是欧洲历史上长期以来排犹主义盛行。[18]

引用苏先生的文字不在于贬低西方基督文明，而是在于认识中西方不同宗教的独特之处。这一点有助于我们更好地认识宗教与信任的关系。

第二，同一宗教观念影响下也有不同信任模式的出现，宗教理念对于信徒会产生一定的作用，但是由于信任主要由利益、关系等因素组成，在具体事件之中，当事人如何行动，实际上取决于其个人的价值、利益与关系。因此，更应该考察的是宗教组织信任背后的运作机制，而不是单纯地从所谓宗教组织入手进行考察。

第三，当前中国社会处于城镇化快速推进之中，由城镇化所带来的人口流动与利益分配，极大地影响了国人的道德良知与行动决策。不排除部分人员借助城镇化进程施展谋财夺利行为，这一点自然包括宗教组织、宗教人士在内。

综合来看，对于宗教与信任关系的讨论，需要置于具体的社会结构之中，才能认识其相互之间的内生关系。

三、社会结构中的宗教与信任的内生

宗教与信任之间的内生性问题[19]，展现了宗教信仰与社会信任之间具有相关关系[20]。然而，在讨论这个问题的时候，还需要进一步分析宗教的信仰效应

---

18 苏国勋：《第二十一章：全球化中的文化冲突与共生》，收于李培林、李强、马戎主编：《社会学与中国社会》，北京：社会科学文献出版社，2008年，第638-639页。

19 Guiso, L., S.Paolo, and L. Zingales. "People's Opium? Religion and Economic Attitudes." *Journal of Monetary Economics*. 2003 (50): 225-282.
Iannaccone, Laurence R. "Introduction to the Economics of Religion." *Journal of Economic Literature*. 1998 (36): 1465-1496.

20 李涛等：《什么影响了居民的社会信任水平？——来自广东省的经验证据》，《经济研究》，2008年第1期。

和组织效应。阮氏等人对此进行了一定的讨论。他们认为：

> 宗教对于信任的影响可以区分为组织效应和信仰效应。组织效应指的是宗教通过教会的组织性（如集体活动）等影响个体的社会化信任水平；信仰效应则是宗教通过对信徒世界观、价值观的塑造和改造影响社会化信任水平。区分这两条作用机制具有较强的政策含义。如果宗教对信任的影响主要来自组织效应，那么宗教的信任塑造功能就具有很强的替代性。通过发展和提高社区中的其他世俗性组织可以起到同样的作用。然而，如果宗教的信任塑造功能主要是因为信仰效应，那么其可替代程度就非常小。[21]

从组织效应来考察的话，重点是放在组织活动的运作之中。从信仰效应来认识的话，重点则是在精神层面。因此，两者之间具有一定的交互作用。然而，如果只是看到这两个效应，仍然难以全面地理解宗教与信任的关系。宗教作为社会结构的重要组成部分，发挥着精神引领的作用，对于国家的人文历史、社会政治、风俗民情均有着重要的作用。与此同时，国家的人文历史、社会政治、风俗民情等因素也对宗教组织具有反作用。信任作为社会资本，是社会结构之所以组成的重要力量。如果社会有着良好的信任基础，则社会结构稳固牢靠；如果社会缺乏信任的支撑，则社会结构呈现为碎片化的离心状态。从宗教因素来看，不同宗教的教义教理因其价值观的不同，可能导致出现不一样的信任结果。另一方面，不同宗教组织的运作有不一样的机制，由此也会导致出现不一样的信任后果。至于佛教城镇化问题事件之中所出现的信任后果，到底由哪些因素所造成的，有待下文的分类讨论。

第二节　概念辨析：熟人信任、组织信任和制度信任

本文并不准备讨论诸如中国人相互之间是否存在信任以及存在何种信任的常识性问题，而是基于佛教城镇化案例的调研材料所反映的不同行为主体所表现出来的言语与行动及其后果做出分析，从而发现当前不同个体之间、不同组织之间，以及个体对于制度的信任之间所存在的信任程度。也可以说，本文主要以普遍信任为边界基础，讨论信任的社会结构。此结构可分为：熟人信

---

21 阮荣平、王兵：《差序格局下的宗教信仰和信任——来自中国十个城市的经验数据》，《社会》，2011 年第 4 期，第 195-217 页。

任、组织信任与制度信任。

对于这三种信任，目前学界有一些讨论，虽然在意义上有所指向，但是在概念上仍然有待理清。如张静认为中国维持信任的社会机制有三种，分别是人际关系约束、单位组织约束和制度约束。[22] 周怡则提出家本位—关系信任模式、国本位—机构依附信任模式与基于制度的一般信任模式。[23] 两位学者对于现实情况的认识比较清晰，但是在概念提炼上，仍然可以更明确。因此，本文将人际关系约束或者家本位—信任模式，简称为熟人信任；将单位组织约束或国本位—机构依附信任模式提炼为组织信任；将制度约束或基于制度的一般信任模式升华为制度信任，并以这三种信任模型展开具体的讨论。

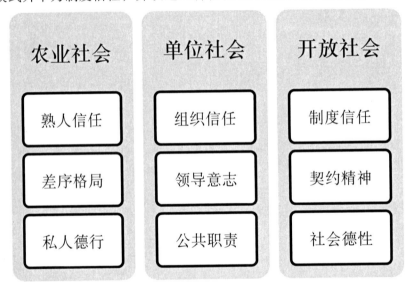

一、熟人信任

韦伯认为中国人的信任不是建立在信仰共同体的基础之上，而是建立在血缘共同体的基础之上，即建立在家族亲戚关系或准亲戚关系之上，是一种难以普遍化的特殊信任。[24] 在韦氏看来，中国人的信任是一种以家本位为基础的特殊信任，因而难以产生以观念价值为共同体的普遍信任。我们可以这么理解：

---

22 张静：《信任问题》，《社会学研究》，1997 年第 3 期，第 86-89 页。

23 按照周怡教授的说法来看，实际上就是熟人信任、组织信任代替了制度信任。周怡：《信任模式与市场经济秩序——制度主义的解释路径》，《社会科学》，2013 年第 6 期；收于周怡主编：《我们信谁？：关于信任模式与机制的社会科学探索》，北京：社会科学文献出版社，2014 年，第 17-42 页。

24 [德]韦伯著，王容芬译：《儒教与道教》，北京：商务印书馆，1995 年。

首先,熟人信任适应了传统中国农业社会的秩序,并在其中发挥了不可低估的作用。郑也夫提出,传统社会结构是以熟人的社区为基本单元的,其信任也是熟人中的人际信任。[25]

其次,熟人信任适应了传统中国的道德伦理要求,在差序格局的人际关系背景中对于区域治理具有一定的正向作用。

最后,熟人信任反映的是私人德行,这一伦理要求不一定完全适用今天的工商业社会,但是熟人信任仍然可以发挥一定的作用。

二、组织信任

组织信任考察的是个人与组织以及组织之间的相互信任模式。对于组织来说,其对内控制力(内部信任)与对外宣传力(外部信任)是衡量组织信任的重要标准。前者已经成为了多学科交叉研究的热点[26],组织内部不同层次的合作问题,特别是上下级之间的信任关系[27]成为了讨论的核心。后者则在市场经济、职业流动、政府信任等层面得到一定的讨论。有学者认为,组织社会资本首要的是个体投入集体行动中强联结的意愿与能力,信任则是组织社会资本的核心要素。[28]换句话说,信任是组织之所以在社会得到认可的原因,也是个体愿意投入组织之中的意愿与能力。

周怡认为组织信任的根源在于中国人一贯的差序格局、顺从权威、依附单位组织之深层的文化结构。[29]从文化结构认识组织信任是一种文化论的做法,这一做法有助于更理性客观地分析组织信任的深层次问题。中国的组织信任源于传统的家国体系,在建国以后的单位社会中得到最大化的体现。然而,组织信任中的领导意志,以及对于个人公共职责的要求却是最重要的特点。

三、制度信任

由于信任在社会资本中有助于简化复杂性,缓解不确定性,因此卢曼从缓

---

25 郑也夫:《信任论》,北京:中信出版社,2015年,第176页。

26 翟学伟、薛天山主编:《社会信任:理论及其应用》,北京:中国人民大学出版社,2014年,第125页。

27 Smith, K G, Carroll, S J & Ashford, S J Intra- and Interorganizational Cooperation: Toward a Research Agenda. *The Academy of Management Journal,* 1995, 38(1).

28 Leana,, C & Van Buren. Organizational Social Capital and Employment Practices. *The Academy of Management Review*, 1999, 24(3).

29 周怡主编:《我们信谁?:关于信任模式与机制的社会科学探索》,北京:社会科学文献出版社,2014年,第31页。

解与消除风险的手段出发区分为个人性信任与系统性信任。他认为："基于制度的信任是复杂社会降低风险和不确定性的一种社会机制，绝非为满足一己利益的理性算计。"[30]在现代社会中，系统性信任源于制度体系的存在，对以个人特质为基础的信任有着取代效应，所以，系统性信任又可称为制度性信任。祖克尔认为信任可以基于制度而生，建立在规则、社会规范和制度基础之上的，此即为制度信任。[31]制度信任往往与正式的社会结构联系在一起，它是建立在非人格化的制度和规范基础之上的信任。[32]

基于制度的信任与广泛的社会制度、宽泛且离散的社会关系网络相关。这类信任的资源既来自于传统习俗、规范、职业道德、专业资质证书或执照、协会会员等，也源于契约合同、信用账户等中介于交易双方的各类社会机制。[33]

周怡赞同祖克尔的观点：①基于制度的信任最终将取代基于过程的信任、基于特征的信任，而成为维护现代市场经济秩序的基石；②基于制度的信任在其形成过程中存在一个从制度控制的契约合同信任向制度安排下的信任文化的跨越，即制度需要上升为稳定的全社会成员共享的思想。简言之，能够与中国现代市场经济秩序相配合的信任关系应该是社会本位的制度信任模式。[34]

制度信任实际上是开放社会的产物。在工商业市场经济中，尤其是以虚拟技术为主要交往方式的开放社会，人们之间的交往已经突破了时间、空间界限，实现了瞬间交接与跨界。在这种情形之下，需要以契约精神为纽带，塑造社会德性，因此，制度信任呼之欲出，并逐渐覆盖了熟人信任与组织信任的范畴。

---

30 Luhmann N. *Trust and Power*, John Willy & Sons Chichester, New York. 1984.

31 祖克尔指出，至少可以通过三种方式产生信任：①建立在过程基础上的信任，也称产生于循环交易中的过程性信任；②建立在特征基础上的信任，也称依赖社会相似性的特征性信任；③建立在制度基础上的信任，又称与正式的社会结构相联结的制度性信任。Zucker, L G. Production of Trust: Institutional Sources of Economic Structure:1840-1920, In B M Staw & L L Cummings (eds.), *Research in Organizational Behavior. Greenwich*, CT: JAI Press, 1986.

32 翟学伟、薛天山主编：《社会信任：理论及其应用》，北京：中国人民大学出版社，2014 年，第 151 页。

33 Zucker, L G. Production of Trust: Institutional Sources of Economic Structure: 1840-1920, In Reinhard Bachmann and Akbar Zaheer (eds), *Landmark Paper on Trust* Vol. 1, Cheltenham, UK: An Elgar Reference Collection. 2008. 60.

34 周怡主编：《我们信谁？：关于信任模式与机制的社会科学探索》，北京：社会科学文献出版社，2014 年，第 27、30 页。

第三节 熟人信任与组织信任

在讨论熟人信任的同时，一定要注意到，熟人之间并不一定存在信任，更有可能借助熟人关系行使熟人欺骗与熟人掠夺等行为。熟人，顾名思义，熟悉的人。熟悉的人，却不一定是可信任之人。在熟悉的人之间，由于关系与利益的问题，可能发生利益冲突的事情。在一些佛教城镇化问题事件中，就是如此。下面，笔者从同类相争的角度来讨论佛教城镇化问题事件之所以发生的原因。

郑也夫认为，同类间的争夺是同种资源（物质资源和异性资源）的争夺，乃至蕴藏这种资源的空间和领地的争夺，这些争夺无处不在，无时不在。[35]同类相争并不只是发生于动物世界中，人类在本性上犹如动物一样，是某种意义上的社会动物。洛伦兹认为所有的社会动物都是"社会地位的追求者"。两个动物在阶级次序中愈接近，紧张度愈高。[36]因此，在资源相对集中，而人群对立的情况之下，每一个体或群体为了谋取自身利益，就可能不惜采取各种手段掠夺对方资源，强占他人空间领地。

根据调研资料显示，在祥光寺事件中，促成规划的主要有三股力量：其一是地方政府民宗部门，其二是地方佛教协会，其三是寺庙所在区域的村干部。这三种力量可以说都是当地寺庙僧团的熟人，也包括了他们所能依靠的组织。

一、地方政府民宗部门

地方政府民宗部门是给寺庙发放宗教活动场所登记证的行政机关，是寺庙合法性的权威认证机构。他们自称是宗教团体的"娘家人"。从"娘家人"的角度来看，不可谓不熟悉。然而，在祥光寺事件中，地方政府民宗部门前后多次利用各种方式促成规划，扬言一定要将原来的僧人赶出寺庙。甚至，区民宗局某领导曾表达过，如果祥光寺不能清楚说明 10 年以来的财务明细，不但寺庙僧人要立即搬走，更要把住持送去劳改。因此，熟人信任已经化身为熟人欺骗，组织信任已经变身为组织剥夺。

二、地方佛教协会

地方佛教协会既是地方佛教的教务组织，又是爱国团体。前文已经分析过

---

35 郑也夫：《信任论》，北京：中信出版社，2015 年，第 234 页。
36 [奥]康罗·洛伦兹著，王守珍、吴月娇译：《攻击与人性》，北京：作家出版社，1987年，第 52 页。

佛教协会的宗教同源性与政治同构性。从宗教同源性来看，佛教寺庙归属于佛教协会管理，产权归佛教协会所有。如《最高人民法院、国务院宗教事务局关于寺庙、道观房屋产权归属问题给上海市高级人民法院、上海市宗教事务局的复函》明确"（寺庙、道观）产权归宗教团体所有，僧、尼、道士一般有使用权"。然而，佛教协会是否就有寺庙产权的处分权，能否在不征得寺庙同意下就进行处分呢？这是当前宗教事务管理中的一个困境，也是诸多违法规划事件发生的主要原因。

在祥光寺事件中，区佛协会长已经为祥光寺迎请新法师签字，并领受了规划补偿款。从这个角度来看，祥光寺僧团完全丧失了对于合法的宗教活动场所祥光寺的所有能动性，是一个在无形之中被架空的组织。这一点，竟然是拜佛教协会所赐。对于地方佛教协会会长来说，该区域寺庙是否归属于自己管辖，以及能否为自己所用，并不只是一个佛教信仰的问题，更是一个收入来源能否得到控制的问题。如果因为同意地方政府的决定，而能得到新寺庙的管理权又能得到规划补偿款的话，在这种利益诱惑之下，他们自然放弃了价值坚持，选择了签字与笑纳。

三、村干部

村干部，作为寺庙所在区域的基层领导，本来是无权参与寺庙的宗教事务。然而，由于城镇化进程的规划，土地价格的上涨，以及由信仰群体所带来的宗教收入，再加上村干部参与到新寺庙管委会之中的诱饵，直接导致了村干部干预规划事件，甚至在寺庙被毁后，逼法师还俗回家，乃至于签署所谓的"生死协议"。

就此，同类相争导致局面无可挽回。村干部、地方佛教协会、地方政府民宗部门作为寺庙僧团的当地熟人，以及依靠的公共组织，完全沦陷在了利益的诱惑之中。村干部及其家属更是承担了新寺庙管委会的要职，地方佛教协会获取了寺庙的管理权与补偿权，民宗部门快速重置了寺庙，完成了任务。这么一出多重利益共谋的闹剧，就此暂告一段落。

在促成佛教城镇化问题之中，地方的熟人信任没有在保护寺庙之中发挥丝毫的积极作用，而是在规划之中沆瀣一气，成为了打碎佛像的刽子手。时隔数年之后，笔者在调研中走进新的祥光寺，寺里已不见僧人，却只见村妇养老打牌，游戏人间。

无论是村干部、佛协还是地方政府民宗部门，他们以公之名、毁民之实的行为虽然让自己得到了一定的利益，但是他们的行径却让他们的私人德行与公共职责沦丧，而在社会与历史中遭人唾弃。尽管他们在当地已经将原来僧团清除出局，甚至列文公告，还举办了新的开光祈福法会，但是在国家宗教事务局宗教活动场所基本信息系统之中，该寺庙的负责人却仍然还是原来的白礼法师。由此可见，寺庙合法性认定仍然掌握在国家宗教事务管理部门，而非任由地方人员为非作歹。

第四节　组织信任与制度信任

在地方极力促成佛教城镇化的同时，有另外几种力量却在进行维护佛教权益的行动。在后者的行动之中，信任的力量不可忽视，而且与前者利益共谋相对的是，后者更多地表现了精神价值层面的联动，这也是社会德性的体现。

一、组织信任突破地方管制

在地方政治机构与宗教协会得不到同情与支持的情况下，祥光寺呈递投诉信给省宗教局，然而，省宗教局基于属地管理却无法真正发挥其作用。同理的是，由于高王寺事件牵涉到省市文物部门与国家项目，因此，不是寺庙或者地方能够解决的事情。

谈论组织信任不可忽视地方管制，只有采取合法路径才能征得更广泛意义上的组织信任。地方管制，是两起佛教城镇化问题事件的共同表现。祥光寺事件的地方管制，包括了前述的三种力量，每一种力量都在推动规划的尽快落实，以便自己可以分一杯羹。在笔者的调研中，了解到地方管制充分发挥了地方特色，并不止于对寺庙采取"通牒、要挟、威逼、恐吓、扬言"等手段，甚至对行业媒体记者也不惜采取恶劣的手段。高王寺事件中，同样发生了地方管制，笔者在媒体博弈与权力关系的运作逻辑之中已有所提及。在针对媒体上，他们通过上级部门进行施压，每天一个函件，地方政府人员亲自拨打施压电话，还有一些恐吓的声音。对于某市场媒体记者信号的屏蔽，也许只是较为轻微的警告。

从维护合法权益的角度来看，佛教城镇化问题事件一般是由寺庙当事人或者当地居士告知媒体。在媒体上得到曝光，产生广泛的社会舆论，形成社会舆论的监督模式；或者直接上报给中国佛教协会与国家宗教事务局，再由国家宗教事务局与中国佛教协会向下施压，形成一种自上而下的事件处理模式。笔者将这两种模式称为佛教城镇化视野下的组织信任。

第一，居士与寺庙之间是一种熟人信任，然而，这种熟人信任的力量相对于地方管制来说，十分薄弱，只能借助于外界的组织信任才能产生有效的力量。

第二，组织信任发生在组织的不同层级之中，下级组织与上级组织在利益与价值上的立场与认识，对于事件会有不同的处理方式。

祥光寺事件中，地方管制主要覆盖了市、区、村三级，连省级宗教事务管理部门都无法扭转局面。事件发生以后，国家宗教事务局领导指示，省宗教事务管理部门发声，要求当地市民宗领导站出来解决问题，要求该区佛教协会与寺庙法师协商解决问题，并妥善安置法师，要求市区两级民宗局与凤凰网佛教频道沟通，以消除误会。

可见，组织信任试图突破地方管制。

二、媒体报道推动制度信任

以凤凰网佛教为主的行业媒体和其他的市场媒体，从公共事件的角度展开对佛教城镇化问题事件的报道，从而推动了宗教事务管理的制度信任。

制度信任，并不是一个自动形成的事情。在中国，法律条款的规定很多，但在民间，基层政府处理日常事务的方式，采取更多的还是行政手段。

按道理来说，制度信任作为社会结构的系统性信任，是维持社会秩序的最根本的方式，是民众得以安身立命的生存准则。实际上，制度信任如果得不到遵守，就没有公信力可言。一个社会假如普遍失去对制度的信任，就会导致日常生活中人际信任的缺失，这样一个社会系统便处在紧张且面临根本性结构变革的情况中。[37]

为什么说媒体报道推动制度信任的发展？

以高王寺事件为例，事情发生以后，寺院负责人专门跑到北京，一方面前往中国佛教协会上报具体情况，请求协助；另一方面信众通过熟人联系有关媒体，通报情况，谋求媒体支持。之后，中国佛教协会发表公开声明，从上级

---

37 J. David Lewis and Andrew Weight：《信任：一种社会现实》，原载 *Social Forces*，1985 年第 63 卷第 4 期，第 967-985 页。收于周怡主编：《我们信谁？：关于信任模式与机制的社会科学探索》，北京：社会科学文献出版社，2014 年，第 238 页。

层面援助寺庙，反对强拆。媒体界朋友也纷纷出谋划策，甚至邀请同行人员进行实地采访。

调研资料显示，高王寺当地的媒体以及在京城最早接触的媒体，都没有展开报道。特别是当地媒体，其文章虽然写得客观详实，但是由于地方管制原因，连内参都发表不了。寺庙最早接触的媒体，基于不可知的原因，也没有相关的跟进。反倒是一些异地的媒体，亲自到寺庙进行多方的采访，最后把事件曝光出来。从这个案例可以看出，同一区域的熟人信任由于地方管制的原因而无法正常表达，而借由私人间的熟人信任，进入了媒体同行业间的组织信任。利用异地媒体突破地方管制，进行事件报道，实现了媒体监督的职责，也推动了制度信任的形成与巩固。

如果没有上层组织以及媒体的监督，社会的制度信任将形同虚设，制度无力约束欲望的膨胀。当地方政府、地方佛教协会作为国家机器与爱国团体却行使着侵犯公民权利的时候，社会的稳定性实际上已经岌岌可危。

郑也夫认为，国家机器无力造就信任，无力创造出社会生产与生活，相反当其功能被滥用时，还可能摧毁社会中间组织和信任。[38]如果国家机器带头摧毁制度信任，作为宗教组织的爱国团体带头侵犯教徒利益的时候，这种宗教组织的存在又有何道德意义？

第五节　推动制度文明的新信仰方式

当前中国社会之中所发生的佛教城镇化问题，在于制度文明跟不上时代的发展。制度文明的基础在于制度信任。佛教信仰方式只有在推动制度信任，促进制度文明，为社会德性提供支撑中发挥积极作用，才能获得广大的生存空间。

福山将信任提高到影响和决定一个国家经济繁荣、社会进步的层面加以强调和肯定。他认为中国的一切社会组织都是建立在以血缘关系维系的家族基础之上，对于家族之外的其他人缺乏信任，是一个低信任度的社会，也是缺乏普遍信任的社会。[39]如果中国社会无力改善传统信任模式，则无法面对新时代的经济发展大趋势。

---

38 郑也夫：《信任论》，北京：中信出版社，2015年，第128页。

39 [美]弗兰西斯·福山著，彭志华译：《信任：社会美德与创造经济繁荣》，海口：海南出版社，2001年。

传统的熟人信任模式建立在人际关系的基础上，而今天，传统的农业社会已逐渐被城镇化的工商社会所代替，原来安居某地的人群已变成今天的流动人口。从社会转型的角度来看，熟人信任、组织信任已不再适用于新的社会形势。如何促成新社会信任的形成，在于借助传统文明的资源，建构符合新时代要求的信任模型。

彼得·什托姆普卡在分析波兰社会变革前后社会信任的急剧下降和逐步恢复时指出，一个社会建立在历史和文化基础之上的信任会由于社会的急剧变革而受到侵蚀和损害，但是当稳定、透明和可预测的制度和结构不断建立之后，一种新的关于制度的信任就能产生，并且最终导致原有的人与人之间的信任重新恢复和不断增强。[40]

有学者提出制度信任和个人信任并非相互对立、相互排斥而是相互加强促进的观点。他认为制度嵌入在人与人的关系网络之中，因此人们对制度的信任源自人们在交往中对所建立的关系的信任。[41]其意思实际上反映了系统信任最终取决于人格信任[42]的观点。

信任，应该从熟人信任、组织信任转型为制度信任。所谓制度信任，或许可以归纳为两句话：公共规则不可侵犯，公共资源不可浪费。这两句话实际上也是开放社会之中社会德性的重要体现。

当前的制度信任之所以得不到落实，就在于公共规则可以随意冒犯，公共资源可以随意占用。社会普遍缺乏契约精神，个别地方政府人员缺乏法治意识。无论是公共的财产，还是私人的财产都必须得到法律明确的保护，而法律也必须得到严格的执行。

寺庙、佛协、僧众之间的空间政治应该纳入法律制度监督管理之中，形成佛教发展的制度文明与制度信任。佛教僧众要充分运用法律保障个人的权利与组织的权利。利益、权利、权力，只有在法律框架中，才能得到呈现与保障。

---

40 Sztompka, P. *Trust: A Sociological Theory.* Cambridge University Press. 1999.

41 Wong, S. L. "Chinese Entrepreneurs and Business Trust." In G. Hamilton (ed.), *Business Networks and Economic Development in East and Southeast Asia.* Hong Kong: Centre of Asian Studies, The University of Hong Kong. 1991. 转见周怡主编：《我们信谁？：关于信任模式与机制的社会科学探索》，北京：社会科学文献出版社，2014 年，第99-100 页。

42 J. David Lewis and Andrew Weight：《信任：一种社会现实》，原载 Social Forces，1985 年第 63 卷第 4 期，第 967-985 页。收于周怡主编：《我们信谁？：关于信任模式与机制的社会科学探索》，北京：社会科学文献出版社，2014 年，第 244 页。

　　熟人信任，只是基于个人人情关系的连接，主要表现为个人之间的义气与关照，这两者是中国传统农业社会中对于亲朋好友之间的伦理要求。进入市场经济商业社会以后，传统的伦理规则在庞大的经济利益面前，似乎显得不堪一击，因此在社会中经常出现斩熟现象。如果缺乏法律的制裁，在"熟人信任"之中，所发生的斩熟，或者因为关系不够硬，就会诱惑无信之人肆意攫取利益与谋取权力。组织信任，组织如果由非公正之人执行，而是任由名利之徒所控制，则组织也会成为个人谋取私人利益的工具，因此，组织信任必须建构在依法行政的基础之上。制度信任，并不是个人的承诺与单独事件的约束，而是对同类性质组织的标准性管理，是对类似事件的规范实施。

　　制度文明，包括法律的尊严，政策的制定，都必须遵守公共权力公共使用，并与保障私人权利相协调。在此基础上将契约精神贯彻到全社会之中，将法治意识渗透到每一个公民的生活之中，形成人人懂法，人人守法的社会秩序。

　　只有在这样的信任框架之中，宗教信仰方式才能形成良性发展路径。宗教信仰能否推动信众群体走上制度信任之路，也是考验宗教信仰能否得到良性发展的现实难题。

　　总之，佛教能否推动社会德性的发展，决定了佛教自身在现代城镇社会中的安危存亡。

第八章 仪式博弈与社会心理：从传统宗教法事到当代媒体报道

学界认为，仪式，通常被界定为象征性的、表演性的，由文化传统所规定的一整套行为方式。它可以是神圣的也可以是凡俗的活动，这类活动经常被功能性地解释为在特定群体或文化中沟通（人与神之间，人与人之间）、过渡（社会类别的、地域的、生命周期的）、强化秩序及整合社会的方式。[1]

在对佛教城镇化进行考察的过程中，笔者发现存在着仪式博弈的现象，其中既包括了宗教性的法事仪式，也包括当代媒体报道的媒介仪式。前者作为宗教仪式比较好理解，后者之所以称为媒介仪式，主要是从象征层面来认识。当然，即使是宗教仪式，也有令人难以理解的地方，如大肆拆迁的一方，在拆迁之前所做的法事仪式，到底有何神圣性？当被拆迁的原寺庙僧人在礼拜表达告别的时候，其仪式背后的心理诉求能否得以实现？这种关于仪式的信仰困境，笔者将之称为仪式博弈中的信仰悖论。

当然，本文无意讨论仪式本身的宗教性，而是通过不同行动者的行动，来讨论仪式背后的社会关系、社会结构，以及仪式所产生的社会效果。

从宗教资源中的仪式参与佛教城镇化问题来看，资源配置的策略发生在空间的改变之中，在这里面，权力关系发挥了重要的作用。然而，与此相抵的是，媒体报道所产生的媒介仪式，与宗教仪式产生了一定的博弈，进而形成了仪式之间的抗衡。因此，我们还需要讨论的就是：第一，佛教城镇化问题事件

---

1 郭于华：《导论：仪式——社会生活及其变迁的文化人类学视角》，郭于华主编：《仪式与社会变迁》，北京：社会科学文献出版社，2000年，第1页。

中涉及到的仪式及其类型；第二，为什么这些不同的仪式会发生，它们在什么样的社会背景中产生，反映了什么样的社会心理？第三，不同的仪式与寺庙合法性之间存在何种关联性，其中包含着什么样的社会机制，对于社会秩序的建构有何启发？

第一节　法事仪式博弈现象的出现

在佛教的宗教活动场所之中，法事仪式作为世俗之人沟通神圣世界的链接方式，表达了渴望神明加持以趋吉避凶，乃至修行得道的心理诉求。其方式从简单的礼拜、上香、观想，到由团体合作的开光祈福、普佛、供天，乃至于大型的水陆法会，形成了一套完整的宗教科仪。宗教科仪的举办，既是信徒修行的必经之道，也是教化民众的重要方式，还是赋予场所、法物神圣性的实践技术。围绕这三层含义，仪式表达了宗教的神圣意义。另外，仪式中行动主体的参与和操办，实际上也反映了行动者在世俗中的社会处境、现实诉求以及举办仪式所寻求的解决路径。对于后者的认识，就不止是宗教科仪作为仪式本身的涵义，而是有待厘清认识的社会结构中的象征意义。如果说仪式活动是一套传播系统，那么，不同行动主体间的仪式行动就是一个表达对信仰的认识，对场所的情感，对价值的坚持，以及在这种意识的表达之中，完成了他们对已有社会秩序的认同或抵抗。以佛教城镇化问题事件为例，由规划方与维权方分别举办的科仪法事，形成了一种对局，笔者将此称为仪式博弈。下文进行详细的分析：

一、规划者的"徙灵法事"

祥光寺规划，是三年前政府规划就已确定的事情。寺庙方将此称为蓄谋了三年之久的强拆。

参与规划的行动者既包括当地政府，也包括地方佛教协会的领导。基于地方佛教协会的宗教同源性，他们清楚佛教内部对于道场迁徙的行业规定与宗教禁忌。因此，在地方政府尚未正式展开强拆之际，地方佛教协会就已经提前行动了。

资料显示，地方政府实施规划的前一日，2013年12月7日清晨，祥光寺就遭遇了数十名不明身份人士的包围，供奉于大殿内的肉身菩萨首遭冲击。然而，这些强行闯入者却不是来直接实施规划行动，而是在当地佛教协会负责组织的法师带领下，做了一场"徙灵法事"。"徙灵法事"，顾名思义，为迁徙神灵所做的法事。这一法事，只有佛教内部人清楚，也只有内行人能实施，系从佛教道场安排的角度，为次日地方政府的强拆做好宗教"合法性"的准备。

然而，无论是有形社会中协议的签署，还是无形信仰中的"徙灵法事"，地方佛教协会都是背着祥光寺僧团而暗中策划。从程序正义的角度，地方佛教协会与地方政府的共谋行径，令地方佛教协会在公共舆论中丧失了最后的一丝尊严。

二、老法师的礼拜告别

题目：84 岁老法师不惧强拆，从容拜佛尽显佛门风骨

内容：

2013 年 12 月 8 日上午 7 时 10 分，祥光寺强拆前 20 分钟

84 岁常住老法师从容礼拜寺院供奉的诸佛菩萨

寺院门外就是手拿棍棒的夺寺"强盗"

腥风血雨来临之前的安静告别

悲悯而无畏

2013 年 12 月 8 日晚

祥光寺内佛像被毁　一片狼藉

祥光寺的百年历史并没有被终结

庙　是拆不完的

佛　是拆不垮的

目前两位老法师仍在被毁的祥光寺内

请全国佛教徒继续关注祥光寺

为在瓦砾中坚守信仰的法师祈福！

为中国佛教的未来祈福！

以上是 2013 年 12 月 8 日清晨，祥光寺面临重置之前，由凤凰网佛教所录制的一段 3 分钟的视频内容。

镜头之中，老法师步履沉重，却依然从容礼拜每一尊佛菩萨。丹珍旺姆以《拆庙拆不了信仰　祥光寺老法师面对强拆从容拜佛》[2]为题发出该视频，得到

2　丹珍旺姆：《拆庙拆不了信仰　祥光寺老法师面对强拆从容拜佛》，2013 年 12 月 10 日，http://fo.ifeng.com/news/detail_2013_12/10/31984405_0.shtml。

了 1225269 人的参与，894 条评论。该视频在凤凰视频上的点击量是 101 万，评论是 63641 条。这一视频在无声的信息传递之中，引起了社会对于佛教城镇化问题事件的强烈反响。

其中一条显示发自惠平当地网友的评论：

> 边流泪边看视频，心痛至极！老法师拜佛的寺院外，就是一群手持工具的贼寇！

该评论获得网友 30501 个推荐。

摄影师眼含热泪的拍摄，实际上换不来规划方的同情，而只有暴力。据说，摄影师后来被数十人围殴，并打倒在地，然而他依然死死攥着这张相机卡，保存了规划前祥光寺僧团与佛菩萨告别的珍贵资料。

根据调研情况所知，当地政府试图将此事解决在当地，然而，视频最后还是流传了出来。

第二节　仪式博弈的信仰悖论与社会效应

仪式博弈反映的是佛教内部处于互相对立局面的宗教人士通过宗教仪式表达各自诉求的行为。仪式博弈反映的是信仰悖论。通常大众眼中的佛教应该是一个整体的形象，然而，现实之中却繁杂多样，甚至还有对立局面的出现。如此，由不同社会关系所构成的佛教内部的组织问题在社会大众面前，就呈现为信仰悖论。双方宗教仪式的举办虽然在同一空间，但是其各自的处境、诉求却迥然不同。下面从三个方面进行讨论：

一、主体行动的社会处境

"徙灵法事"的安排者是当地佛教协会。地方佛教协会之所以有此行动，在于它的社会处境。

首先，地方佛教协会既是地方佛教徒联合的教务组织，承担了地方佛教事务的管理工作，也是由地方政府领导的爱国团体，在政府与佛教界之间发挥了桥梁纽带的作用。因此，在地方僧团与地方政府之间，地方佛教协会均有一定的交往关系，并可能随着关系的差异化表现出来不同的立场和倾向。

其次，地方佛教协会受地方政府宗教事务管理部门管辖，不管是地方佛教协会领导的任命还是佛协工作的开展，均应在地方政府宗教事务管理部门领导之下得以执行。

最后，地方佛教协会内部人员良莠不齐，信任不一，并不能确保地方佛教协会就一定能够按照佛教协会章程严格执行。因此，地方佛教协会为了政治任务考虑服务于地方政府部门的工作，而损害个别僧人的利益，并不是不可能。

从老法师的处境来看，坚持了三年的挣扎，最终仍然无法逃离重置规划的厄运。首先，从法师的社会背景来看，他虽然长期固守古庙，但由于不是当地村民，得不到村民的认可与支持。其次，没有经济实力，缺乏后台背景，没有强有力的支撑。虽然通过居士辗转联系上凤凰网佛教等媒体，进行舆论报道，但是从现实来看，他就是典型的弱势群体。其次，与地方佛教协会关系并不密切，与佛协领导没有私人关系，得不到佛协的帮助。最后，只能以悲悯而无畏的态度在每尊即将被拆毁的佛菩萨像前虔诚磕头。

二、仪式背后的现实诉求

从地方佛教协会来看，在推动规划进程中所发挥的积极作用，实际上有着自己的多重现实诉求。其一，协助地方政府完成规划任务，解决规划难题，是地方佛教协会的职责范围。其二，得到规划寺庙的补偿款。其三，在任务完成之后，或许可以得到寺庙的管理权，能够安插自己的人到寺庙进行管理，获取未来的收益。在这三重现实诉求的影响下，地方佛教协会举办"徙灵法事"就在意料之中了。

从老法师叩拜的现实诉求来看，他们希望能够保住寺庙。寺庙既是他们安身立命的家园，也是他们用心修行的道场。然而，他们的存在却给地方政府推行规划项目带来困难。这种困难之所以发生，到底是老法师造成的，还是地方规划中的私人化现象造成的呢？从规划以及后续的结果来看，老法师被迁出原寺庙，新寺庙完全没有他们的位置。寺庙还是沿用了原来的名称，但是负责人却换成了新的寺庙管理委员会。因此，一出"狸猫换太子"的把戏糊弄了天下人。老法师的诉求是保庙，后来却连命都几乎保不了。村干部竟然要求签署生死协议，这种荒唐的要求，竟然得以发生，实在令人匪夷所思。

三、仪式行动的象征意义

仪式的举办，是行动的表达。在学界，仪式被视为具有增强作用的集体情绪和社会整合现象。[3]讨论仪式，既需要从社会处境、现实诉求入手，又得讨

3　郭于华：《导论：仪式——社会生活及其变迁的文化人类学视角》，郭于华主编：《仪式与社会变迁》，北京：社会科学文献出版社，2000年，第1页。

论仪式作为行动的象征意义。

地方佛教协会之所以协助地方政府规划寺庙，虽然有其世俗的现实诉求，但是他们也得照顾到宗教的神圣性。因此举办"徙灵法事"的意义就在于建构规划的宗教合法性[4]。据称，佛门之中，在迁移佛菩萨像之前，需要通过合理合法的仪轨，请走安住在神像中的所谓神明或者灵光，否则冒昧行动，就会有毁像之过。经过如法的仪轨，肉身菩萨的搬迁才具备了宗教"合法性"。这种宗教仪式，实际上抛开了社会人事的是非曲直，而以权势、利益衡量，因此，其宗教合法性是有待讨论的。其象征意义仅仅在于服务规划，并非为了神圣意义的教化；仅仅为了利益的转移，并非为了宗教组织的发展。因此，谈不上对于社会文化的建设性意义，只是一出地方闹剧而已。然而，这个事情却又不只是一出地方闹剧，更是当前城镇化大趋势下，地方掠夺宗教利益的典型代表。近年来，佛教城镇化问题事件层出不穷，背后无不是利益的纠葛与冲突。因此，从所谓"徙灵法事"来看，被迁徙的不是神明的灵光，而是社会的良知。

地方佛教协会会长所安排"徙灵法事"的举办，宣告规划的开始，而他本人也面临着社会舆论的谴责。规划，地方佛教协会可以得到补偿款。规划之后，地方佛教协会会长可增强地方寺庙的管辖权利。无论是眼前利益，还是长期利益，均促使其不惜声名铤而走险。

老法师的叩头，表达的是对强权规划的无奈与内心的痛苦。在叹息与祈祷之外，她们的一切努力均告失败。这最后的仪式活动——向诸位佛菩萨的磕头，仅能表达告别的悲哀之情。老法师的每一次叩拜，宣告的是自身维权的失败。然而，在这种失败之中，那种无声的悲壮之情，却得到了社会各界的声援。因此，老法师叩头礼拜的象征意义不是在于宣告维权的失败，而是表达了忠诚内心的神圣，即在现实之中虽然无力维权，但是在内心之中依然捍卫神圣的尊严。

第三节　媒介仪式：媒体报道的框架设置

媒介仪式是当代社会仪式传播中的重要内容。在佛教城镇化问题事件发生以后，媒体报道发挥了重要的监督作用。行业媒体利用专题式的维护权益框

4　此处的"宗教合法性"意指宗教仪式意义上的合法性，与李向平教授对于宗教合法性的认识不一样。李教授在政治层面的意义上讨论宗教合法性，其宗教合法性指的是现代社会及其制度分化的产物。李向平、杨静：《宗教合法性及其获得方式——以日本〈宗教法人法〉为中心》，《当代宗教研究》，2004年第4期，第11页。

架设置议程，形成了一种迎接结构性暴力规划挑战的社会仪式，从而在舆论中引起极大的反响。下面从媒介仪式的角度讨论媒体报道的框架设置及其社会效果。

一、框架设置：从维权护法到公共叙事

从媒体对于佛教城镇化问题事件的报道来看，存在多种叙事，既有①直接反对规划的维权护法行动，也有②进行公共事件讨论的报道，还有③赞成规划，为规划说事的地方声音。从框架设置来看，主要讨论前两种，其中，行业媒体倾向于维权护法，市场媒体则倾向于公共叙事。相对来说，赞成规划的声音，一般都是在前两者的报道之后，受前者的框架所影响，被动发出的采访报道。

事实上，在公开舆论之中，无论是市场媒体，还是行业媒体，他们报道的框架设置中，都是趋于将佛教城镇化问题事件置于公共事件的语境之中进行报道，从而形成某种意义上的框架共鸣[5]。只是行业媒体在标题拟定与内容编排上，更清晰地表达出护法的需求。市场媒体则是避开宗教情怀，以讨论公共事件的态度进行采访与报道。

从笔者所掌握的资料来看，在众多参与的媒体之中，行业媒体凤凰网佛教的报道最为集中与全面，其不仅参与到事件之中，还为事件设置了专题，收集了大量关于该事件的资料、图片以及各界人士的发言和部分媒体的报道，在单个专题中吸引了上千万、乃至近四千万的点击量，形成了关于佛教城镇化的公共舆论空间。因此，在前面的章节已经讨论媒体之间的博弈及其聚合的前提下，笔者接下来以行业媒体的框架设置为范例探析媒体在佛教城镇化问题事件中所起到的仪式传播作用。

在 2013 年的两起佛教城镇化问题事件中，凤凰网佛教一直奔跑在护法的第一线。为事件搜集详实的资料，为报道开设专栏，形成佛教城镇化问题事件报道的框架设置。在高王寺事件之中，凤凰网佛教以《保卫高王寺——玄奘大师遗骨迁葬地规划之争》为专题报道，全程参与了高王寺事件，并为事件的报道，定下了基调：

5　Noelle-Neumann, E. & Mathes, R., The "Event as Event" and The "Event as News": The Significance of "Consonancee" For Media Effects Research, *European Journal of Communication*. 1987. 2(4), 391-414. 转见曾繁旭等：《框架争夺、共鸣与扩散：PM2.5 议题的媒介报道分析》，《国际新闻界》，2013 年第 8 期；收于曾繁旭、戴佳：《风险传播：通往社会信任之路》，北京：清华大学出版社，2015 年，第 28 页。

为申遗而毁遗

为旅游而灭祖

这不是犯错而是犯罪。

在该专题之中，凤凰网佛教专门设置了五个栏目，分别是：

①评论：不能为申遗而犯罪；②呼吁：全民保卫高王寺；③追踪：高王寺要被拆了；④图集：恐遭强拆的高王寺；⑤温故：高王寺与玄奘大师。

这五个栏目清晰地表达了凤凰网佛教作为行业媒体，在反对佛教城镇化问题事件上的维权护法态度。他们的这一态度也如实地反映在了专题的导语中：

埋有唐代著名高僧玄奘法师灵骨的高王寺，一度面临大规模拆迁。当地政府给出的拆迁原因，是丝绸之路联合申遗的需要。据悉，申遗后的高王寺将建成集佛教文化、佛教养生、佛教旅游为一体的高规格旅游文化景区。金泉市一名副市长曾口头表示，要把高王寺打造成"第二个XX小镇"。目前拆迁方案已有所调整，但换汤不换药，寺僧仍将被驱离，"拆散寺塔僧"其形象的描述。僧团若远离寺塔，此地还能称祖庭吗？恶的力量有多放肆，善的力量就有更多坚强。保卫高王寺，留住护塔僧，让我们并肩。[6]

这一导语反映了规划事件变化的一波三折，从大规模拆迁，到驱僧夺寺，再到最后的愿景——留住护塔僧。这种明显的护法意识，一般来说只能在行业媒体上有所表现而已。但是，无独有偶的是，《华商报》围绕高王寺事件在2013年4月12日发了一个整版讨论这件事情，并在4月20日发了半个版的跟进报道与评论。与上面两个媒体同时关注的，还有南方报系。南方报系为此事件，接连在不同载体上发表系列文章。

媒介社会学的研究已经强调了受众的顽抗、对媒介生产的信息的抵制，而非他们的依赖性、顺从以及轻信。[7]后两者的立场在于从公共价值的角度对事件进行讨论，他们更为关注的是作为公民的权利如何得到保护，以及商业的力量如何在高歌猛进的社会之中摧毁传统的古迹。这一系列的报道，与前面的行业媒体的专题形成行业内外的呼应，也就是框架上的共鸣。这一共鸣从某种

6　《保卫高王寺——玄奘大师遗骨迁葬地拆迁之争》，凤凰网佛教，2013-4-11，http://fo.ifeng.com/special/baoweixingjiaosi/。

7　Gouldner, A. W. et al. (eds). *Theory and Society*, Elsevier Scientific Publishing Company, Amsterdam, 1978. Vol. 6, pp. 205-253. 转引自[英]纽博尔德编，汪凯、刘晓红译：《媒介研究的进路：经典文献读本》，北京：新华出版社，2004年，第27-28页。

程度上来说，直接反击了部分官方媒体的宣传报道。

事实上，一些官方媒体，反映的是权力偏向。他们的报道，在某种程度上，试图掩盖事实，稀释无声的戾气。他们的行动在一定程度上影响了舆论的发展。但是，在行业媒体穷追不舍的报道中，官方话语的谎言一次次被击破。从大范围的拆迁到部分拆迁整改，官方的意见虽然在改变，但是驱僧夺寺的意图却从未更改。因此，全国网民又一次被调动了起来。

另外，律师观察团的介入也形成了一股重要的反拆迁力量。他们在邀请僧人做法事进行祈福的同时，也发出了律师界正义的声音。律师们准备从法律的角度介入到保护寺庙的行动中，尽管后来他们发出的文章也大多被删。

与此同时，全国各地的信徒也在暗流涌动，甚至准备在拆迁当日聚集到寺庙进行护法。从社会安全的角度考虑，地方政府的强力拆迁已经撼动了国人对于玄奘法师的信仰，商业力量在试图斩断僧人与寺庙联系的同时，也给自己带来了莫大的风险。事件的复杂性与严重性，已然超越了地方政府官员的预估。事件的持续升温，令地方政府不得不慎重考虑权力的行使方向。

经历过 2013 年上半年高王寺事件以后，行业媒体凤凰网佛教又跟踪了祥光寺事件。这一次，他们将对事件的报道在城镇化背景下设置了专题框架，从而掀起了"关注城市危房改造中宗教活动场所的命运，共同拷问一座城市、一个民族应有的良心和品格"[8]的大讨论。

二、引入权威信源：学界、政界、教界

前面讨论了媒体报道中的框架设置，这部分讨论媒体所引入的权威信源。行业媒体引入的权威信源，包括了政治层面的官方领导，学术界的著名学者，还有教内的领袖人物等。

佛教城镇化问题事件并非一般的房屋拆迁，而是涉及到秉持全球[9]同一价值观佛教徒的信仰归属。在拟行拆迁的地方政府部门看来，寺庙只是他们管辖范围的一处方所而已。然而，他们在试图利用改造寺庙攫取巨额财富的同时，也给自己带来了全球佛教徒的价值追责。

媒体不可能凭空产生内容，即使媒体可以充分发挥自己的采访本事，与各

8　《祥光寺拆迁之殇》，凤凰网佛教，2013-12-7，http://fo.ifeng.com/special/fuzhouruiyun/。

9　之所以用"全球"这一名词，源于笔者在调研中，发现海外朋友以及在海外的佛教徒对于国内寺庙拆迁事件的关注度，实际上并不亚于国内的信众。

级政府部门进行周旋以获取相关的信息资讯。但是，他们也要选择权威的信源，以确保自己的报道能够做到万无一失，而不是在报道之中出现纰漏而遭遇攻击。因此，信源的抉择，以及不同力量对于信源的攻击，就成为了媒介仪式中的冷暴力。旅游专家与专业学者之间，专家与公众之间的争锋，此起彼伏，颇为精彩。

在高王寺事件之中，地方政府人员作为决策者，在事件之中，并没有一如既往地高调出现，只是在前期寺庙调研以及发布命令的时候，有市级领导出面。后来的众多采访中，只有区宗教局局长出面做出各种解释。笔者跟踪网络上播出的几乎所有的新闻采访视频，可以清晰地看出，在一遍遍的解释之中，后期的区宗教局局长已经颇显疲惫，恨不能马上结束事件。

旅游专家在事件发生前期扮演的是建议者，后来却转身为阐释者，在各大电视台中为地方政府的行为进行背书。然而，他的言论前后不一，甚至后来恶意认定僧人撒谎的行径，被专业学者拆穿。与此同时，他的背书行径被证实为商业贸易，而非他自己所声称的不盈利行为的时候，令他几乎颜面尽失。

专业学者，包括了多位宗教学教授，他们作为宗教社会文化史的阐释者，在理解寺庙作为历史存在，宗教作为社会结构组成部分上，具有专业优势。全国各地多位宗教学者对于高王寺拆迁的共同反对，令民众对规划由头产生了强烈的不信任，也为舆论的发展提供了必不可少的引领。他们从规划的批评者转身为合理解决问题的建议者，表达了他们为保护历史遗产与地方文脉的努力。

寺庙僧团是典型的受伤者，在地方政府的指示之下，他们几乎毫无反驳之力。他们的意见在一开始就被地方政府彻底地弱化，并几乎限制了自由，连出门都不敢轻易使用手机，以免被追踪。高王寺后来得以保住，是僧人付出了大量的心血，利用各种方式联系社会各界，才获得海内外众多知名人士的帮助。祥光寺僧团本身过于弱势，后来直接被清理出局。

笔者在调研中发现，2013 年地方政府保证的所谓由原僧团住持所负责的新寺庙，在 2016 年已经与该住持彻底地撇清关系。寺庙通牒贴出来的理由竟然是原寺庙的组织机构代码已经到期，原住持与寺庙再无瓜葛。虽然笔者调研之时所拍摄到的"通牒"（见下图）已经不是很完整了，一些内容被刻意地撕毁，但是这一现象的呈现犹如无声的抗议，时隔多年仍然存在。

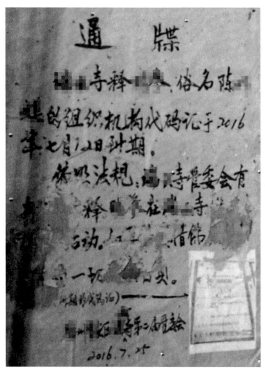

笔者于 2016 年 12 月所摄

笔者于 2016 年、2022 年两次查询国家宗教事务局宗教活动场所基本信息系统，发现系统所显示的寺庙负责人仍然是原来的负责人。由此可见，地方行为近十年来并未得到国家层面的认可。

不止是寺庙的僧众、信徒，全国各地的佛教徒在事件期间，几乎被调动了起来，形成了行动者的力量。他们共同在虚拟空间之中为寺庙的生存呐喊，甚至准备到寺庙现场进行护法卫教。

在高王寺事件之中，除了官方的公开报道以外，几乎所有的民意都在反对拆迁。祥光寺事件也是如此，在参与民意调查的网民中，500 万人次投票，99.88%认为不合法。[10]

佛教城镇化问题事件是由上述政府决策者、媒体、旅游专家、专业学者和教内人士就规划的合理性与合法性进行博弈的过程。为了申遗项目的推进，地方政府与旅游专家倾向于拆迁，甚至是主张强力推进。然而，国家宗教事务局、中国佛教协会与专业学者，从历史的角度、宗教的角度，甚至是从国务院认证

10　梁昕：《祥光寺拆迁民意调查：500 万人次投票 99%认为不合法》，凤凰网华人佛教，2013-12-20，http://fo.ifeng.com/news/detail_2013_12/20/32300332_0.shtml。

的行政程序角度，对规划意见进行了驳斥。双方之间形成龙争虎斗的局势，并在多种媒体之间进行了争论。甚至，同一媒体在不同的时间段，还进行了不同意见的报道。

寺庙，尤其是古庙，在层层叠叠的历史中，由历代高僧大德共同付出，积淀而成的佛教遗产，汇聚了无数信仰者的生命情怀，是贯穿古今的历史见证。"宗教圣迹的形成绝不是一个本然的过程，而是一个逐步圣化的过程。"[11]这一点不是急于求得业绩的地方政府人员或者哄抬商业的旅游专家所能理解。因此，旅游专家对于宗教活动场所的所谓文物保护的意见与观点，无法说服众多的网友。

在沟通的过程之中，不可否认，地方政府也做出了很多努力。他们从刚开始的反感意见，努力删除种种网络中的不和谐声音，到后来所做出的让步。

在笔者的访谈中，有数位访谈对象，都表示了对于地方政府后来改变一意孤行政策的赞赏，甚至是用"制度文明"一词来形容。在多方面信源的博弈之中，政府不得不慎重考虑民意，直到后来改变规划寺庙的初衷。这一行为，让社会看到了地方政府的觉醒，也让人看出地方政府在制度文明上的进步。

从现实层面来说，佛教徒并不是在反对政府，他们甚至愿意配合地方政府做很多公共事务。而他们的诉求，仅仅在于有安身之处。他们之所以反对规划，很大的原因，在于寺庙的意见、诉求被边缘化，被刻意地忽略。寺庙僧团无奈只得进京寻求宗教组织以及国家宗教事务管理部门的支持，乃至于不得已而联系媒体界，寻求社会曝光。

文化资本商业的经济运作模式，是否可以告一段落了呢？在高王寺事件的媒体报道中，多个媒体对高王寺事件背后的隐形商业力量进行了追根溯源，尽管该企业很快就为自己撇清了关系，但是这一事件，已让全国民众看清了商业侵入佛教的危害。

由媒体议程设置的专题所形成的媒介仪式是一种象征性社会权力。[12]按照前文的分析，媒体的社会权力主要是用于监督私人化运作的行政权力。两种权力的交织与权衡，共同作用于社会结构，是对社会结构化行动的反映。

---

11 段玉明：《杭州灵隐寺冷泉之宗教意蕴生成》，杭州灵隐寺官网，2014-11-10，http://www.lingyinsi.org/paper_24.html。

12 Foucault, M. *The Archaeology of Knowledge and The Discourse on Language*. New York: Pantheon. 1972. Bourdieu, P. *Langug and Symbolic Power*. Cambridge. MA: Harvard University Press. 1991.

第四节 仪式较量：私人化的法事与公共化的媒体

前面两节分别讨论了法事仪式与媒介仪式及其各自内部的对立行动，在这一部分中，笔者准备将两者并起来做一个综合比较。第一，法事看起来与媒介风马牛不相及，但是从仪式反映人类思维与行动的象征意义上来看，他们同属于仪式研究范畴。第二，从处理事务层面上来说，法事处理的是宗教层面的事务，媒介处理的是社会层面的事务。宗教层面的事务看似只是在宗教领域跟无形的神明进行沟通，实际上，沟通的目的却明显反映了当事人的社会处境与现实诉求。第三，在具体事件之中，无论是法事，还是媒介，都参与了佛教城镇化问题的博弈，因此，他们只是规划与维权的对立双方所运用的策略方式而已。在策略层面上，两者并无太大的差别。正如在神话故事中，神仙用法术对弈，凡人用兵器打仗一样。因此，从社会结构入手，从仪式当事人对社会秩序的参与契入，可以发现法事仪式也能够与媒介仪式展开较量。

一、私人化的法事

政策规定，只有在宗教活动场所，才允许举办宗教活动。法事，作为宗教活动，一般不参与到社会公共管理之中，因此只能在宗教活动场所举办。然而，法事既有为公的护国祈福，也有为私的消灾解难。从某种程度上来说，法事与社会事务是截然分开的两个系统。然而，在佛教城镇化之中，由于存在宗教程序合法与否的问题，法事因此被整合到事件之中，并成为了双方对抗的象征性事件。就此看来，对于法事仪式的考察，主要应该从以下三个方面进行：

第一，私人化的信仰。

托马斯·卢克曼认为，一旦宗教被定义为"私人事务"，其中的"私人"主体就有可能利用个人意志，在遴选与见证"终极"意义的过程中，挑选出他个人认为合适的东西进行阐发与引导。这些他认为合适的东西，实际上只是由他的社会经历与个人意志所决定。[13]私人化的信仰由于缺乏公共讨论的空间，只能深藏在每个信仰者的内心与私生活之中，并自诩为不可说。然而，信仰作为社会结构的反映，呈现的是人在社会之中的生活方式与精神情怀，还有人与人之间的交往方式。如果制度化权力将信仰完全约束在私人领域，那么就不可避免地会造成以私人信仰谋取个人利益的行为。这是一种非常危险的现象，

---

13 [德]托马斯·卢克曼著，覃方明译：《无形的宗教——现代社会中的宗教问题》，香港：道风山汉语基督教文化研究所，1995年，第108-110页。

其危险性在于无法利用法律进行裁断与审判。

这也是笔者讨论"徙神法事"的问题意识——不懂法，如何做法？

前一个法是指法律，后一个法是指法事。在不懂法律的情况下，如何能够做好法事？这是从仪式应用的角度对佛教传播所提出的时代性挑战。

李向平教授在讨论佛教信仰的现代性问题中，特别指出，信仰私人化的普遍现象说明了当代中国社会的基层结构，依旧决定于私人之间的关系网络，是制度化权力与个人利益、私人信仰彼此交换、整合的结构。[14]

信仰的私人化，一旦与权力、利益相勾结，就可能产生出以宗教仪式行为冒犯他人合法权益的现象。这种现象在佛教城镇化问题中暴露无遗。规划方试图利用与佛教内部共谋的方式，以"徙灵法事"营造规划的宗教合法性，实际上已经侵犯了被拆寺庙的合法权益。这种单纯从宗教角度出发，将法律置于真空状态的仪式行为，缺乏现实合法性，也不为上级政府与社会舆论所认可。

第二，法治化的宗教。

加强宗教的法治化建设，是法治中国的题内之义。

在宗教事务管理领域，虽然没有独立的宗教法，但是《宗教事务条例》作为国务院颁发的国家宗教政策，理应得到认可与执行。《宗教事务条例》的制定在于依据宪法和有关法律，"保障公民宗教信仰自由，维护宗教和睦与社会和谐，规范宗教事务管理"。其第三条规定："国家依法保护正常的宗教活动，维护宗教团体、宗教活动场所和信教公民的合法权益……任何组织或者个人不得利用宗教进行破坏社会秩序、损害公民身体健康、妨碍国家教育制度，以及其他损害国家利益、社会公共利益和公民合法权益的活动。"[15]

在这里，宗教的法治化得到了明文的规定。

在高王寺事件期间，恰逢雅安地震，律师观察团在完成既定工作的前提下，请寺庙僧人做了一场法事，为雅安人民祈福。

观察团团长袁裕来律师在他的微博中提到："这个时候，全国人民都在关注四川雅安地震，我们也在内心为雅安人民真诚地祈福。但是，我们10多位律师还是按原计划来到了金泉，埋葬着玄奘大师灵骨的高王寺规划事项也需

---

14 李向平、何子文：《别让佛教沦为私人化的功德信仰》，凤凰网华人佛教，2012-2-13，http://fo.ifeng.com/guandian/detail_2012_02/13/12470574_0.shtml。

15 《宗教事务条例》，中国政府网，2006-2-24，http://www.gov.cn/test/2006-02/24/content_210351.htm。

要更多人持续的关注。我们希望能为更好保护祖宗留给子孙的文化资产尽一份心，尽一份力。"[16]

律师观察团借助法事仪式传递的意思主要有两个：第一，通过祈福"让死者安息，生者活得有尊严"。这既是对死者的超度，同时也是对生命存在价值的期盼。第二，依靠法律保护宗教文化资产，呼吁社会各界人士对高王寺事件的持续关注。

正常的宗教活动得到国家法律的保护，任何组织或个人不得利用宗教，来损害合法宗教活动场所和信教公民的合法权益。

如果祥光寺事件中的"徙灵法事"的举办得到寺庙的认可，那么佛协的行动无疑是在法律允许范围。但是，这一法事得不到寺庙当事人的认可，是由佛协单方面配合地方政府人员所采取的共谋行动，则违背了《宗教事务条例》的规定，损害了寺庙作为宗教活动场所以及僧人作为公民的合法权益。

祥光寺事件中老法师的叩拜，看似拜的是泥塑的神像，实际上拜的却是对于被损害利益的无奈，以及对于法律维持正常社会秩序的渴望。被打碎的佛像，印证的是以当地佛教协会为代表的所谓佛教组织在当代公共社会中的衰落。

第三，公共化的空间。

佛教之所以衰落，一方面固然是内部不振，另一方面，又何尝不是权力驯化的结果。

20 世纪五六十年代，宗教让步于政治。在改革开放的政策执行之后，宗教活动场所才得到逐步的开放。然而，在特殊时期，大量的宗教活动场所被占用，人权被践踏，财产被没收的历史遗留问题并没有在新时代得到彻底的解决。因此，在旧账未消，新账又起的境况之下，宗教活动场所的生存空间仍然岌岌可危。

国家《宪法》规定公民有宗教信仰的自由。但是，在现实社会之中，宗教信仰却被驯化在私人的领域，缺乏公共化的讨论空间。宗教核心的教义思想未能与国家主流价值观相匹配。不变的宗教教义思想又未能真正引领信徒共建道德生活。

在社会之中，形成宗教的红（合法）、黑（非法）、灰（介于合法与非法之

16　《高王寺举办法会为雅安祈福 拆迁律师兴趣组参加》，凤凰网，2013-4-22，http://qd.ifeng.com/guoxuewenhua/fojiaowenhua/detail_2013_04/22/733090_0.shtml。

间）三色市场。有学者对此提出三个命题：①只要宗教组织在数量和活动上受到政府限制，非法的黑市就必然会出现；②只要合法的红市受到限制和非法的黑市受到镇压，灰市就必然会出现；③宗教管制越严，宗教灰市越大。因此，其观点认为，加强宗教管制带来的不是宗教的减少，而是宗教市场的复杂化，以及社会的不稳定。[17]

合法宗教组织的主体性被多层管制，以至于只能依托零星的慈善行为表达自身的存在。改革开放以来，宗教热的兴起又被一些地方政府引向旅游观光，以提高地方经济，促进社会的消费。这些利用宗教的商业化现象，即使有个别宗教人士的参与，也不能代表宗教自身的发展形象，以及用于证明宗教在社会中的参与度或者说是宗教的公共化表达。

在如此境况之下，宗教如何参与公共事务，形成宗教治理，就成为了宗教社会化中不得不面对的两难困境。

二、公共化的媒体

媒体，包括传统媒体与新媒体在内，作为公共化的工具，参与并在一定程度上引领了社会公共空间的创造。正因有了多种媒体的关注与报道，以及在虚拟空间中全球网民共同参与的公共空间实践，形成了一场声势浩大的媒介仪式，促使佛教城镇化问题的空间政治地域由地方扩散到全球，由线下转移到了线上，由现实空间的对立变成虚拟社会的博弈。

第一，新旧媒体交接的舆论场

2013 年高王寺事件的爆发，以传统媒体《南方都市报》发表第一篇文章《规划逼近玄奘埋骨古刹》，以及当天晚上六小龄童在新媒体——新浪微博上呼吁国家宗教事务局出面协调揭开序幕。《南方都市报》的报道，经由记者实地调研而采写，将寺庙所面对的规划危机及其缘由，展现在读者的面前。新媒体上六小龄童的呼吁，在短短的两天内就有近 5000 万次浏览与近 20 万次的转发。2009 年，微博在中国兴起，并在随后数年之间成为了互联网上表达公共事件的重要平台。由于网民对微博的广泛使用，使得高王寺事件能在瞬间凝聚如此之多的人气，形成广场效应，链接起各界的行动。

网民与信众，线上呼吁与线下行动，在此事件中的相互交织，促使高王寺事件由狭窄的宗教事务管理问题升温为社会公共事件。

---

17 杨凤岗：《中国宗教的三色市场》，《中国人民大学学报》，2006 年第 11 期。

次日，寺庙僧团公开信在凤凰网佛教上发布，要求维护僧团生存权与玄奘塔一体。著名佛教学者李利安教授也发文紧急呼吁阻止。当地商报于 4 月 12 日发布整版文章。各类媒体陆续参与进来，其中主要有《新京报》《北京晚报》《每日新报》《中国青年报》《法制周报》《南都周刊》《南方周末》《中国文化报》《光明日报》，中央电视台的不同频道、东方卫视；以及南都网、新华网、人民网、中国新闻网、中国佛学网等等。传统媒体与新媒体之间的接力，形成了庞大的舆论场，囊括了包括官方媒体与市场媒体、行业媒体在内的各类媒体的参与，形成了以高王寺事件为中心的全方位、无界限的社群空间。

在新媒体与传统媒体的合力之中，形成了前所未有的涉及佛教城镇化问题的媒介仪式。高王寺事件得到了广泛的报道，对于当地政府有关部门的片面行动决策形成了强大的舆论压力。

与此同时，作用力与反作用力同时并存。舆论在中期曾发生转变，中央电视台播出旅游专家指责僧人的撒谎言论，导致舆论出现反转。在调研中，笔者仔细询问了各个细节，得知部分媒体受到地方政府影响，而刻意做出不符合事实的报道，比如当僧人给一些记者指向要规划的地方的时候，媒体的摄像机却拍向另一边。尽管如此，仍然有不少媒体，坚持在现场就实际情况进行访谈。

一些坚持批判性报道的媒体受到了极大的压力，几乎每天一个指令，甚至是遭遇各种删帖，一级压一级，层层压制。每天的检讨，令媒体人感觉到几乎进入苟延残喘的境地。一些媒体记者由于地方管制的原因以及上级部门的指令，在报道中承受了大量的压力，甚至还受到地方政府的追责，以及来自于黑暗势力的威胁。然而，他们之所以坚持下来，一方面，来自于对寺庙真实活态人文历史的尊重与敬畏，另一方面，也是出于内心的信仰或者人道主义或者对合法权益的拥护而对受到限制的僧团进行关注与保护。所幸，最后终于等到地方政府的文明决策，明令尊重寺庙意见，进行妥善安置。

在调研之中，多位人士向笔者表示：2013 年是以微博为主导的新媒体和纸媒并行的盛年，高王寺事件是他们最后一波高峰。高王寺最后之所以能够成功保住，象征着传统媒体衰落之前的一座丰碑，也是新媒体受到严格管制前的一次爆发。

第二，私人化宗教的公共表达

媒介仪式的出现，将以佛教城镇化问题为案例的宗教事务管理的私人化问题，进行了公开化的表达。宗教事务管理的难题，并不在于宗教事务本身，而是在于处理的原则、方式与方法。

首先，从原则来看，宗教事务管理的困境在于权力的行政化、私人化。根据案例的反映，个别地方政府的权力行使缺乏法治化的指导思想，行使专权的做法，只能停留在封闭社会之中，而无法适应逐步开放的中国社会。

其次，从方式来看，案例中部分基层领导缺乏实际调研，没有充分了解民情，就贸然以行政命令下达通知，强制执行的做法，违背了党和国家实事求是的工作精神。

最后，从处理方法来看，个别地方政府人员习惯于以"和谐"的名义将各种"不和谐"的报道进行删帖，而不注重倾听民意、了解民声。这种本末倒置的做法，将导致防民之口甚于防川的社会风险。这种行为，既不符合中国共产党为人民服务的根本宗旨，也不符合国家法律法规对于人民权利的保障，更有可能给社会带来不可预计的政治风险。

综合来看，佛教城镇化进程中的不合法、不合规问题的根源，实际上在于行政事务的私人化运作。媒体只是将这种私人化的权力运作进行公开化的报道，借助媒介仪式的展开，让社会大众看到权力的任性与肆意妄为。

权力，尤其是制度化的权力，既是保障人民权利的工具，也是保障政权，稳固政权的工具。如果权力无法保障法律所规定的人民的权利与自由，肆意剥夺民众的财产，以为自己所用，那么无论是出于何种公共目的，都应受到公民的质疑。佛教城镇化之所以从宗教事务演变为社会公共事件，就在于其反映了社会对于绝对化权力的警惕。前面章节已经论述过媒体的报道作为社会权力，抗争的只是被用于私人化运作的行政权力。

媒介仪式，通过网民、公众的共同行动，突破了宗教事务在地方上的空间政治的管制，形成了针对特定事件的虚拟社会中的公共舆论空间。在空间讨论之中，促使地方政府反思经济发展的目的以及其与人民的关系。这一点，也是对当前城镇化进程中，重经济轻人文，重形象轻本质的一种反思。

第三，媒体公共化的社会监督

媒体的责任在于以公共报道的力量，形成有效的社会监督。在本研究的两个案例中，突出的佛教城镇化问题都是因为媒体的报道，才受到社会的广泛关注。因此，无论寺庙最后是否保存下来，都需要看到媒体监督在其中所发挥的积极作用。

首先，媒体报道促使宗教领域社会问题的理性化发展。在佛教城镇化问题事件的萌芽与演变过程之中，都有相关媒体的参与。媒体的报道，将事件背后各种力量的博弈展现在公众面前，从而促使问题的公开化，以及问题在公共舆论中的讨论，并且最后将解决问题的多种方法，提供给政府与各界人士进行参考。因此，媒体报道促使宗教领域在社会事务层面上的理性化，而不是神秘化、潜规则化。

其次，媒体监督促使宗教事务管理权力的规范化。宗教事务管理之所以存在困境，其中一部分原因就在于宗教事务管理中的一些权力私人化运作的存在。如在佛教城镇化问题事件中，所出现的某领导要求高王寺必须在什么时间内拆除完毕，与某领导要求祥光寺僧团必须在某个时间段内将十年内的每一笔账目理清楚，否则就将法师抓去劳改。诸如此类的行政现象，实际上反映的是权力的任性，而媒体对于佛教城镇化问题事件的报道监督正好有助于宗教事务管理领域政府部门权力的规范化。

最后，媒介仪式所形成的舆论空间，有助于促进公共社会的良性发展。媒体在展现宗教事务难题的时候，也呼吁宗教治理的正常开展。宗教治理并不是一个简单的政府管寺庙，寺庙管僧人，僧人管信众的治理模式，而是一个多群体共同协商，并依事务进行分别治理的过程。在这个过程之中，应该打破由政府大包大揽的总体性社会支配惯性，而设定规则与标准，在一定的标准范围内充分发挥治理主客体的主动性、能动性，进行共同的治理。

媒介仪式的出现，在发挥社会监督作用以外，也在促进社会的良性发展。以宗教事务为例，媒体上近年来各类宗教新闻的出现，无论是对于宗教内部弊端的纠偏，还是对于国家宗教正面形象的强化，都起到了重要的框塑作用。在佛教城镇化问题事件上，多种媒体的共同参与，更是展现了媒体建构公共社会空间的积极作用。

第五节　过渡仪式、寺庙合法性与社会秩序的建构

仪式具有沟通不同行为主体的功能。在社会生活中，仪式是基本的社会行为[18]、重大性事务的形态[19]。仪式不仅可以沟通神圣世界与世俗社会，框定族

18　Rappaport R A. *Ecology, Meaning and Religion* (Richmond, CA: North Atlantic). 1979: 174.

19　Smith, J. Z. *To Take Place: Toward Theory in Ritual.* Chicago: University of Chicago Press. 1987: 109.

群生活边界，还为现代政治社会建构合法性。彭兆荣先生认为仪式既有历史叙事，也有社会叙事。人们既可以把仪式视为"社会文本"进行研究，也可以从不同社会历史记录和记忆方式中去认识、理解和分析仪式。但是，仪式首先应该被视为一种实践。他将仪式的实践特征具体分为：①情境性实践，仪式的社会语境；②策略性实践，仪式的目的指向；③误识性实践，仪式的结果性背离；④话语性实践，对社会秩序的稳定和道德形象的塑造作用。[20]

就仪式的这四种实践特征来看，在佛教城镇化之中，无论是法事仪式还是媒介仪式，均离不开社会语境、目的指向以及话语建构。仪式的结果性背离，指的是仪式的因果不一致，或者是局外人与局内人的不同认识与误读。这些认识与误读实际上也印证在了另外三个特征之中。比如，"徙灵法事"的举办者以为可以通过举办这样一场法事就获得规划寺庙的宗教合法性，然而，在法律、政策、舆论均不认可的情况下，其法事是否还有原来的意义呢？这就构成了仪式操纵者与社会人士的不同认识。以下，笔者综合讨论佛教城镇化问题事件之中所出现的仪式的实践特征，并以此作为本部分的总结。

一、过渡仪式与仪式博弈

行业媒体为佛教城镇化问题事件的专题报道设置了框架，分别是"保卫高王寺"与"祥光寺规划之殇"。这种带有价值/信仰取向的报道，促使行业媒体成为了反抗规划的佛教护法主体。其设置的框架成为了佛教城镇化问题事件报道的媒介仪式。媒体的介入作为一种行动，也象征着媒介仪式作为过渡仪式所起到的作用。虽然，在佛教城镇化问题事件所涉及到的各种仪式之中，均存在仪式的过渡作用，但是，本文并没有止步在对单一仪式的过渡性作用考察之中，而是深入挖掘仪式内外，以及仪式之间的相互作用。

媒介仪式的作用，不仅仅在于对事件进行报道，还在于对报道中所涉及到的主体、意图，以及手段等的监督与控诉，甚至是对于参与到拆迁主体中的宗教法事仪式的结构，笔者在前文中将之称为仪式博弈。

二、"合法性"建构的合法性

"徙灵法事"的举办，作为过渡仪式的作用，就在于将神明的灵力请走，从而获得拆迁的宗教合法性。具体来说，"徙灵法事"是在对神明与原寺庙僧

---

20 彭兆荣：《人类学仪式的理论与实践》，北京：民族出版社，2007 年，第 21-23 页。

团管理关系进行剥离的同时，建构了新管委会对于神明与新寺庙在管理上的关系，也即是所谓的宗教合法性。这是该仪式得以举办的根本原因。这种名义上的合法性实际上是在打破原先秩序的情况下完成的，但是这种通过仪式打破前者合法性的举动是否合法，却受到舆论的质疑。

"徙灵法事"，并不只是简单地迁徙神明，更是为了表达迁徙的合法性，以及展示原寺庙僧团抵触、抗拒拆迁的无效性。因此，对这一法事必须紧密结合祥光寺的社会处境以及舆论对于祥光寺事件的认识，进行综合的判断，才能理解"徙灵法事"之所以举办的目的性与指向性。从社会效果来看，地方佛教协会作为拆迁行动者所组织的这一场仪式，却受到了舆论的质疑。

舆论是媒介仪式的主要功能，这就涉及到了仪式博弈。"徙灵法事"的举办成为了报道的对象，其意图建构的宗教活动场所规划合法性也成为了报道中受到舆论所质疑的核心，可见其自身的组织合法性已经在舆论之中得到解构。媒体报道中老法师的叩头，则在表示对现实无奈的情境下，向社会舆论宣告"徙神法事"的非法建构。

在解构"徙神法事"的舆论之中，针对的不是法事办的效果如何，而是在于是否应当的价值判断之上。法事的举办，意味着参与规划主体的扩大化。原先寺庙僧团所认定的规划主体是地方政府，然而，通过"徙神法事"的举办，已经宣告了地方佛教协会在佛教城镇化问题事件中的深度参与。通过地方佛教协会会长签订协议，收受补偿款等举动，足以印证地方佛教协会与地方政府的共谋。这种共谋只是在地方上形成，而得不到省级、国家级宗教事务管理部门的认可。

所谓宗教活动场所规划的"合法性"是在违背法律政策的情况下建构起来的，这一出身因素决定了该仪式的非法。这种得不到认可的态度，实际上反映了国家权力的威严，以及法律的神圣不可侵犯。

三、仪式建构的信仰方式与社会秩序

无论是法事仪式还是媒介仪式，实际上都在信仰方式的建构与解构之中此消彼长，并形成新的社会秩序。在佛教城镇化问题事件之中，每一个仪式的举办都在于消除前一个仪式所建构的社会记忆。这种社会记忆实际上就是原先的信仰方式，以及由该信仰方式所形成的社会秩序。既然是社会秩序，就无法避开规范社会的国家法律与政策。仪式能否重构新的合法性，实际上并不只是由其宗教性决定，而是要综合考察多方面的因素。正如前文讨论了仪式博弈中的信仰悖论一样，在看似同一种信仰之中，每一种不同仪式的举办实际上是由不同的主体在操作。每一个主体都在试图掌握仪式的话语权，并在信仰方式的建构之中，成为利益主体。按照程序登记的寺庙僧团是合法的寺庙管理主体，也是正当权益的维护主体。进行非法规划的行动主体，则是试图在剥离前者的同时，获取场所管理权，主导围绕寺庙的信仰方式，建构新的社会秩序，从而获得信仰经济收益。这也就是宗教空间政治的财富指向。

仪式的作用并不只是在于仪式本身，还在于由仪式所带来的历史记忆，以及民众对于仪式认同所形成的社会机制。借助媒介仪式，私人化的信仰方式在法律与社会之间进行了广泛的讨论，并形成了公共的舆论空间。在此空间之中，各种仪式的合法性受到了舆论的质疑或肯定。这个空间从具体的现实寺庙映射到虚拟的网络社会之中，从区域的寺庙僧团映射到了全世界所有的佛教徒，从宗教事务映射到了社会公共事务。

因此，仪式的合法性建构，以及围绕仪式的私人化信仰，最终必须落实在公共化的法律实践上。只有当法律得到真正落实的时候，才能塑造良性的公共信仰方式，也只有在公共的框架之中，才能真正缔造国家宗教秩序的稳定与和谐。

第九章 佛教城镇化与因果报应说流行的社会机制[1]

佛教城镇化问题事件频发，涉及庙产纠纷的案件层出不穷。佛教人士面对时代危机，起而维护合法权益。这一行动的发生，是近几年来城镇化不断推进过程中发生在佛教界的一个较为普遍的社会现象。伴随佛教城镇化的兴起，因果报应说随之流行。然而，这两者之所以结合在一起，其构成原因、社会影响、发展趋势仍然有待深思。从形成原因来看，佛教城镇化中，因果报应说之所以流行，有两个层面的原因：第一，现代社会在侧重经济发展的同时，忽略了传统文化的传承和弘扬，致使对社会生态建设具有约束力机制的因果报应规律的轻视。第二，一个时代的发展规律总是在政治、经济、文化、社会之间进行调和，无论是偏重于哪一方面，都有可能导致整体系统的失衡。因此，认识因果报应规律，既是接受历史，传承文明的重要方式，也是当代社会发展的必然要求。

第一节 现代性的困惑：在信仰方式与经济利益之间的徘徊

因果报应在传统中国，并不是某一宗教特定的信条或者实践方式，而是作为传统中国人的生命智慧，整合了传统中国各家各派的种种道德修行学说，广泛应用于对自然规律、社会状况、道德伦理的认识与规范之中。所谓"报应"，

---

1 本章曾以《佛教维权与因果说流行的社会机制》为题发表于怡藏主编《人间佛教与中国佛教现代化》，北京：宗教文化出版社，2018 年。此处收入有修改。

意指事物在前因后果的关联性上存在必然的"合理法则"。[2]在社会历史之中，在因果的作用下，时空结构得以凝聚，过去、现在与将来得以链接一体。社会学者认为，"因果报应思想是中国文化中具有长期历史影响的部分，它所造成的行动—后果的因果关系链和奖善惩恶的功能具有内在的道德约束力。"[3]

因果报应，作为宗教性的价值理念与社会实践。用吉登斯的话来说，为社会民众提供了"本体性安全的基本方式"[4]。关于因果报应在当前城镇化社会中的流行，主要呈现为现代性的困惑。

吉登斯在《现代性与自我认同》中指出，宗教的符号和规则并非传统社会在当代的残余，宗教的复魅在现代化的全球社会中呈现为普遍现象。

> 虽然，现代社会理论的每一位奠基者（如卡尔·马克思、涂尔干、和马克思·韦伯）都认为宗教会随着现代制度的扩展而逐渐消失，但是，宗教不仅没有消亡，反而以崭新面貌出现在世人面前，如种种的宗教感悟和精神寄托。这一现象的原因与晚期现代性的根本特征密切相关。本应成为日益服从于特定知识和控制的社会与自然世界，却转而创造了一种体系。在这一体系中，相对安全的领域与极端怀疑和不平静的风险场景交织在一起。宗教在某种程度上催生了一种信念，认为现代性应被制止。新形式的宗教和精神修行在最基本的意义上代表了一种被压抑者的回归，这是因为它们直接诉诸的是人类存在的道德意义等问题，而这些问题又恰恰是现代制度要彻底加以瓦解之物。[5]

之所以将因果报应问题的流行称为现代性的困惑，主要在于信仰方式的建构与经济利益的发展之间的矛盾，已经呈现为不可调和或者说难以协调的社会现象。

一、对经济利益的角逐遮蔽了社会的全面发展

市场经济社会之中，由于国家需要迫不及待地促进经济的发展，因此，政

---

2 刘涤凡：《唐前果报系统的建构与融合》，台北：台湾学生书局，1999年，第2页。
3 何蓉：《宗教经济诸形态：中国经验与理论探研》，北京：学习出版社，2015年，第129页。
4 [英]吉登斯著，田禾译：《现代性的后果》，南京：译林出版社，2011年，第92页。
5 [英]吉登斯著，夏璐译：《现代性与自我认同：晚期现代中的自我与社会》，北京：中国人民大学出版社，2016年，第193页。

策鼓励个别人先富裕起来，并以先富带动后富的方式，走向共同富裕。然而，对于物质经济的过度追求，势必忽略了其他方面的建设。因此，个体对于财富利益的疯狂角逐，遮蔽了社会的全面发展。

根据社会学家的认识，"现代中国是工具理性和人欲泛滥"[6]。在这种状况之下，社会的价值理性为工具理性所取代，道德伦理中的自我约束与社会整体的秩序规范，在经济大潮流之中，让位于对财富的攫取。改革开放在带来物质文明极大发展的同时，难以兼顾到精神文明的跟进。依赵鼎新所说：

> 1989年以后，中国政府拒绝推行东欧式的政治改革，但却非常成功地展开了以市场为导向的经济改革。这项改革的成功大大提高了中国人民的生活水平，并从根本上改变了中国在世界上的地位。但是，中国90年代以来的改革也带来了许多新的社会问题，主要包括社会不平等程度的增加、官员腐败、国有企业工人下岗、农民税收负担过重、城市周边农民丧失土地、环境污染，以及犯罪率上升等问题。[7]

在城镇化快速推进，现代化不断发展的社会之中，经济腾飞在造就无数超级富豪与各种盛世繁华的同时，也导致了多重危机的出现，它们主要表现在：①自然层面：掠夺性发展导致生态危机；②社会层面：趋利性时代塑造人伦危机；③个人层面：变态式节奏趋向疾病危机。由于多重危机的相继出现，促使人们追问危机形成的前因后果。从而，无论在个人层面，还是社会层面，形成了共同意识下的对于信仰的寻求与渴望。这种对于因果机制的探索，成为了当下社会民众的整体性需求。因此，宗教信仰的复魅在当代具有了必然性。

二、对信仰方式的忽视掩盖了民众的内在诉求

信仰方式源于民众的内在心理诉求，而表现为外在的生活方式。在特殊的历史时期，尤其是在经济欠发达的社会主义初级阶段，国家侧重于通过种种激励政策解决人民的温饱问题，而较为忽视社会信仰方式的认识、理解与引导。由于执政党在国家意识形态领域中对无神论的广泛倡导，从政治层面上对于传统民俗、宗教信仰等施以"迷信"的定义，导致整体社会之中，对于宗教的

6　赵鼎新：《国家、战争与历史发展：前现代中西模式的比较》，杭州：浙江大学出版社，2015年，第227页。

7　赵鼎新：《民主的限制》，北京：中信出版社，2012年，第84页。

全面污名化。

在国家公共政策上，将宗教信仰问题定义为私人事务的私人化措施，导致宗教在当代中国的发展呈现出两种路径。

第一，从公共社会来看，公众的宗教信仰问题被排斥在公共舆论以外。宗教人士只是作为国家统战的对象，服务于社会的和平发展。合法宗教机构的事务受限于宗教活动场所，而无力在现代社会之中开辟出能够适应于现代化社会的传播模式。一些宗教信仰现象遭遇严厉打击，不得不转向秘密宣传。一些地下组织由于缺乏管制，而肆意发展。由此形成宗教事务管理上的多重难题，此即为前文所提到的中国宗教三色市场。

第二，主流社会对宗教问题的排斥，导致民众在宗教信仰上出现双重悖论。一方面，人们无视社会生活的复杂性，片面解读政府的宗教政策，对于现实中所遇到的种种问题，偏执于所谓"科学理性"的思维模式进行认识与解决。另一方面，由于科学的局限性，以及人性的复杂性，再加上人生阅历的积累，民众通过正常途径无法得到解释的心性问题，往往在宗教领域得以解读。

因此，改革开放以后，对于宗教信仰的狂热伴随着对于宗教现象的否定，两者同时进行，成为了当代中国社会的信仰发展悖论，此即为信仰危机命题提出的背景。自 20 世纪 80-90 年代以来，伴随着气功热、国学热、宗教热之中的信仰危机，尤其令人费解。

三、信仰危机出现的关键环节

无论是经济发展上的难题，还是个人成长中的瓶颈，甚至是国家治理中所出现的腐败问题，往往被归咎于信仰危机。信仰危机究竟能否承受如此之重的结构性责问呢？

从信仰危机的出现来看，无非三种原因：①缺乏信仰，②缺乏信仰者，③在信仰与信仰者之间的关系建构出现问题。具体来看，第一，中国社会，并不缺乏信仰。从国家政府对于宗教的管理来看，五大宗教与各地的民间信仰共同构成中国社会的中华宗教格局。第二，中国社会也不缺乏信仰的民众。逢年过节，各大宗教活动场所人满为患，即为现实。第三，在前两个原因被否认的境况下，谈论中国人的信仰危机，就只能从信仰方式的建构上来讨论，即中国人的信仰方式、信仰关系，到底出现了什么问题。

首先，信仰方式的建构，无法在正常的家庭教育、学校教育、社会教育之中得到正确的认识。这种情况，容易掩盖民众的内在心理诉求，也导致了传统伦理规则在现代社会中的失落。

其次，宗教常识的缺乏，使得人们在不敢公开面对宗教的同时，转为寻求地下神秘手段的帮助。这就造成了合法的宗教活动场所中正常的宗教服务得不到合理合法的认可，各种"大师"却在民间受到追捧的社会闹剧。

最后，信仰关系的确认无法以《宪法》所规定的方式得以呈现，所有人不敢在公开场合谈论自己的信仰问题，只能以私密的方式进行。尤其是媒体报道中的各类贪污腐败的官员，代表党的形象，却只能在背地里求助于似是而非的"大师"调解内在困惑，乃至于借助种种迷信手段帮助自己升官发财。这些问题的出现，并不是让我们要更加彻底地批判宗教，或者是批判这些人员的不轨行为。相反地，我们是不是应该反思，到底是我们的文明宣传出现了什么问题，使得人们不敢公开面对自己内心的宗教信仰诉求。

第二节　过去经验在当代的延续：佛教城镇化与因果报应

自古以来，因果报应作为一套规范社会秩序的基本符号体系，广泛存在于中国各家各派学说之中——如《周易》中所说的"积善之家，必有余庆；积恶之家，必有余殃"；佛教讲的"诸恶莫作，众善奉行；自净其意，是诸佛教"；以及道教思想中的承负论。凡此种种，共同构成中华文明传统道德中的核心——善恶因果观念。

在传统社会之中，因果报应作为日常生活的呈现，并不只是封建王朝教化下层百姓的工具，更是古代社会维持良好道德秩序的主要方式。研究者认为："因果观念，在积极意义上是在遏阻为恶；在消极方面，有着促励行善的功能。"[8]各类因果报应的故事，在整个二十四史之中俯拾皆是。在因果报应的感召之下，民众受其教育，而遵循五伦八德，由此形成种种家训、官学，自天子以至于庶人无不受其影响。

全国政协民族宗教专业委员会委员田青先生在给政协的提案《充分发挥

8　王世榕：《因果观念在中国民间社会的流行》，台北：国立政治大学政治学研究所硕士学位论文，1967 年。

宗教文化与少数民族文化的积极作用》中写道："'因果律'是一种普遍规律，从大自然到社会生活，都可以清清楚楚看到世界万物的'前因后果'，就是老百姓常说的'种瓜得瓜，种豆得豆'，做好事有好报，做坏事有恶报。因果观念的提炼对党中央打虎打苍蝇，对当代青少年的思想道德教育都能起到很大的促进作用。"[9]

一、因果报应说是过去经验的累积

因果报应作为一种经验性的自然规律，并不只是存在于马克思主义政治哲学之中，也存在于古老的中华文化传统之中，更是社会民众借以认识自然规律、社会规律，约束自身行为的基本准则。

由过去的因，推及现在的果，由现在果中的因，又延及未来的果。此即为三世因果的基本理路。从理念缘起上来看，因是已生，果是未生。因起我见，转心理意识成为社会事相，如同血液之中刹那变化的新陈代谢般流转不息；果落我识，此处灭，彼处生，执有进于事。这一理路好比人类对一种秩序破坏后重建的个体心思，容易受到过去经验的影响。因果报应说作为过去经验的累积，主要以文化象征符号的方式，以种种无形的约束力而规范世人的日常生活。然而，古人对于因果的认识，并非一蹴而就，而是有一个渐进式更迭融合的过程。

刘滌凡通过对唐前果报系统的研究，提出了果报系统的分类，具体有：德报（含阴德报）、天志报（含鬼报）、法报、阴阳五行报、天人感应报、佛教业报、道教罪福报。他认为，"由于系统组织的变异性，使得各果报系统不断地输入环境因素、思想因素和其他系统功能，经过反馈后，再输出，因此才造成彼此之间融合现象，而融合的现象是基于本末内外性的特点。"[10]

就佛教而言，刘滌凡认为佛教业报系统是由神不灭—灵魂观、三世因果—生死观、业、六道轮回观、善恶罪福观、佛教灭罪救赎思想等六项理念建构而成。在其善恶评价里，以十善业、十不善业的行为为标准，善行即宣说天人之

9　田青：《充分发挥宗教文化与少数民族文化的积极作用》，田青思想馆公众号，2017-3-11，http://mp.weixin.qq.com/s?__biz=MjM5NDU4NjgxNA==&mid=2649678965&idx=1&sn=2707a552f886acb526c27fbab67e04c0&chksm=be9fcda489e844b2def706eafcd874e6d448ff6f1ff9748fd2688698e32726aab59e8af02b70&mpshare=1&scene=23&srcid=0311d5BFRQZVcBo9QB82hb3K#rd。

10　刘滌凡：《唐前果报系统的建构与融合》，台北：台湾学生书局，1999年，第510-511页。

福的肯定评价；恶行即传扬三途罪罚的否定评价。其系统有以下五点特色：

第一，这套业报比其他果报系统，在报应方面提供具体的罪福景象，并以业报自召理论，保摄其必然的实现。

第二，在三世报的理论里，解决了中国儒者长期质疑的善恶无报的态度，填补中土果报系统中对事物因果法理论的不足。

第三，这套业报系统可以圆满乱世不平的人心……给予人活下去的勇气和心灵的慰藉。

第四，这套业报系统提供了救赎的管道……人人都可以经由一己的努力行善积德来改变自己的宿命业。

第五，这套业报系统理论可以弥补社会正义的不足。造业之人，不管贫贱富贵，上至君王，下至凡庶，因缘一会合，果报还自受。[11]

也就是说，佛教的业报系统，填补中土原有果报系统中的不足，体系更加完整，解释力度更为周全，并从景象可以感知的角度，使人更易于切身体会，并提出了行善积德以改命的救赎路径，在社会层面上能够弥补社会正义的不足。

徐复观提出："佛教以三世轮回之说，将不可见的过去、未来的灵魂世界，以塑造成图画的鲜明形象，和可见的现世，密切连在一起，把现世不合理的善恶报应，推之于过去的因，慰之以未来的果，解答了在社会大众感情上所长期积压的问题。"[12]社会大众的情感作为社会整体的潜意识，实际上是对社会进程中的种种状况的群体性反映。所谓"相由心生"，在社会意识上，有什么样的群众心理，就会有什么样的社会状况。只是这种状况，表现为矛盾与冲突，或是兴盛与和谐罢了。

中国的传统习俗强调，"善有善报，恶有恶报，不是不报，时候未到"。这一谚语，绵延数千年，成为了影响人民群众个体生活、社会交往的最简单的道德准绳。

由此可见，无论是佛教业报系统，还是中国社会广泛存在的其他果报系统，均在于为国人的日常生活经验提供一套行之有效的解决方案与教化体系。在这种经验的累积之中，善恶因果，逐渐成为了中国人的基本信仰观念。

---

11 刘涤凡：《唐前果报系统的建构与融合》，台北：台湾学生书局，1999年，第430-432页。

12 徐复观：《道德地因果报应观念》，《徐复观杂文续集》，台北：时报文化出版公司，1981年，第83页。

二、大水冲了龙王庙：强拆寺庙预示因果教育的断层

寺庙是传统社会进行道德教化的主要场所，是因果故事传播最为集中的地方。传统的道德伦理、各地的民间习俗，大多以寺庙、宗祠等宗教活动场所为平台进行传播，以便为社会民众所接受。寺庙，以其社会性的教育平台，对社会进行伦理教化。在宗教的因果教育之中，传统文化的信仰者、实践者，通过种种因果故事，感召民众为善去恶，积功累德，改善生命。宗教活动场所的神圣性就在于其作为因果报应的宣讲平台，传递了神圣性力量的存在，借之对社会形成规范性作用。

当前，彰显因果报应的地方，却被人使用强制性手段进行了非法规划。这种大水冲了龙王庙的案例，竟然层出不穷，时有所闻，其中暗含着怎样的隐喻呢？

之所以出现个别地方强拆寺庙的现象，一方面反映了个别地方人士企图霸占寺庙土地空间进行经济开发的思路，另一方面，也显示了因果教育在当代的断层。

因果报应思想之所以在现代社会中断层，有着多方面的原因：

第一，因果报应作为传统宗教信仰的核心观念，近百年来遭遇"迷信"的污名化，其弱势话语让人肆无忌惮，为所欲为。只要熟读马克思主义经典作家的哲学思想，就可以发现因果规律内容在存在上的普遍性。只是马列著作中此方面的内容体系相对来说，不如佛教与传统中国社会的果报体系那么完整与规范而已。面对传统因果规律的无知无畏，导致一些人铤而走险，肆意非法拆迁寺庙。

第二，经济至上的发展理念，导致一些人在谋求资本增值的时候，只着眼于商业财富的攫取，而忽视了传统伦理对于社区福祉的重要性。一方面，个别人士在财富的诱惑下任意圈地，开发景区，意图吸引资金；另一方面，枉顾法律对于宗教信仰自由的保护，以及宗教活动场所的合法权利，进行强制性的拆迁，导致宗教活动场所的合法拥有者流离失所。

第三，教育的片面化，功利化，导致民众无法正确认知社会的发展。在由家庭教育、学校教育、社会教育、宗教教育所构成的教育体系之中，偏重于学校教育而忽视了其他三种教育对于个人成长的重要性。甚至，在学校教育之中，完全忽略了宗教教育。宗教教育，并不是宗教内部关于宗教神圣性的教育，而是各类宗教常识、宗教社会功能，以及宗教的发展历史脉络，宗教的社会

影响等方面的教育。

在无视法律对于宗教合法权益的保护，无视《宪法》对于公民宗教信仰权利的保护，无视宗教服务社会的积极作用前提下，个别地方人员实施了对寺庙的拆迁，任意打扮，乃至于篡取权力，谋取利益。

第三节　因果观念的社会渗透：以报应进行维权的社会心理

因果报应观念，是一种具有普遍性的信仰，深植于中国百姓的社会生活中。除了法律外，它扮演着极为广泛的制约性、规范性功用。

在 2013 年底的祥光寺事件期间，发生了一起中国富豪法国坠机事件，之所以将这两个事件相提并论，事出有因。富豪所属爵溪集团曾与中国西南某寺院有激烈冲突，酝酿了所谓"温泉寺事件"。传说爵溪集团于 2009 年强占并拆毁了拥有 1600 余年历史的古刹——温泉寺。由于强拆寺庙，该集团备受社会各界的关注。由于飞机失事，更是引发了一场关于因果不虚、重拾敬畏的大讨论。评论声称："这一讨论重塑了广大民众在因果方面的认知和自觉"[13]。

一、强占寺庙与不幸坠机

强占寺庙与不幸坠机，这是两起性质完全不一样的事件。前一事件直指商业开发波及寺庙，宗教起而维权，问题的焦点在于商业的开发与宗教的维权。后一事件则是飞机坠落的意外事故。按照一般的逻辑来看，两起事件很难凑在一起进行讨论。只是这两起事件竟然发生在同一行动主体之上，就不得不令社会民众将之放在一起，对其前因后果进行联想与讨论。

从社会学严谨的学术规范来衡量，我们无法判断这两起事件的直接关联，也就是说社会所出现的对这两起事件进行联想的舆论未必恰当。但是，从社会心理的反映与舆论的指向性来看，却有值得讨论的空间。加之，是年发生的两起著名的佛教城镇化问题事件，在海内外引起各界广泛的关注。在这特殊的时间段里，更是为因果报应观念的流行，提供了充分的社会背景。

爵溪集团作为两起事件的行动主体，在前一事件中，它以开发商的身份，

---

13 凤凰网佛教，2014-1-6，http://fo.ifeng.com/special/2013lanpishu/meitijiandu/detail_2014_01/06/32764205_0.shtml。

试图接管寺庙。根据 2009 年 4 年 24 日《中国经济时报》[14]的报道，作为开发商的爵溪集团试图将温泉寺纳入温泉城项目的一体化经营之中。

在项目前期的规划之中，寺庙与开发商被当地政府设计为相互依托、共同提升的关系。2006 年，由当地区政府所组织的爵溪集团实地考察之中，寺庙住持法师位列考察团成员，在开始的会谈之中，双方表现十分愉快。甚至在之后的互访与深度考察之中，温泉寺都对开发项目表示支持。后来，由于双方地位的不对等，特别是 2007 年、2008 年开发商接连提出一次性接管寺庙，要求得到寺庙管理权的方案，遭遇寺庙方的拒绝。其后，寺庙与开发商之间，矛盾丛生，关系逐渐恶化。经过数年酝酿，温泉寺事件逐渐形成，作为公众热点话题，在 2009 年 4 月媒体的报道中，甚至爆发了寺庙方与当地宗教干部的肢体冲突。为了抵抗来自开发商对寺院的侵蚀和当地宗教干部对寺方的强硬施压，温泉寺的一位法师用红铅油在布条上写下了"依法维权"四字，绑在额头，手持一杆大秤站到了大殿前，声称"要用这个秤杆称一称那些贪官污吏、为富不仁者的良心"。在高调维权之后，寺庙方戛然而止，再未见声音。该事件以烂尾新闻淡出公共舆论。

2013 年 12 月 20 日，中国富豪欧洲坠机案发生，爵溪集团父子殒命异国他乡。事发前数日，该集团高层邀约星云大师众人品茶论道，并听大师畅谈人间佛教。事故发生之后，星云大师委派欧洲佛光山法师为之举行洒净祈福法会仪式。于此，可见该集团高层在某种层面上是信仰佛教的。只是其信仰，一方面是结交明星大师，品茶论道，并得到大师的加持；另一方面，在应付地方无名僧人上，却是采取侵蚀寺庙的方式，受到舆论的非议。当然，我们无从获知当事人在前后数年的时间里他们的信仰立场态度与行为是否发生了变化。但是，两种截然对立的信仰交往方式发生在同一主体身上，未尝不令人唏嘘！

正因为坠机案的发生，将爵溪集团重新拉回公众的视野，并被作为现世报应的故事广泛流传。

在此，笔者无意通过媒体的报道，对事件本身做出是非判断。笔者更关心的是在公共舆论之中，两起相隔多年的事件如何相互关联，并在祥光寺事件发生期间，作为因果报应的社会现象传播开来。这背后反映了什么样的社会心理？

---

14 陈鸣、王克勤：《重庆温泉寺，商业与宗教争夺战》，《中国经济时报》，2009-4-24，http://www.cet.com.cn/20090424/h1.htm。

二、现世报应故事流行的社会心理

马克思·韦伯在他的《宗教社会学》中肯定了佛教业力自我感召的公平性，他提出："每个人得到的权力和幸福都要相应地由他前世的德性和过失来决定，所以现存的俗世秩序是绝对合情合理的。"[15]如果将前世当作昨天，或者是过去的时间段，我们似乎可以看到每个人当下生存状态的合理性，即当下的自己，是由过去自己造作的因缘成熟而显现的果报；当下自己的行为，又为未来的形象奠定了基础。

为了能够警醒各地蠢蠢欲动试图拆迁寺庙的人，部分维权人士将强占寺庙与飞机坠毁进行因果解读。与此同时，各地网友，也将自己所见闻经历的相关案例讲述出来，从而形成了一系列令人触目惊心的现世报应案例。

从社会学的学术角度来看，我们无法拼接出其直接关联的因果链条，但是就相关性而论，从这些案例所发出的时间段，参与讨论人士的身份，议题发布的平台，以及所聚焦的问题点来看，却可以反映出特定的社会心理结构。

从目前两篇阅读量最高的文章来看，其发表的平台均为凤凰网佛教。在栏目编排上，一篇是在资讯部分，一篇是在佛教观察家栏目。前者以资讯形式，吸引网民的关注，后者以评论方式做出回应。前一篇是明贤法师所写的《中国富商法国坠机警示：挟佛敛财要慎重》[16]，该文章吸引了 817078 人参与，652条评论。另一篇则是李哲所写的《触目惊心看因果报应：为挟佛敛财者捏把汗》[17]，有 1059836 人参与，225 条评论。

虽然明贤法师的文章没有深入讨论强占寺庙与飞机坠毁的直接关系，只是简单回顾了两起事件，但是在文章之中，他特地提醒那些试图挟佛敛财、拆寺毁佛的人要仔细掂量自己的行为及其可能引发的后果。这篇文章的发表，直接吸引了近百万人的参与，迅速在网上掀起了一场关于因果报应的大讨论。

随后，李哲跟进了这一讨论，并将论题进行了综合性的分析。

李哲的评论文章，还提及飞机坠毁同一天 2013 年 12 月 20 日河南省官方网站大河网报道的离奇文物案。河南鹤壁市内黄县警方破获了一起佛教文物

---

15 [德]马克思·韦伯著，刘援、王予文译：《宗教社会学》，台北：桂冠图书公司，1994年，第 335 页。

16 明贤法师：《中国富商法国坠机警示：挟佛敛财要慎重》，凤凰网佛教，2013-12-24，http://fo.ifeng.com/news/detail_2013_12/24/32414014_0.shtml?_from_ralated。

17 李哲：《触目惊心看因果报应：为挟佛敛财者捏把汗》，凤凰网佛教，2013-12-26，http://fo.ifeng.com/guanchajia/detail_2013_12/26/32491391_0.shtml。

盗窃案。犯罪分子在盗窃佛像时，主犯马某将三尊佛像的头拔下，正准备盗窃佛身时，突然倒地身亡。[18]

巧合的是，在事件发生之前，凤凰网佛教就已刊发了一篇题为《毁坏佛像 拆毁寺庙会有什么报应》的文章，该文借助《净土》杂志 2013 年第六期所刊载的文革期间毁佛拆庙者烂眼、肿瘤、断子绝孙等等的凄惨下场，以警策世人。[19]

综合多篇文章来看，这些文章所发表的平台虽然有行业媒体，也有官方媒体，但是讨论的空间平台主要在行业媒体之上。论题则聚焦于强拆寺庙，毁坏佛像的后果。

因此，综合凤凰网佛教参与寺庙维权的背景来看，不难推论出，在内忧外患，法律无法保障寺庙安全的时候，佛教界不得不呼吁宗教惩罚机制的出现。相关的文章，主要也是以摆事实为主，并没有歇斯底里地责备当事者的意思，反倒是希望高歌猛进的旅游经济能够在面对宗教信仰的时候，保留一份敬畏，为生命留一份余地。[20]

三、敬畏因果，尊重生命

郭沫若曾说："神事乃人事之反映，与神事有征者，于人事不能无征。"[21] 所谓因果报应，所谓神验，不过是人们自身业报的感应而已。谈论破坏寺庙，毁坏佛像的因果故事，也主要是为了警戒世人，遵守规则。刘涤凡说："信鬼神之人，时时畏惧鬼神不可测、不可防的赏罚能力，做事不会无法无天；没有鬼神信仰，不信因果报应的人，当刑罚威吓不了他蠢蠢欲动的侥幸心理时，做事便会无法无天。"[22]

在笔者调研的佛教城镇化案例之中，大多是因为经济利益的矛盾，迫使寺庙为商业开发让道，或者是迫使寺庙易主。无论哪一种情况，都反映了人们追

---

18 高志强：《警方破获离奇文物案 盗贼偷佛身时突然倒地身亡》，大河网，2013-12-20，http://news.dahe.cn/2013/12-20/102570540.html。

19 凤凰网佛教，2013-12-11，http://fo.ifeng.com/changshi/detail_2013_12/11/32023499_0.shtml。

20 李哲：《触目惊心看因果报应：为挟佛敛财者捏把汗》，凤凰网佛教，2013-12-26，http://fo.ifeng.com/guanchajia/detail_2013_12/26/32491391_0.shtml。

21 郭沫若：《甲骨文字研究》，《郭沫若全集：考古编 1 卷》，北京：科学出版社，1982年，第 41 页。

22 刘涤凡：《唐前果报系统的建构与融合》，台北：台湾学生书局，1999 年，第 196 页。

逐物质利益的炽盛欲望。商业开发伴随着城镇化不断推进的过程中，寺庙能够得到固守也好，得不到固守也罢，于地方政府而言，并没有太大的关系。他们更关注的是自己的业绩，而不是地方文脉的传承，地方民风的保留。

有时候走在乡村之间，我们会感慨风水之差，只因为已无和风习习的清新空气，也无清冽叮咚的饮用之水，有的只是通向远方的水泥地，令人窒息的雾霾，以及锈迹斑斑的水龙头。在精神文明跟不上物质文明，道德规则跟不上经济发展的城镇化之中，城市病层出不穷。因此，呼吁对传统文明的关注，只为了留一线生机。

种种现世报故事的流行，也不过是为了警醒世人敬畏因果，尊重生命，并借此弥补法律在社会正义上的不足。

第四节　人文社会传统的重构：佛教维权与宗教的惩罚机制

马斯洛对于优秀社会的定义就是善有善报，反过来说就是恶有恶报。他通过分析人的心理提出："人类的本能就是喜欢幸福的结局，希望看到好心有好报，看到残酷的剥削和丑恶受到惩罚。"[23]在宗教领域，也有本能性的奖惩机制。每一个宗教都有各自赏善罚恶的标准。对于在宗教中，通过自我的修行，促进宗教良性发展的信众，宗教有一套解释体系或晋升机制，可以满足他们在宗教修行中的需求。对于破坏宗教生存空间，阻碍宗教正常发展的人事现象，宗教也有其惩罚机制。

一、宗教惩罚机制的疲软无力

寺庙遭遇拆迁，并不只是意味着僧人生存空间的失去，《宪法》规定的合法权利得不到保障；更意味着佛教作为宗教，其道德约束功能的丧失。尤其是教内之人与教外力量所参与共谋的拆迁活动，更是印证了宗教内部约束惩罚机制的疲软，无力发挥内部整顿作用。

佛教之所以在当代社会的城镇化中出现被商业化、被娱乐化的无力感，一方面固然是改革开放以来宗教得以新生发展的原因，另一方面，也是原先农业

---

23 [美]弗兰克·戈布尔著，吕明、陈红雯译：《第三思潮：马斯洛心理学》，台北：师大书苑，1992年，第44页。

社会中的宗教信仰方式无力适应商业社会，无法为商业社会提供一套行之有效的道德准则的表现。佛教寺庙之所以遭遇城镇化中的拆迁困境，与商业时代佛教整体上过于侧重经济建设，从而丧失神圣性有着直接的关系。

首先，寺庙经济与佛教功德观。寺庙经济来源于十方大众的供养，佛教以供养制度构建其功德观念，以金钱为主的供养，迎合了商业社会的经济大潮流的需要。

其次，经济建设优先于信仰建设。由于历史的原因，当代佛教的发展自改革开放以来，大部分地区的寺庙处于恢复开放阶段，寺庙的经济建设成为寺庙发展的重心。大量的寺庙建设，促使僧团优先考虑经济建设，以修复寺庙，重建道场。佛教的信仰建设，在某种程度上，由于人才、精英的老年化与断层，而没有快速地跟上时代发展的步伐，造成正法不兴的局面。

再次，佛教社会形象的污名化。基于佛教在宗教旅游上的吸金能力，不可避免地沦为个别地方政府进行经济建设的工具，而不是伦理教化的先锋。在这种情况下，所营造的佛教景区实际上是以政商为主导的商业沃土，而非以僧人的教化修行为主体的信仰乐园。

最后，由于当代佛教在供养制度之外，尚未形成良好的教化体系。在大肆推进寺庙经济建设的同时，无力对商业社会形成有价值的道德建构，对于个体无法产生约束影响。从而，形成了佛教内忧外患局面的出现。

以上，也就是佛教界之所以在近年来走向维权护法发展路径的主要原因。改善这些佛教内部的负面因素，需要重构更新人文传统。

二、人文社会传统的重构与更新

佛教维权主要发生在佛教的社会影响力由弱转强的历史时刻。借由对佛教内部疲软，外部无力的社会形象的反思，佛教界内部形成了多种复兴路径，并以此服务于整个人文社会传统的重构与更新。

首先，由自我认同走向社会认同。佛教维权是一个自内而外的事情，以对内强化素质，对外塑造形象的维权路径发展。佛教界的自我认同，意指佛教界通过内部整顿，以戒律庄严僧众，塑造良好的僧团。佛教界的社会认同，则指的是通过政府与民间的协同努力，佛教界通过取消寺庙门票，叫停股份化，禁止宗教活动场所上市，整顿借教敛财，规范财务管理等宗教事务管理中的乱象，在社会上强化了信仰建设的社会形象。

其次，破除污名化，树立正面形象。由于改革开放以后的佛教界过于注重经济建设，忙于修建寺庙，恢复僧团，在信仰建设上不免有所落后，对混入僧团的不法分子缺乏严格的管教，佛教商业化现象丛生，导致正统佛教界背负重重污名。通过佛教维权，教内在整顿自身的同时，也着力进行弘法事业，从而在社会层面起到引领精神文明，与国家主流意识形态相谐行的状态，从而树立了正面积极的社会形象。

最后，以信仰建设引领人文社会。人文社会传统的重构与更新，是一个综合性的大体系，并不是佛教一家能够代言，但是由于佛教影响深入而广泛，通过以佛教为代表，五大宗教并行，有助于整个国家人文传统的更新，佛教人士通过配合国家宗教政策的发展，在文化建设、公益慈善、社会服务等方面积极为国分忧。

综上，佛教界有责任、有义务在守好本分本职的同时，在国家政府的指导下妥善处理好商业化难题，带动中华民族人文传统的更新气象。

第五节 因果思想的回归：对社会正义的呼唤

人文社会传统，反映的是公平正义的社会。在传统的社会之中，为什么因果报应能够作为劝人行善积德的道德思想广泛地存在？从民众的社会心理来看，主要有两个原因：①人间呕需正义原则的心理；②人间相信因果报应的心理。[24]

如果公民拥有法律所规定的种种权利，并由国家加以切实的保障，那么解决问题的方法就会归功于法治。但是以人为法所建构起来的法令条文，不会从精神层面主动告知公民什么当作，什么不当作，它只会在人犯罪的时候进行定罪与判刑。"只有道德法则，在冲突发生之前会指示我们什么当作？什么不当作？道德法则是有理性的法则，在这个法则令式下，每个人都被视为目的自身而存在，而绝不是被当成一个工具（或物品）般地践踏。正义必须建立在普遍的道德法则之上，才有可能实现社会的和谐和圆满，大多数人的幸福才会获得保障，每个人都能自由地与他人的自由互相调和而共存。"[25]

---

24 刘涤凡：《唐前果报系统的建构与融合》，台北：台湾学生书局，1999年，第520-524页。

25 刘涤凡：《唐前果报系统的建构与融合》，台北：台湾学生书局，1999年，第521-522页。

在法治尚未成熟覆盖到整个社会，尤其是正在城镇化的环境之中，解决社会不安的普遍性困惑，就只能归因于因果报应。这一点未尝是坏事。对于因果报应的学习、了解、认识与遵循，实际上合乎国家对于社会规范的建构。因果报应作为人文传统的根基，在赏善罚恶层面，既是宗教惩罚机制的表现，也是民间社会道德的展现。

因果思想的回归，在于民众对于社会正义的呼唤。

刘涤凡认为传统果报思想在中土社会具有以下效应：①监察人类社会善恶行为的仲裁者；②成为中土上下阶层教化的习俗；③果报信仰在社会交织成一片道德的法网；④形成积阴德的习俗。[26]既然果报思想有助于监察善恶，并已形成教化习俗，织成道德法网，主流意识形态为何不能借用这一传统文化，进行社会主义道德教育呢？明贤法师提出：“心性自觉与制度外护、道义自觉与法治保障，应该成为民心稳定、社会和谐的双重保障。”[27]

传统宗教，对于大多数苦难的人来说，往往只是在社会正义破产，善恶无报，落魄无奈之时的避难港湾。这一港湾，在生命教育上也有其独到之处，能够为社会提供源源不断的道德思想来源，并以其生命因果的教育，完善每一个虔诚学习的大众人生的安全，并祝福国家平安，世界和平。

社会呼唤法治化！在市场经济城镇社会之中，法治化能否跟得上时代的步伐？

城镇建设所带来的难道只是与良心、责任、道德的分割，利益相争之中的道德伦理全然丧失。先拆后迁，先赶后补的政策执行者已然不顾社会的公共规则，他们在破坏规则获取利益的同时已然丧失了作为人的基本底线。佛教城镇化问题事件中，地方上的大和尚们往往沉默不语。他们在沉默地保护自己那孤零零的寺庙时，也对所谓的关系、利益、面子，既鄙夷又不得不用力攥紧，生怕离开这些就丧失所有一般。因此，不管是受害人、施害人，还是尚未受害的人，他们都需要接受法治精神的洗礼，而不是私底下简单地传播因果报应的故事。

只是，从社会建构的角度，我们更需要反思的是，城镇化不断推进的同时，法治如何才能与时俱进？如何才能将法治精神落实到位？

---

26 刘涤凡：《唐前果报系统的建构与融合》，台北：台湾学生书局，1999 年，第 525-526 页。

27 明贤：《佛教的“法”与世间“法律”不同的生命观照价值》，《第三届“宗教·法律·社会”学术研讨会论文集》，2015 年 12 月，第 56 页。

第十章　结语：宗教治理、公共介入与信仰方式的变迁

佛教进入城镇化的历史方位，一方面得力于改革开放、思想自由而获得信众的支持，另一方面也由于消费文化的快速普及而进入市场领域产生仪式经济。由于社会工商业的大发展，经济复苏，催生了宗教奉献货币化的呈现，教内出现倾斜于经济建设而忽视信仰建设、道风建设的问题，进而在社会上出现利用佛教形象进行商业化经营的现象。地方城镇化的快速推进，利用寺庙资源为噱头，促进经济发展进入地方政府的发展议程之中，从整体上导致了佛教信仰沦为谋取利益的工具。这三重背景，直接构成了佛教城镇化发生的结构性难题。但是，佛教内部的主体意识觉醒，使其试图在加强自身道风建设的同时，积极推动国家宗教立法的完善，从而在媒介化社会中产生公共介入的现象，进而推动了宗教空间政治的变迁，促进了公共化信仰方式的形成。

第一节　佛教之于现代性的东西方社会

帕森斯曾说："佛教是目前所提到的文化复合体中最引人注目的现象，并在它最初形成的社会之外产生了极为深远的影响。但是，由于佛教并没有导致现代性的出现，并且对于西方社会没有什么根本意义，所以我们不打算详

尽讨论。"[1]

从帕森斯的观点来看，佛教缺乏现代性，对于西方社会无法产生意义，因此不在他的讨论范畴之内。为什么佛教只是在传统社会中产生了极为深远的影响，而在现代化的西方社会中缺乏根本意义？问题只有一点，佛教在现代西方社会中无法产生公共介入，无法为西方社会提供制度性支撑。

那么，现代的东方社会呢？这就涉及两对概念了，一对是传统与现代，一对是西方与东方。之所以这么区分，有两个原因。

第一，是佛教作为东方文明，发源于古印度，之后①在中国形成汉传佛教，开花结果，随后散布高丽、日本等；②在缅甸、泰国、斯里兰卡、越南、柬埔寨以及中国云南等地方则形成南传佛教；③在中国西藏形成藏传佛教。这是古代佛教的基本发展脉络。佛教在古代确实并未远传西方。

第二，佛教之所以传播到西方，又有两种不同的路径，一是近代日本铃木大拙在西方所掀起的禅学热，二是现代藏传佛教在西方的传播。相对于西方底蕴深厚的基督文明来说，佛教确实无法对西方社会产生什么根本性的意义。

但是，佛教之于东方呢？以及对于当代的东方社会，尤其是城镇化进程中的中国社会呢？这就值得思考了！佛教在中国现代化社会中的生存发展困境是什么？为什么会发生佛教城镇化问题与佛教维权的现象？佛教自身能否为现代中国城镇社会的发展提供相应的理论支撑？对这三个问题的思考，形成了本章的问题意识。

笔者将以此思考佛教在公共介入中的表现，及其如何在参与宗教治理中，产生信仰方式的变迁。就本文的主题来说，我们首先需要检讨发生佛教城镇化问题事件的结构性难题与传统信仰方式存在的弊端缺陷；其次，佛教如何介入公共社会，以自身的主体意识觉醒，推动法治化建设；最后，在公共介入之中，实现信仰方式的变迁，在保护寺庙财产的同时推动公共社会的发展。

第二节　消费文化与宗教奉献货币化

改革开放的历史进程，同样也是落实宗教政策、满足人民群众正常宗教需

1　Parsons, Talcott. "Societies: evolutionary and comparative perspectives." 1966. P. 95. 转引自[英]吉登斯著，李康译：《社会的构成：结构化理论纲要》，北京：中国人民大学出版社，2016年，第253页。

求、实现中华民族文化复兴之梦的重要阶段。宗教产业归还给宗教团体，宗教活动场所重建，集聚社会之涓滴，营建道场僧舍等。重建的时代，必然有相当长的时间、精力与资源投入到经济事务当中。即使如此，与其他宗教、或其他国家的宗教组织相比，佛教的产业规模有限，且以自给自足为主。当前，之所以出现佛教城镇化现象，与整个社会大背景的变化有着直接的关系。有学者将此现象总结为"商业化浪潮下的宗教境遇问题"[2]。

1983 年，茗山法师（1914-2001）发表了《变革·厄难·复兴：中国佛教三十年》一文。通过自己的亲身经历，他指出 1949 年之后三十年的中国大陆佛教可以划分为三个阶段：1949 年到 1966 年是佛教在"社会主义改造"条件下的变革时期；此后 1966 年至 1976 年的十年文革期间，佛教经历了前所未有的严重破坏，也就是所谓的"厄难"；而从 1978 年开始，中国佛教进入了一个"复兴"的新阶段。[3]汲喆先生曾以此为引子，开展对当代中国佛教的研究，他的文章从定量的角度，总结了当代中国汉传佛教的基本构成与演变趋势，并在某些问题上与 1949 年以前的历史时期做了比较。[4]

文化大革命结束之后，"新时期"的中国需要新的思想理论来完成改革开放的合法性论证，市场经济的萌芽与迅速发展成为了传统宗教复兴的丰沃土壤。[5]中国的改革开放，在带动出口的同时，不断地创造内需，从而在十三亿中国人口中形成了强大的消费需求。这种消费现象的出现，从正向效果来看，是中国经济水平不断增长的结果，是中国人努力争取国际化、现代化的具体表现。而从负面影响来看，中国社会的经济发展水平在改革开放以来得到快速的激发，因此，无论是在与之相应的商业文明的普及，还是法治理念的全面落实之中，均不可避免地存在不足之处。

2003 年，《中国季刊》第 174 期发表"当今中国的宗教"专辑。欧大年（Daniel L. Overmyer）在导言中指出，在过去 20 年里中国的许多宗教传统已经复苏，表现在恢复了宗教的活动与机构，并重建它们的寺庙、清真寺与教堂。

---

2 孙健灵：《宗教经济学：四大领域与两大论题》，《山东财政学院学报》，2012 年第 2 期，第 96 页。

3 释茗山：《变革·厄难·复兴：中国佛教三十年》，《茗山文选》，南京：金陵刻经处，2003 年。

4 汲喆：《复兴三十年：当代中国佛教的基本数据》，《佛教观察》总第五期，2009 年 7 月。

5 童世骏等著：《当代中国人的精神生活研究》，北京：经济科学出版社，2009 年，第 363 页。

这种复兴是更为广泛的社会自由的一个方面，伴随着这一时期的经济发展与多样化的趋势。这些复兴的活动具有许多外部的原因，但基本推动力是中国人民自己的信仰与投入。[6]2016 年 10 月，英国伦敦大学的三位社会人类学家合作主编论文集《消费中国》，对改革开放以来中国的消费文化做出了新的阐释。该文集的作者们试图重新界定中国的消费观念，强调中国语境的特殊性，注意探讨消费实践与中国更广泛的社会与文化变迁之间的内在关系，认为消费不只是经济行为，也不只是经济改革的结果，而是当代中国文化实践及其变迁的一个基本的组成部分。文集的主编之一莱瑟姆（Kevin Latham）以文集第三章作者石瑞（Charles Stafford）所提出的"中国仪式经济"（Chinese Ritual Economy）概念为例，认为如果没有对传统中国的"礼物交换"与仪式意义的敏感洞察，也就难以确切地理解中国式"自由经济"的特殊形态。他由此强调，要把握中国消费文化自身的特征，必须深入分析中国人的消费实践与传统文化之间既延续又断裂的双重性关系。[7]

伴随着改革开放以后党和国家在宗教政策上的相应开放与落实，对于佛教寺庙进行松绑的同时，传统的寺庙经济模式也发生了相应的变化，并对僧侣的生活产生了具体而实在的影响。经历过建国以至于文革的中国内地寺庙不再拥有广大的土地，只有少数寺庙仍然有可以耕种以自食其力的农田。因此，各大寺庙在恢复重建的过程中，特别强调发展经济。而他们的经济来源不得不依赖的是作为宗教自身所能举办的种种仪式。就宗教意义而言，这些仪式举办的目的满足了普渡众生的需求。但是就仪式所举办的社会意义来看，这些重复的仪式所带来的收入成为了寺庙维持生存与发展的必要手段。由于寺院重建与维持生存过程之中对于经济的需求，让地方政府、企业、个人等等利益集团开始觊觎于佛教所带来的利益。从而，产生了种种佛教商业化现象。这些现象，有的是为了地方经济的发展而将佛教圣地、佛教寺庙进行圈地开发而形成的旅游风景区；有的则是企业或者个人为了私人利益所进行的承包式经营；还有的则是利用了国人的信仰传统，进行假冒僧尼、忽悠

---

6 Daniel L. Overmyer, "Religion in China Today: Introduction", China Quarterly, 2003, No. 174, pp. 307-316. 转引自刘擎：《西方学术视野中的当代中国精神生活》，《浙江学刊》2007 年第 5 期。

7 Kevin Latham, Stuart Thompson and Jakob Klein, eds., Consuming China: Approaches to Cultural Change in Contemporary China, New York: Routledge/Curzon, 2006. 转引自童世骏等著：《当代中国人的精神生活研究》，北京：经济科学出版社，2009 年，第 362 页。

大众的社会诈骗行为。研究者指出，"在这种条件下，寺庙的自治或自我指导有时变得格外困难"[8]。

对于这一点，中国佛教协会常务理事圣凯法师有着自己的清醒认识。"当代中国佛教面临三大现实——中国特色的社会主义道路、商品经济社会和互联网时代。因此，必须依此而思考中国佛教的发展，即如何与社会主义社会相适应而又保持佛教的主体性，如何在商品经济社会仍然能够保持佛教的清净性，如何在互联网时代对传统进行创造性继承和创新性转化……佛教现代化的重要特征之一是信仰表达媒介的现代化和信仰表达形式的公共化。"[9]圣凯法师提出的三大现实非常精辟，这一观察以及对于这一现象的行动力，基本决定了中国佛教能否从私人的个体碎片化的纯粹信仰走向公共的整体参与性的社会宗教的路线。如果把握得好，也许是新时代佛教革新的契机，如果把握不住，适应不了，则可能无路可走……

由于近现代以来的中国社会，是一个由农耕社会转变为工商社会的过程。这一过程可以称之为城镇化的过程。在这一过程之中，第一产业向第二、第三产业推进的产业结构升级，导致农业所创造的物质比例在整个国家经济格局中所占比例不断缩小，而工业、商业、服务业的比例不断增大。无论是土地，还是物品，在工商业社会产生普遍性的商业化，从而导致信徒的宗教奉献也倾向于货币化。

在笔者的调研之中，发现部分新成立的宗教型旅游风景区确实存在高价门票现象，也有的存在依靠宗教法事获取经济利益的现象。甚至，浙江某寺院在恢复重建过程中，还曾经发生了一百多人的僧人团体因缺乏经济来源，而不得不向在家居士举债过年的问题。在调研之中，该团体负责人表示，由于寺庙当代发展所面临的现实经济困境，不得不通过门票、法事等路径维持寺庙自身发展以及开设佛学院的日常所需。

正如前面所述及的，寺庙在改革开放以后的恢复重建过程中，需要耗费大量的经济资源，寺庙自然对于经济建设格外重视，甚至可能优先考虑如何吸引有钱人的奉献。中国人民大学的魏德东教授在博客文章中提到，有位小童，跟父亲拜了趟三亚南海观音后，回家感慨：你们说佛度有缘人，我看是佛度

8　Raoul Birnbaum, "Buddhist China at the Century's Turn," *China Quarterly*, 2003, No. 174, pp. 428-450. 转引自童世骏等著：《当代中国人的精神生活研究》，北京：经济科学出版社，2009 年，第 370-375 页。

9　圣凯：《普隐心语·精进心》，北京：宗教文化出版社，2015 年。

有钱人。[10]

诚然，无钱不是佛教的本色，但是如果佛教信仰沦落到只能依靠钱财的支持才能提供相应宗教服务的话，那么，这一信仰现状在拒绝穷人的同时，也就失去了对于社会大众的广泛影响力，其神圣性与社会性就大打折扣。

寺庙的商业化经营管理，容易导致重视短期经济利益的套现而轻视济世度人的信仰宗旨，尤其是当寺庙遭遇其他利益集团的承包租赁式经营。

2012 年全国两会期间，少林寺方丈释永信法师提交《制止寺庙被租赁承包 维护宗教界合法权益》的建议案，引起国家相关部门的高度重视。在提案中，释永信法师提到——

> 长期以来，由于立法上的局限性，传统宗教财产权属不明确，僧俗之间、宗教组织内部围绕宗教财产的利益之争普遍存在；个人侵吞宗教财产，将其据为己有的现象也时有发生；个别组织或个人利用手中的权力不遵守法律法规，随意转让寺庙财产，以致寺庙动产、不动产，包括无形资产被侵权的现象，在市场化的浪潮中更呈愈演愈烈之势；一些新建的寺院过度强调其旅游功能，成为旅游开发者手中用以赚钱的工具，大大侵害了宗教的庄严性。

该提案所反映的问题，也正是当今以少林寺为代表的众多佛教寺院的发展困局：权属不明确导致利益之争，公私不分、界限不明，侵权者任意为之，而维权者无权可维，宗教圣地变成旅游景点，庄严道场变身消费市场。

刘爱利等学者通过对照 Mitchell（米歇尔）的旅游创造性破坏模型[11]发现，河南少林寺目前处于旅游创造性破坏模型的"后破坏"阶段。首先，从少林寺产业投资的指向性来看，在少林寺实景演出、影视拍摄、商业演出等众多行业中，私人投资已经占据主导地位，如《禅宗少林·音乐大典》是由郑州市天人文化旅游有限责任公司投资建设，项目总投资 3.5 亿元，演出项目投资 1.15 亿元。尽管这些行业的投资在一定程度上促进了少林寺品牌的宣传和传播，但都不属于真正意义上的遗产保护投资。其次，从少林寺旅游者的需求特性来看，

---

10 魏德东：《佛原本度有缘人，现在专度有钱人？》，2009-02-09, http://blog.sina.com. cn/s/blog_3d25d0c90100c7l3.html

11 Mitchell C J A. Entrepreneurialism, commodification and creative destruction: A model of post-modern community development. *Journal of Rural Studies,* 1998, 14(3): 273-286.

Mitchell C J A, Waal S B. Revisiting the model of creative destruction: St. Jacobs, Ontario, a decade later. *Journal of Rural Studies,* 2009, 25(1): 156-167.

电影《少林寺》放映之后带来的大量游客都以功夫猎奇、拍摄地游览等需求为主，真正的遗产探寻旅游者只存在于 1983 年以前；此外，以旅行社组团为主要方式的"走马观花"式的大众观光旅游，也与真正的遗产探寻活动相去甚远。再次，从与周边社区居民的关系来看，为全面恢复少林寺景区的禅宗意境，依据《嵩山少林寺景区详细规划》，登封市对核心景区内的所有居民区、商业区和武校都进行了搬迁，涉及少林、塔沟、郭店等 4 个行政村的 441 户。[12]这一搬迁，实现了景区与居民区的分离。第四，随着少林寺商业化的发展，少林寺原先"禅宗祖庭"的原始宗教景观，已经在很大程度上发展成为以宗教建筑为特色的休闲旅游景观，实现了主导景观符号的变迁。这些都表明，少林寺的商业化发展已经处于 Mitchell 旅游创造性破坏模型的"后破坏"阶段。[13]

第三节　佛教城镇化发生的结构性难题

　　本书考察的两个案例，都与地方城镇化推进有着直接的关系。就高王寺而言，处于省会管辖范围内，距离市区 90 分钟的车程，周边附近是大量未开发的农田。虽然地方政府有意引进资金进行开发，形成以寺庙为中心的佛教文化风景区，但是多年来的努力却一直未能落实。因此，地方政府试图将其纳入国家申遗计划之中，与其他地区的文物古迹进行打包申遗，试图以此提升知名度，对寺庙进行商业开发，以谋取经济利益。同理，"祥光寺所在地区是惠平一个极为繁华的地段，在此黄金地段，一座可以吸引周边居民祈福烧香的寺院，房价、地价很可能因为'信仰'的招牌而更趋飙升；对于有关部门而言，祥光寺就是手中的'唐僧肉'，是未来无尽的'生意'；对于由村民组建的管委会而言，他们也能在未来新寺运作的收益中分得一杯羹。"[14]祥光寺位于城镇化的开发区域，隶属于当地最大旧城改造项目。一方面，祥光寺所处区域房价的上涨，有着可观的收益；另一方面，祥光寺作为地方寺庙拥有一批忠实的信众，他们能为寺庙的长期发展带来稳定的利益收入。因此，地方政府、地方佛教协会与村干部对于祥光寺的觊觎也就在所难免。

12　于为民等：《少林雄风何时再飞扬：少林景区整治活动观感》，《河南日报》，2004-03-31。

13　刘爱利等：《宗教型遗产地旅游商业化的演化过程及机制——以嵩山少林寺为例》，《地理研究》，2015 年第 9 期。

14　周齐：《2013 年中国佛教发展形势及其热点事件评析报告》，邱永辉主编：《宗教蓝皮书：中国宗教报告（2014）》，北京：社科文献出版社，2015 年。

从这两个事件来看，之所以发生地方政府觊觎寺庙，在于试图利用寺庙，发展经济的需要。为什么寺庙的开发就能够带来经济利益？这也是改革开放以来的一个奇怪的现象。利用佛教古刹，赚取信众和游客观光的钱财。佛教信仰沦为谋取利益的工具，是佛教城镇化问题事件之所以频频发生的最重要的原因，也是导致佛教城镇化问题事件的结构性难题。这一难题与当前佛教的生存状况有着直接的关系。这也是佛教界之所以在社会事务之中表现乏力的根本原因。从佛陀时代至近两千年来的中国佛教，从来没有面临着当今这样一个繁荣的商品经济时代，祖师大德不会告诉我们该如何应对这个时代的问题。我们失去了传统佛教时代依附的土地模式，被新的商品经济时代所包围。上海大学的成庆老师认为：

> 佛教对社会的介入遭受两方面的限制：一是政府对宗教影响的限制，使得佛教本身很难以社会团体的身份主动介入到社会文化的重建当中，更无法自由地进行各种活动，而且政府的权力在僧团的组织、人事问题上的过多僭越，也使得僧团无法健全制度，进行自我管理与监督；另一方面，由于地方权力与资本的结合，使得许多传统庙宇被以旅游开发的名义圈入风景区，从而严重影响了佛教的弘法与自身的形象，而这种紧张关系如今已到了非常严重的地步。在这种背景下，佛教假如继续维持消极、顺从的传统，试图通过依附在权力结构上来获得生存空间，势必与当代自由民主的趋势有所背离，也势必会让自己隔绝于各种新兴的社会运动之外，成为"温室中的信仰"，这或许对于佛教在未来社会转型过程中的影响而言，并非是一项合理与明智的选择。[15]

这一论述从政治权力与商业资本对于佛教的双重影响论证了佛教社会介入的被动、消极与困顿的处境。这一现象固然由来有自，但是佛教精英如果无法看清现实，寻求突破，则难免与时代相背离。佛教城镇化问题的结构性难题背后反映的是传统信仰方式在现代社会进程中存在的诸多问题。具体表现如下：

首先，传统信仰已经成为了利益交换的工具，而不是信仰价值的体现与信仰教育的普及。个别地方佛教的发展将佛教从探究般若智慧的学问完全脱身

---

15 成庆：《中国佛教的现代化挑战》，许纪霖主编：《多维视野中的个人、国家与天下认同》，上海：华东师范大学出版社，2013年，第68页。

成为消灾祈福的工具。消灾祈福是中国佛教长期存在的一种社会功能，也是佛教渗透民间社会，进入民众日常生活的主要方式。但是，如果舍本逐末，忽视了思想层面佛法的教化，只是沉迷于通过实践层面的社会服务获取财富收入，那么就不只是佛教理性精神沦丧的一种表现，也是佛教难以良性发展的生存难题。

其次，无上庄严的寺庙成为明码标价的旅游场所，神圣的法事可以像商品一样进行买卖，个别穿僧袍的人在名利圈中沽名钓誉。个别有心人士利用佛教教育中福慧双修的功德观，片面强调福田培养的重要性，而忽视了智慧教育的根本性，导致出现层出不穷的利益交换现象。在缺乏审计制度的前提下，得不到管制的个别社会不良供养现象，就成为了整体佛教之所以被诟病的内部缺陷。

最后，经济建设重于信仰建设，是佛教发展天平严重失衡的根本原因。在改革开放的早期，由于历史的原因，中国大陆的寺院处于修复重建的阶段，不得不重视经济建设，以实现自养的目的。然而，进入 21 世纪以后，物质文明的飞速发展已经在物质层面上得到了快速的提升，而在精神文明上却远远落后。今天的文明建设如果跟不上时代的发展，就可能让灵魂继续在外漂移。合理合法地发展佛教的寺院经济，形成正当的僧团供养制度，确保僧人守持戒律，寺庙财产不被滥用，是未来佛教信仰方式变革的主要方向。

第四节　佛教的公共介入与国家议程

根据目前的情况来看，佛教试图在加强自身道风建设的同时，参与社会的建设。就本文案例的研究来看，由于佛教城镇化问题事件所反映的佛教在当代社会中的发展问题，已经涉及国家社会的法治建设，并与当前的政治体系有着千丝万缕的关系。佛教界人士积极推动国家宗教立法的完善，以及敦促政教关系的分离，在各司其职的前提下，服务社会。

一、佛教的主体意识觉醒

"目前中国关涉宗教领域的法治建设已取得一些进展，但仍存在一些问题，如执法机构以自定的行政法则为主来管理宗教，却缺乏由立法机构确立、通过的基本宗教立法等。因此，目前状况尚需进一步加强宗教立法工作，加强宗教法治建设，建立和健全宗教方面的法规体系和执法监督机制。"[16]针对中国佛教界基于自身维权而倡导的推动国家宗教立法完善与落实的情况，可以将之视为公共介入。

法国哲学家让·保罗·萨特（Jean-Paul Sartre）提出，公共知识分子在政治和社会等公共议题上，以批判的立场质询官方的政策，形成舆论和推动社会运动，迫使官方当局改变原先的错误政策，并借此维护社会的价值与市民权益。像这种就公共事务公开异议和借由行动向官方当局施压的行为，就称为公共介入（engagé）。[17]

刘宇光通过对马来西亚南方汉传佛教的研究发现，马来西亚社会环境的变化间接影响了年轻一代汉传佛教社群对公共事务的立场，由传统的低调转变至近年公共意识的觉醒，甚至以其宗教责任维护公共社会中其他宗教。[18]

在佛教城镇化问题事件的宗教空间政治博弈中，中国佛教的主体意识觉醒，借助于移动互联网的表达与社会民意形成了公共空间。佛教事件展现为社会公共事件，佛教内部议题，成为推动时代发展的命题。

二、央地博弈的佛教被商业化乱象及其治理

早在 1994 年 10 月 19 日国务院宗教事务局所发布《关于制止乱建佛道教寺观的通知》中就已明确规定，僧道人员不得为乱建的寺观工程进行募捐、化缘活动；不得为其开光、剪彩；不得以任何方式搞"股份制""中外合资""租赁承包"寺观等。甚至，浙江某地的村干部曾因将寺庙承包给私人分别受到撤职与警告处分。然而，佛教商业化的乱象却愈来愈多，涉及的部门归属也愈来愈复杂。

普利策奖得主、美国驻华记者张彦（Ian Johnson）在出版新书 The Souls of China: The Return of Religion After Mao（《中国灵魂：宗教在后毛泽东时代的回归》）以后所接受的采访中谈道："佛教和道教出现的一些腐败状况，和这些寺庙缺乏健康的金融系统有关。谁让他们卖票的？政府。收 100 块门票，

---

16 卓新平：《中国宗教的当代走向》，《学术月刊》，2008 年第 10 期。

17 转见刘宇光：《近年马来西亚南方汉传佛教的公共介入（engagé）：以官、民两版国族主义的竞争为线索》，《台湾宗教研究》，2014 年 6 月，第 13 卷第 1 期，第 101 页。

18 刘宇光：《近年马来西亚南方汉传佛教的公共介入（engagé）：以官、民两版国族主义的竞争为线索》，《台湾宗教研究》，2014 年 6 月，第 13 卷第 1 期，第 99-150 页。

90 块归政府所有。这是非常不健康的方式。其治理方式不透明，存在腐败的空间，其实也反应出整个社会的问题。"[19]

佛教被商业化现象出现的最根本原因还是当前我国佛教的多头管理机制。出现不良商业化现象的寺庙的管理机构往往不是宗教部门，而涉及到旅游、文管、园林等地方政府的多个部门，宗教部门只能对寺庙进行名义上的监督，这就给各种寺庙承包、违法建庙提供了操作空间。

这种由地方政府或者企业出资修建的寺庙，其本质在于将寺庙的场所空间作为一种商业投资，利用社会大众的佛教信仰谋取商业利益。其场所中的工作人员基本上是利益集团招聘的社会人士，而不是正式的出家僧众。研究者指出："所谓佛教三宝是佛、法、僧，一个既没有僧，也没有法的地方，怎么能够被称之为寺院呢？"[20]

2012 年 3 月，时任国务院总理温家宝提出"维护宗教团体、宗教界人士和信教群众的合法权益，充分发挥他们在促进经济发展、文化繁荣、社会和谐中的积极作用"。

基于寺院承包所带来的不正之风及其所带来的各种问题，引起了国家的高度重视。2012 年 10 月，国家宗教事务局特别联合十个部门发布《关于处理涉及佛教寺庙、道教宫观管理有关问题的意见》（以下简称《意见》），在《意见》中就寺院"被承包""被上市"等现象提出了"专项治理"与"坚决纠正"的严厉要求，力图为"商业化"时代背景下的中国佛教创建出"去商业化"的自养和发展平台。《意见》中明确提出，严禁党政部门参与或纵容、支持企业和个人投资经营或承包经营寺观，不得以任何方式将寺观搞"股份制""中外合资""租赁承包""分红提成"等。对参与、支持此类活动的党政干部要按党纪政纪严肃处理。除经政府宗教事务部门依法登记的宗教活动场所举行宗教活动，不得接受宗教性捐献。

在 2016 年的全国宗教工作会议中，习近平总书记把佛道教商业化作为当前面临的突出问题，强调去商业化成为了当前宗教工作的重心。"被商业化""被娱乐化"等社会乱象成为中国佛教在当代发展中面临的"新问题"，抵制"商业化""娱乐化"等社会浪潮的侵蚀，展现佛教的清净庄严，是当代大陆

---

19 赵晗：《专访普利策奖得主 Ian Johnson：中国宗教复兴是一种社会复康》，端传媒，2017-4-10，https://theinitium.com/article/20170410-mainland-ianjohnson/。

20 王维实：《当代我国佛教商业化问题研究》，西南大学硕士学位论文，2015 年，第 20-21 页。

佛教自身建设的重要使命。是年12月18日，由中国佛教协会下属中国佛教文化研究所主办的"'商业时代'的佛教本位与'去商业化'"研讨会在北京什刹海书院隆重举行。凤凰佛教在编发由周南撰写的《2016佛教思想建设研讨会侧记》中以编者按形式指出：中国佛教界正在坚定厘清"商业化"时代的佛教本位，探索佛教自养经济"去商业化"模式的新路径，拒绝佛教"被商业化""被娱乐化"等社会乱象绑架。期待在"商业化""娱乐化"社会潮流之下，中国佛教界能够开辟出"去商业化"的"寺院经济"新模式，为"商业化""娱乐化"社会提供"化商业""化娱乐"的新理念与新风尚。[21]

2018年，全国政协召开双周协商座谈会，以"治理佛教道教商业化"为主题，来自各部门各地区的代表，在大量调研工作的前提下，提出对该问题的认识与对策建议，从而为促进佛教道教健康发展，净化社会风气开辟了新的路径。[22]

跳出佛教看问题，是社会问题在佛教的突出表现。佛教在经济社会中所发生的商业乱象，主要表现为商业利益挤压佛教生存空间，商业资本勾兑佛教仪式服务，在宗教活动场所之中勾连商业活动，在商业活动之中掺杂宗教色彩，严重混淆了宗教与商业的界限，妨碍国家宗教政策的具体落实，已经造成了恶劣的社会影响，这种倾向的危险性已经关系到中国佛教的未来走向。国家各级政府在政治议程之中，对此问题高度重视，并做了大量调研与整治工作。虽然偶有反复，但是对于遭遇商业浪潮袭击的佛教界来说，也不得不依赖于政策而得以正当维权。

三、以宗教发展推动法治化建设

前文虽然以21世纪初的两个佛教城镇化问题事件作为分析宗教空间政治的典型案例，但是隐藏在规划与维权的纷繁现象背后的力量角逐、资源分配、变迁机制，无意中反映了社会的结构性问题。因此，宗教的空间政治，并非只关乎宗教本身的权益界定问题，更在于政府机关的职责权限以及行政人员的法律意识。

21　周南：《2016佛教思想建设研讨会侧记》，凤凰佛教，2017-1-31，https://fo.ifeng.com/a/20170131/44537814_0.shtml。

22　《理清治理佛教道教商业化思路和政策　促进佛教道教健康发展净化社会风气——全国政协"治理佛教道教商业化"双周协商座谈会发言摘登》，2018-7-2，http://www.cppcc.gov.cn/zxww/2018/07/02/ARTI1530491981131499.shtml。

宗教界人士能否通过宗教维权推动国家法律在宗教界的落实与完善，切实为宗教与社会的交往提供一个合法的社会身份，实现各自的社会化行动，超越宗教信仰个体化、私人化的表达方式，形成良性互动机制？值得我们对其进行综合性、系统性的比较研究。

在法律意义上，依法维护宗教财产、信仰者权益，是国家法律、宗教政策中的基本要义，也是当前宗教治理中的重大指向。在国家宗教政策之中，对宗教实行属地化管理。然而，属地化的管理，是否表示各级政府都能够完全依照法律法规进行管理？当宗教的生存发展与地方社会的发展发生冲突的时候，国家、社会、地方等各界力量如何均衡多方利益关系？地方官员到底是依法对宗教进行社会治理，还是选择挟教谋利？对这些问题的考察反映了不同层级政府的宗教观，因此，明晰宗教的权益范畴，有助于国家政府机关的依法管理，有助于地方的社会治理与区域稳定，也有助于积极引导宗教与社会主义社会相适应的进程。

在趋向多元而立体的现代社会中，宗教团体话语建构模式依赖于其组织运营。学界在宗教的社会表达之间讨论中国宗教格局的关系构成[23]，强调公民身份的信仰基础[24]，既可以把握到宗教发展的脉动，又可以为社会提供必要的学术借鉴。宗教团体通过提供社会公益服务或者咨询建议参与社会治理事务，通过公共对话为改善社会福利进行呼吁并通过信众群体施加影响。[25]种种理念与运营模式的现代化，使得宗教团体、民间组织逐渐得到主流社会的认可，也构成了当代宗教信仰方式发展的趋势。

宗教空间政治的博弈，在如实反映宗教生存现状的同时，也揭示出不同层级政府的行动规则差异性及其现存问题。对这些问题的理论研究，有助于引导社会各方力量正视宗教问题，促进宗教与社会主义社会相适应，能为社会治理提供宗教社会学的视角。佛教城镇化的意义在于正面应对时代变革所带来的挑战与阵痛，但是这未尝不是宗教组织在新时期革新信仰方式的关键时机。

---

23 李向平：《当代中国宗教格局的关系建构——以佛教、基督教的交往关系为例》，《宗教学研究》，2010 年增刊，第 122-129 页。

24 李向平、赵翠翠：《佛教信仰与中国公民社会——以佛教基层组织的运作为中心》，《西北民族大学学报》（哲学社会科学版），2010 年第 2 期；李向平：《从"宗教文化"到"公民文化"——兼论当代中国宗教社会角色的转变》，《江海学刊》，2011 年第 2 期，第 113-120 页。

25 [美]托马斯·雅诺斯基著，柯雄译：《公民与文明社会》，沈阳：辽宁教育出版社，2000 年，第 19 页。

强调法治建设、社会服务，提供社会关怀，参与社会建设，既是当前宗教发展的趋势，也是宗教社会学研究需要重点关注的现象。为此，从空间政治的视角研究佛教城镇化有助于理清宗教信仰方式与城市治理之间的关系，具有重要的佛教社会学理论意义与宗教治理的实践经验价值。

第五节　佛教信仰方式的时代变迁趋势

在前面的讨论中，笔者不仅分析了宗教治理问题产生的社会背景、影响佛教城镇化的政府权力与佛教僧人内部产生的共谋问题，还分析了媒体与互联网如何介入佛教城镇化之中，并对媒介仪式与法事仪式，乃至于因果报应流行的社会心理进行了分析。在此基础上，我们将以整合性的视角来认识佛教信仰方式的时代变迁趋势。

一、网罗天下与资源整合

移动互联网时代，新媒体技术打破了传统空间界限的区隔，将个体与整体进行即时链接，线上线下的活动不仅可以同时进行，还能够在个体之间、个体与主导者之间实行互动，从而形成新型平等通联的结构关系。这种结构关系可以称之为网罗天下的技术手段。这种技术手段，将以宗教活动场所的现实空间为中心的信仰方式转移到虚拟社会之中，从而形成更大范围的影响力。

新媒体以其独有的网罗天下的技术手段充分解决了信息社会资源整合的难题，改变了移动互联网时代中的宗教信仰方式。宗教空间政治的博弈，也从现实中的某地转移到了整个网络空间之中。地方政府对寺庙进行规划，以及信众、网民共同对地方政府的反抗、维权，甚至是借助国家公共权力约束地方行政权力的行为，已经充分说明了作为公共权力代表的地方政府不再是信仰建构的主要路径与可信赖的资源，以新媒体为代表的社会民意已然跃居信仰建构的主要影响因素。

在由新媒体所建构的流动空间中，信仰得以表达，情绪得以宣泄。在新媒体时代，信仰不再是权力私有化的专属品，而是一种人人都可以了解、接触与交流，甚至是表达情绪的公共空间。

二、信息公开化促进信仰方式的公共化

媒体之中，佛教城镇化得以追踪报道，特别是在线直播参与的网络公开化

促进了信仰方式的公共化。新媒体是信息社会传播的直接工具，通过新媒体连接个人与场所、连接多重媒体，实现即时性的跨地域传播，成为了瞬间即可实现的事情。社会大众可以通过新媒体了解事件动态。对于传统丛林来说，新媒体的应用并不能代替其他的宣传工作，新媒体需要与传统媒体以及其他的宣传方式进行结合，将线上的信息落实到线下的交流与实地活动的体验参与，方能带来切实的传播效果。传统媒体是单向的沟通体系，而新媒体则是多维的沟通模式。因此，对于特定信息的互动，利用网络公开化的形式不仅在速率上可以提升传播效果，更能够在线上与线下的互动之中产生新的信仰方式，或者说变革传统私人化的信仰方式为公共化的信仰方式。

　　基于新媒体带来的网络公开化思维，一定程度上改变了传统信仰的生成、传播与交往方式。某个宗教组织在网络中的出现或者缺席，就成为了大众是否了解、选择，乃至于参与、支持或反对的关键存在。对于个体的修行者来说，拥有新媒体，不一定有助于其自身系统的修学。然而，对于宗教团体来说，却可以将无数的个体凝聚在同一网络之中，达成共同的了解、修学，乃至于网络行动的兴起，可以号召千万人在世界各地共同关注同一行动，改变其既定发展路径。如高王寺得以保全，就在于互联网与媒体的介入。全国各地权威媒体、地方媒体、佛教团体组织、信众乃至于社会大众的公开讨论，促使政府决策的公开化，最终保全了寺庙的完整形态。

三、推动总体性宗教向公共性宗教发展

　　宗教活动场所合法性的建构来自于国家宗教事务管理部门的授权，这是一种总体性社会的宗教事务管理模式。在总体性社会的宗教事务管理模式之中，信众对于宗教的了解，主要来自于宗教活动场所中的宣传，从而形成一种"政府—场所—信众"三点合一的私人化信仰方式。这种由在地化的管理与宣传所形成的私人化信仰方式，其管理的运行机制是行政化的，场所之中对于信众的教育也是个别化的，或者说是单位化。三方基本上是单向进行的，信众不了解寺庙的管理情况，寺庙也不了解信众的信仰需求，政府与寺庙之间更是管理有余，参与不足，信众也难以理解政府的宗教事务管理政策与实际的管理行为。

　　媒体与互联网的出现，突破了以往人们只有到宗教活动场所才能了解宗教知识、参与宗教活动的信仰方式。在报道佛教城镇化的过程中，媒体将宗教

活动场所、宗教历史知识，以及宗教与社会、政府的关系展现在社会大众面前，揭开了宗教活动场所本身管理的难题，以及围绕着宗教活动场所背后的利益纠纷。这些权力关系与空间政治的公开化，打破了总体性宗教的私人化信仰格局。记者与公众对于佛教城镇化问题事件的关心，并非总是出自一己的利益，更多地是为伸张正义而"管闲事"。这种"管闲事"式的公共介入，体现的正是公民参与的精神。[26]这种社会大众共同参与的公共介入，在流动空间之中创造宗教类话题，吸引社会大众的了解与参与，对宗教活动场所管理模式的弊端进行揭露，理清了寺庙利益格局，从而促使总体性宗教向公共性宗教的进一步转型。

可以看到，在媒介化社会中，互联网与媒体的出现将信仰方式从私人领域拉到公共空间，将传统信仰方式形成过程中的权力关系与空间政治进行公开化的行为，推动了宗教空间政治的变迁，并促进了公共化信仰方式的形成。

以宗教空间政治博弈为契机的宗教信仰方式，将一反之前宗教沉寂的消极状态，而以积极开放的精神融入社会，为社会提供宗教服务，并在法律范围之内发挥作用。这是当前讨论宗教与法律关系，宗教法规完善，宗教与政治关联，宗教与社会、文化建设相适应的主要方面。在着眼宗教维权的同时，不可忽视的还有宗教信仰表达、宗教权益保障，而这些考验的是国家依法治国、地方政府依法治理社会的具体执行力度。

---

26 徐贲：《通往尊严的公共生活》北京：中央编译出版社，2016年，第242页。

参考文献

（以首字拼音为序）

一、中文著作

1. [梁]僧祐：《弘明集》，收于《大正藏》第 52 册，台北：新文丰出版股份有限公司，1994 年。

2. [元]德辉：《敕修百丈清规》，《大正藏》第 48 册，台北：新文丰出版股份有限公司，1994 年。

3. [明]湛然圆澄：《慨古录》，收于《卍续藏经》第 114 册，台北：新文丰出版股份有限公司，1995 年。

4. 包亚明主编：《现代性与空间的生产》，上海：上海教育出版社，2003 年。

5. 曹永森：《政府干预经济基础理论与行为模式》，北京：国家行政学院出版社，2012 年。

6. 曾繁旭、戴佳：《风险传播：通往社会信任之路》，北京：清华大学出版社，2015 年。

7. 陈金龙：《南京国民政府时期的政教关系：以佛教为中心的考察》，北京：中国社会科学出版社，2011 年。

8. 陈至洁、王韵主编：《法治的局限与希望：中国大陆改革进程中的台湾、宗教与人权因素》，台北：元照出版有限公司，2015 年。

9. 邓子美：《传统佛教与中国近代化——百年文化冲撞与交流》，上海：华东师范大学出版社，1994 年。

10. 高王寺：《维护高王寺僧团的生存权和僧团与玄奘塔一体性的请示》，高王寺单独印行散发本，2013 年 4 月。

11. 高宣扬：《当代社会理论》，北京：中国人民大学出版社，2005 年。

12. 葛兆光：《且借纸遁》，桂林：广西师范大学出版社，2014 年。

13. 龚学增：《宗教问题干部读本》，北京：中共中央党校出版社，2000 年。

14. 郭沫若：《郭沫若全集：考古编 1 卷》，北京：科学出版社，1982 年。

15. 郭于华等主编：《居住的政治》，桂林：广西师范大学出版社，2014 年。

16. 郭于华主编：《仪式与社会变迁》，北京：社会科学文献出版社，2000 年。

17. 国家宗教事务局政策法规司编：《宗教政策法规文件选编》，北京：宗教文化出版社，2012 年。

18. 国家宗教事务局宗教研究中心：《国外宗教法规汇编》，北京：宗教文化出版社，2002 年。

19. 何方耀、宋跃华等著：《当代汉传佛教寺院管理初探》，香港中文大学出版社，2020 年。

20. 何怀宏：《西方公民不服从的传统》，长春：吉林人民出版社，2001 年。

21. 何蓉：《宗教经济诸形态：中国经验与理论探研》，北京：学习出版社，2015 年。

22. 觉醒主编：《当代宗教媒体的定位与责任》，北京：金城出版社，2011 年。

23. 金泽、邱永辉主编：《宗教蓝皮书·中国宗教报告（2013）》，北京：社会科学文献出版社，2013 年。

24. 李培林、李强、马戎主编：《社会学与中国社会》，北京：社会科学文献出版社，2008 年。

25. 李向平：《信仰、革命与权力秩序：中国宗教社会学研究》，上海：上海人民出版社，2006 年。

26. 李向平：《中国当代宗教的社会学诠释》，上海：上海人民出版社，2006 年。

27. 刘创楚、杨庆堃：《中国社会：从不变到巨变》，香港：中文大学出版社，2001 年。

28. 刘滌凡：《唐前果报系统的建构与融合》，台北：台湾学生书局，1999 年。

29. 彭兆荣：《人类学仪式的理论与实践》，北京：民族出版社，2007 年。

30. 邱永辉主编：《宗教蓝皮书·中国宗教报告（2014）》，北京：社科文献出版社，2015 年。

31. 上海社会科学院编：《传统中国研究集刊》，上海：上海人民出版社，2006 年。

32. 王岗、李天纲编：《中国近世地方社会中的宗教与国家》，上海：复旦大学出版社，2014 年。

33. 文贯中：《吾民无地：城市化、土地制度与户籍制度的内在逻辑》，北京：东方出版社，2014 年。

34. 文军主编：《西方社会学理论：经典传统与当代转向》，上海：上海人民出版社，2006 年。

35. 吴华：《民国成都佛教研究（1912-1949)》，北京：宗教文化出版社，2016 年。

36. 夏铸九、王志弘编译《空间的文化形式与社会理论读本》，台北：台湾大学建筑与城乡研究所、明文书局，2002 年。

37. 邢福增：《当代中国的政教关系》，香港：建道神学院，1999 年。

38. 徐贲：《通往尊严的公共生活》北京：中央编译出版社，2016 年。

39. 徐复观：《徐复观杂文续集》，台北：时报文化出版公司，1981 年。

40. 徐以骅：《宗教与当代国际关系》，上海：上海人民出版社，2012 年。

41. 许效正：《清末民初庙产问题研究（1895-1916)》，北京：宗教文化出版社，2016 年。

42. 学愚：《中国佛教的社会主义改造》，香港：中文大学出版社，2015 年。

43. [澳]颜清湟，粟明鲜等译：《新马华人社会史》，北京：中国华侨出版社，1991 年。

44. 袁行霈主编：《国学研究》第 7 卷，北京：北京大学出版社，2000 年 7 月。

45. 翟学伟、薛天山主编：《社会信任：理论及其应用》，北京：中国人民大学出版社，2014 年。

46. 张建文：《宗教财产立法研究》，北京：中国民主法制出版社，2015 年。

47. 张训谋：《欧美政教关系研究》，北京：宗教文化出版社，2002 年。

48. 赵鼎新：《国家、战争与历史发展：前现代中西模式的比较》，杭州：浙江大学出版社，2015 年。

49. 赵鼎新：《民主的限制》，北京：中信出版社，2012 年。

50. 赵朴初：《赵朴初文集》，北京：华文出版社，2007 年。

51. 郑杭生、杨敏：《社会互构论：世界眼光下的中国特色社会学理论的新探索——当代中国"个人与社会关系研究"》，北京：中国人民大学出版社，2010 年。

52. 郑杭生等：《当代中国社会结构和社会关系研究》，北京：首都师范大学出版社，1997 年。

53. 郑也夫：《信任论》，北京：中信出版社，2015 年。

54. 周怡主编：《我们信谁？：关于信任模式与机制的社会科学探索》，北京：社会科学文献出版社，2014 年。

55. 周振超：《当代中国政府条块关系研究》，天津：天津人民出版社，2009 年。

56. "和谐社会的宗教论"课题组：《和谐社会的宗教论》，北京：宗教文化出版社，2010 年。

二、中文译著

1. [奥]康罗·洛伦兹著，王守珍、吴月娇译：《攻击与人性》，北京：作家出版社，1987 年。

2. [德]马克思·韦伯著，刘援、王予文译：《宗教社会学》，台北：桂冠图书公司，1994 年。

3. [德]马克思·韦伯著，王容芬译：《儒教与道教》，北京：商务印书馆，1995 年。

4. [德]尼克拉斯·卢曼著，瞿铁鹏译：《信任：一个社会复杂性的简化机制》，上海：上海世纪出版集团，2005 年。

5. [德]齐美尔著，林荣远编译：《社会是如何可能的》，桂林：广西师范大学出版社，2002 年。

6. [德]托马斯·海贝勒、[德]舒耕德、杨雪冬主编：《"主动的"地方政治：作为战略群体的县乡干部》，北京：中央编译出版社，2013 年。

7. [德]托马斯·卢克曼著，覃方明译：《无形的宗教——现代社会中的宗教问题》，香港：道风山汉语基督教文化研究所，1995 年。

8. [法]孟德斯鸠著，许明龙译：《论法的精神》，北京：商务印书馆，2012 年。

9. [法]皮埃尔·布迪厄、[美]华康德著，李猛、李康译：《实践与反思》，北京：中央编译出版社，1998 年。

10. [法]涂尔干著，渠东、汲喆译：《宗教生活的基本形式》，上海：上海人民出版社，1999 年。

11. [美]E·博登海默著，邓正来、姬敬武译：《法理学、法哲学及其方法》，北京：华夏出版社，1987年。

12. [美]戴维·哈维著，阎嘉译：《后现代的状况：对文化变迁之缘起的探究》，北京：商务印书馆，2003年。

13. [美]弗兰克·戈布尔著，吕明、陈红雯译：《第三思潮：马斯洛心理学》，台北：师大书苑，1992年。

14. [美]弗朗西斯·福山著，彭志华译：《信任——社会美德与创造经济繁荣》，海南：海南出版社，2001年，第31页。

15. [美]弗朗西斯·福山著，毛俊杰译：《政治秩序与政治衰败：从工业革命到民主全球化》，桂林：广西师范大学出版社，2015年。

16. [美]汉娜·阿伦特著，王寅丽译：《人的境况》，上海：上海人民出版社，2009年。

17. [美]康芒斯著，于树生译：《制度经济学》（上册），北京：商务印书馆，1962年。

18. [美]朗·富勒著，郑戈译：《法律的道德性》，北京：商务印书馆，2005年。

19. [美]刘易斯·芒福德著，宋俊岭等译：《城市发展史：起源、演变和前景》，北京，中国建筑工业出版社，2005年。

20. [美]罗纳德·H.科斯等著，刘守英等译：《财产权利与制度变迁：产权学派与新制度学派译文集》，上海：格致出版社，2014年。

21. [美]乔尔·科特金著，王旭译：《全球城市史》，北京，社会科学文献出版社，2014年。

22. [美]托马斯·雅诺斯基著，柯雄译：《公民与文明社会》，沈阳：辽宁教育出版社，2000年。

23. [英]安东尼·吉登斯著：《现代性的后果》，田禾译，南京：译林出版社，2000年。

24. [英]吉登斯著，李康译：《社会的构成：结构化理论纲要》，北京：中国人民大学出版社，2016年。

25. [英]吉登斯著，夏璐译：《现代性与自我认同：晚期现代中的自我与社会》，北京：中国人民大学出版社，2016年。

26. [英]纽博尔德编，汪凯、刘晓红译：《媒介研究的进路：经典文献读本》，北京：新华出版社，2004年。

三、中文论文

1. 编者按：《当信仰成为生意》，《北大商业评论》，2013 年第 5 期。

2. 曾繁旭等：《框架争夺、共鸣与扩散：PM2.5 议题的媒介报道分析》，《国际新闻界》，2013 年第 8 期。

3. 常正：《国家宗教事务局贯彻十部门文件经验交流会在北京召开》，《法音》，2014 年第 4 期。

4. 陈兵：《中国佛教的回顾与展望》，《法音》，2000 年第 2 期。

5. 陈晓宏、林薇薇：《城镇化进程中失地农民宗教信仰的变迁——以福建省闽侯县上街镇为例》，《中共福建省委党校学报》，2014 年第 1 期。

6. 传印：《中国佛教协会六十年》，《佛学研究》第 22 期，2013 年。

7. 戴继诚：《争吃"唐僧肉"，相煎何日休？——中国当代"消费佛教"现象批判》，收于《人间佛教研究》，2013 年第 5 期。

8. 刀述仁：《关于〈中国佛教协会章程（修订草案）〉的说明》，《法音》，2015 年第 5 期。

9. 丁莉霞：《当代藏传佛教寺院经济状况及其管理探析》，《世界宗教文化》，2014 年第 1 期。

10. 邓泽玲：《新闻媒体与佛教团体在当代佛教维权中的运动机制研究》，成都：西南民族大学硕士学位论文，2016 年。

11. 窦方：《宗教信仰与中国居民的信任水平——基于 2010 年 CGSS 数据》，《第六届珞珈国是论坛论文集》，武汉，2012 年 11 月。

12. 高师宁、杨凤岗：《宗教信仰与市场经济——中国天主教企业家信仰与信任问题调查》，《基督宗教研究（第 12 辑）》，2009 年。

13. 高师宁：《城市化过程与中国基督教》，《宗教学研究》，2011 年第 2 期。

14. 古正美：《佛教传播与中国佛教国家的形成》，台湾《成大历史学报》，2011 年第 40 号。

15. 郭道晖：《论社会权力的存在形态》，《河南省政法管理干部学院学报》，2009 年第 4 期。

16. 郭道晖：《新闻媒体的公权利与社会权力》，《河北法学》，2012 年第 1 期。

17. 郭桂香：《丝路申遗金泉给力》，《中国文物报》，2014-07-01。

18. 郭延军：《我国处理政教关系应秉持什么原则——从三亚观音圣像的建设和开光说起》，《法学》，2005 年第 6 期。

19. 韩文：《商业请退出庙门——中国佛教协会学诚会长接受〈中国经济周刊〉专访》，《中国经济周刊》，2015 年 10 月 19 日。

20. 郜永昌：《中国土地使用管制法律制度研究》，重庆：重庆大学博士学位论文，2007 年。

21. 何显明：《市场化进程中的地方政府角色及其行为逻辑——基于地方政府自主性的视角》，《浙江大学学报》（人文社会科学版），2007 年第 6 期。

22. 黄宝瑛：《政教关系研究的反省——从理论建构观点论述》，《师大政治论丛》，2008 第 9、10 期（合辑），台北：台湾师范大学政治研究研究所。

23. 纪华传、何方耀：《当代汉传佛教寺院经济现状及其管理探析》，《世界宗教文化》，2014 年第 1 期。

24. 巨赞主编：《现代佛学》（庆祝中国佛教协会成立专号），北京：现代佛学社，1953 年 6 月 15 日。

25. 卷首语：《中国佛教主体意识觉醒与道路建设》，《佛学研究》，2013 年总第 22 期。

26. 康乐：《转轮王观念与中国中古的佛教政治》，《中央研究院历史语言研究所集刊》，第 67 本第 1 分，1996 年。

27. 李纯斌、吴静：《"空间失配"假设及对中国城市问题研究的启示》，《城市问题》，2006 年第 2 期。

28. 李峰：《对宗教组织之信任的探索性研究——以上海数据为例》，《社会》，2013 年第 2 期。

29. 李峰：《科学主义、文化民族主义与民众对佛道耶之信任：以长三角数据为例》，《世界宗教研究》，2015 年第 3 期。

30. 李刚：《中国佛教协会成立经过考略》，《当代中国史研究》，2005 年 3 月。

31. 李利安：《高王寺拆迁需慎之又慎》，《华商报》A12 版，2013-04-12。

32. 李利安：《直面高王寺：审遗 审疑 审申遗》，香港《文汇报》，2013-5-15。

33. 李平：《城市化进程中的宗教工作问题与对策——基于江苏五城市的实证分析》，《江苏省社会主义学院学报》，2014 年第 3 期。

34. 李涛等：《什么影响了居民的社会信任水平？——来自广东省的经验证据》，《经济研究》，2008 年第 1 期。

35. 李向平、杨静：《宗教合法性及其获得方式——以日本〈宗教法人法〉为中心》，《当代宗教研究》，2004 年第 4 期。

36. 李向平、赵翠翠：《佛教信仰与中国公民社会——以佛教基层组织的运作为中心》，《西北民族大学学报》（哲学社会科学版），2010 年第 2 期。

37. 李向平：《"场所"为中心的"宗教活动空间"——变迁中的中国"宗教制度"》，香港道风山《基督教文化评论：宗教社会学专辑》，2007 年第 26 期。

38. 李向平：《"佛教社会"与"和谐社会"》，《法音》，2008 年第 4 期。

39. 李向平：《从"宗教文化"到"公民文化"——兼论当代中国宗教社会角色的转变》，《江海学刊》，2011 年第 2 期。

40. 李向平：《当代中国宗教格局的关系建构——以佛教、基督教的交往关系为例》，《宗教学研究》，2010 年增刊。

41. 李向平：《专制王权下的传统中国佛教制度》，《普门学报》（第 34 期），2006 年 7 月。

42. 李向平等：《宗教活动场所合理布局刍议》，上海：《当代宗教研究》，2005 年第 2 期。

43. 练宏：《注意力竞争——基于参与观察与多案例的组织性分析》，《社会学研究》，2016 年第 4 期。

44. 刘海明：《无过之讼与无心之失》，《北大商业评论》，2013 年第 5 期。

45. 刘金光：《重视城镇化中的宗教活动场所拆迁安置问题》，《中国宗教》，2014 年第 1 期。

46. 刘舒凌：《宗教局：佛道教场所被承包乱象得到一定程度遏制》，《法音》，2014 年第 4 期。

47. 刘涛：《另一种公共文化空间——宗教活动场所与公共文化服务》，《上海文化》，2013 年第 12 期。

48. 刘仰：《宗教的商业逻辑》，《北大商业评论》，2013 年第 5 期。

49. 刘宇光：《近年马来西亚南方汉传佛教的公共介入（engagé）：以官、民两版国族主义的竞争为线索》，《台湾宗教研究》，2014 年 6 月，第 13 卷第 1 期。

50. 刘志林等：《空间错位理论研究进展与方法论评述》，《人文地理》，2010 年第 1 期。

51. 龙泉：《汉地教团的建立及早期形态》，《法音》，1996 年第 8 期。

52. 卢云峰：《走向宗教的多元治理模式》，《文化纵横》，2013 年第 3 期。

53. 卢云峰、和园：《善巧方便：当代佛教团体在中国城市的发展》，《学海》，2014 年第 2 期。

54. 明贤：《佛教的"法"与世间"法律"不同的生命观照价值》，《第三届"宗教·法律·社会"学术研讨会论文集》，2015 年 12 月，第 56 页。

55. 明易：《职能错位还是精神迷失？——高王寺风波探源》，《北大商业评论》，2013 年第 5 期。

56. 芃如旧：《搭建建设性共识的平台》，《光明日报》，2013 年 5 月 11 日。

57. 邱永辉：《宗教文化与可持续社区建设》，《中国宗教》，2014 年第 2 期。

58. 任晓莉：《论宗教信仰自由的宪政保护》，北京：中央民族大学硕士研究生毕业论文，2009 年。

59. 阮荣平、王兵：《差序格局下的宗教信仰和信任——来自中国十个城市的经验数据》，《社会》，2011 年第 4 期。

60. 圣凯：《不要拆了那方净土 强拆高王寺的错误阐述及解决出路》，《中国宗教》，2013 年第 5 期。

61. 孙立平：《利益关系形成与社会结构变迁》，《社会》，2008 年 3 月。

62. 孙立平：《总体性社会研究——对改革前中国社会结构的概要分析》，《中国社会科学季刊》，1993 年第 2 期。

63. 谭璐：《宗教领域突发事件网络舆情研究——基于"高王寺"事件的案例分析》，西安：西北大学硕士学位论文，2015 年。

64. 童之伟：《地方政府投资宗教项目涉及的法律问题——三亚南山观音圣像建设与政教关系学术座谈会纪要》，《法学》，2005 年第 11 期。

65. 王佳、司徒剑萍：《当代中国社会的宗教信仰和人际信任》，《世界宗教文化》，2010 年第 4 期。

66. 王生才：《城镇化进程中要重视推动宗教活动场所合理布局》，《中国宗教》，2014 年第 2 期。

67. 王世榕：《因果观念在中国民间社会的流衍》，台北：国立政治大学政治学研究所硕士学位论文，1967 年。

68. 王永会：《中国佛教僧团发展及其管理研究》，成都：四川大学博士学位论文，2001 年。

69. 王天定：《自媒体、意见领袖与媒体议程——以公民行动"舍利回家"为例》，《南方传媒研究39》，广州：南方日报出版社，2012 年 12 月。

70. 王志跃：《宋代国家、礼制与佛教的互动考论》，《广西社会科学》，2011 年第 8 期。

71. 王作安：《把握规律 开拓创新 做好新形势下宗教活动场所管理工作》，《中国宗教》，2012 年第 6 期。

72. 王作安：《在中国佛教协会第八次全国代表会议开幕式上的讲话》，《法音》，2010 年第 2 期。

73. 韦羽：《广州宗教生态思考——以新世纪以来广州宗教活动场所变迁为视角》，《广州社会主义学院学报》，2014 年第 3 期。

74. 魏德东：《法学界的宗教关注》，《中国民族报·宗教周刊·理论》，2006 年 5 月 2 日。

75. 文卫勇、刘天宇：《府际关系视角下的省界宗教活动场所治理——以赣鄂边界 Y 宫为例》，《世界宗教文化》，2016 年第 4 期。

76. 吴华：《成都佛教团体的近代激变：以四川省佛教会为例》，《宗教学研究》，2016 年第 3 期。

77. 吴华：《当代中国宗教社会性研究视野中的"信仰社群"》，《云南社会科学》，2017 年第 2 期。

78. 吴华、任雅仙：《新媒体视域下的宗教传播与社会治理研究：以佛教网络群体为线索》，《新闻界》，2016 年第 17 期。

79. 吴垠：《城镇化的古典模式与新古典模式》，《中国人民大学学报》，2016 年第 3 期。

80. 肖尧中：《城镇化进程中宗教活动场所管理功能的嬗变》，《世界宗教文化》，2015 年第 4 期。

81. 肖尧中：《宗教事务管理的社会化转向及其实现路径》，《中央社会主义学院学报》，2016 年第 4 期。

82. 肖云泽：《信仰方式与土地规则——以 A 省土地专项整治行动中的基督教为例》，《道风：基督教文化评论》，第 46 期，2017 年春。

83. 谢岳：《从"司法动员"到"街头抗议"——农民工集体行动失败的政治因素及其后果》，《开放时代》，2010 年第 9 期。

84. 许正林、贾兵，《当前西方基督教网络传播态势及其研究视野》，《上海大学学报（社会科学版）》，2010 年第 11 期。

85. 宣君霖：《中国大陆新型城镇化的比较分析——"三个一亿人"政策的探

讨》，金门：国立金门大学硕士学位论文，2016 年。

86. 颜尚立：《梁武帝受菩萨戒及舍身同泰寺与"皇帝菩萨"地位的建立》，《东方宗教研究》新 1 期，1990 年 10 月。

87. 颜尚文：《梁武帝注解〈大品般若经〉与"佛教国家"的建立》，《佛学研究中心学报》，1998 年第 3 期。

88. 杨凤岗：《中国宗教的三色市场》，《中国人民大学学报》，2006 年第 11 期。

89. 杨雪冬：《公共危机倒逼地方政府"再地方化"》，《当代社科视野》，2011 年第 4 期。

90. 姚淮：《藏地城镇空间地域特征的宗教成因》，《现代城市研究》，2006 年第 4 期。

91. 姚望：《警惕政教合一的幽灵》，《北大商业评论》，2013 年第 5 期。

92. 虞晓芬、高鋆、梁超：《国内外空间失配理论的研究进展述评》，《经济地理》，2013 年第 3 期。

93. 张佳弘：《论中国政治史上的高僧——以佛图澄、八思巴、姚广孝为例》，《佛学与科学》，2012 年。

94. 张健：《加强新形势下的爱国宗教团体建设——四川省宗教团体面临的问题与应对策略》，《四川统一战线》，2013 年第 2 期，第 26-28 页。

95. 张静：《信任问题》，《社会学研究》，1997 年第 3 期。

96. 张敏、王凤全：《法人制度下的宗教活动场所财产管理问题探究》，《中央社会主义学院学报》，2015 年第 5 期。

97. 张明锋：《我国宗教活动场所产权制度设计的学术建议》，《世界宗教研究》，2016 年第 3 期。

98. 赵翠翠：《私人信仰的公共化困境——基于浙江某镇海滨社区信仰关系的研究》，上海：华东师范大学博士学位论文，2016 年。

99. 赵朴初：《中国佛教协会四十年——在中国佛教协会第六届全国代表会议上的报告》，《法音》，1993 年第 12 期。

100. 郑筱筠：《当代南传佛教寺院经济现状及其管理探析》，《世界宗教文化》，2014 年第 1 期。

101. 中共中央宣传部编：《宣传通讯》，1953 年第 9 期。

102. 周江评：《"空间不匹配"假设与城市弱势群体就业问题：美国相关研究及其对中国的启示》，《现代城市研究》，2004 年第 9 期。

103. 周齐：《2013 年中国佛教发展形势及其热点事件评析报告》，邱永辉主编：《宗教蓝皮书：中国宗教报告（2014）》，北京：社会科学文献出版社，2015 年。

104. 周雪光、练宏：《政府内部上下级部门间谈判的一个分析模型——以环保部门为例》，《中国社会科学》，2011 年第 5 期。

105. 周雪光：《基层政府间的"共谋现象"——一个政府行为的制度逻辑》，《开放时代》，2009 年第 12 期。

106. 周怡：《信任模式与市场经济秩序——制度主义的解释路径》，《社会科学》，2013 年第 6 期。

107. 朱竑、郭春兰：《本土化与全球化在村落演化中的响应——深圳老福音村的死与生》，《地理学报》，2009 第 8 期。

108. 卓新平：《中国宗教的当代走向》，《学术月刊》，2008 年第 10 期。

109. 中国人民大学国家发展与战略研究院、中国人民大学法学院主编：《中国宗教法治高端论坛 2016 论文集》，北京，2016 年 6 月。

四、网络文献

1. 《保卫高王寺——玄奘大师遗骨迁葬地拆迁之争》，凤凰网佛教，2013-4-11，http://fo.ifeng.com/special/baoweixingjiaosi/。

2. 《高王寺申遗相关情况说明》，金泉市文物局官网，2013-4-11，http://www.xawwj.com/ptl/def/def/index_1270_2570_ci_trid_625015.html。

3. 《国家宗教事务局简介》，国家宗教事务局官方网站，2016-8-15，http://www.sara.gov.cn/jqgk/zs/index.htm。

4. 《金泉高王寺面临拆迁 回应：协商结果出来前不动一砖一瓦》，人民网，2013-4-11，http://society.people.com.cn/n/2013/0411/c1008-21102147.html。

5. 《金泉市申遗工作领导小组办公室发布高王寺申遗相关情况说明》，中国广播网，2013-04-11，http://native.cnr.cn/city/201304/t20130411_512340717.shtml。

6. 《李利安教授直面高王寺事件"审遗 审疑 审申遗"》，《香港文汇报》，2013-5-15，http://paper.wenweipo.com/2013/05/15/zt1305150002.htm。

7. 《我局新闻发言人就金泉高王寺遭"拆迁"事做出回应》，国家宗教事务局官网，2013-4-11，http://www.sara.gov.cn//xwzx/xwjj/19878.htm。

8. 《祥光寺拆迁之殇》，凤凰网佛教，2013-12-7，http://fo.ifeng.com/special/fuzhouruiyun/。

9. 《直湖系玩弄高王寺僧众全过程的原貌解析》，百度贴吧，2013-05-10，https://tieba.baidu.com/p/2319641829。

10. 《宗教事务条例》，中国政府网，2006-2-24，http://www.gov.cn/test/2006-02/24/content_210351.htm。

11. 陈鸣、王克勤：《重庆温泉寺，商业与宗教争夺战》，《中国经济时报》，2009-4-24，http://www.cet.com.cn/20090424/h1.htm。

12. 丹珍旺姆：拆庙拆不了信仰 祥光寺老法师面对强拆从容拜佛，2013年12月10日，http://fo.ifeng.com/news/detail_2013_12/10/31984405_0.shtml。

13. 丹珍旺姆：惠平市民宗局领导谈祥光寺强拆焦点问题，2013年12月13日，http://fo.ifeng.com/news/detail_2013_12/13/32097593_0.shtml。

14. 段玉明：《杭州灵隐寺冷泉之宗教意蕴生成》，杭州灵隐寺官网，2014-11-10，http://www.lingyinsi.org/paper_24.html。

15. 凤凰网佛教, 2014-1-6, http://fo.ifeng.com/special/2013lanpishu/meitijiandu/detail_2014_01/06/32764205_0.shtml。

16. 凤凰网华人佛教, 2013-12-11, http://fo.ifeng.com/changshi/detail_2013_12/11/32023499_0.shtml。

17. 高龙：《记者回顾直湖采访过程 神话背后是求"大"的发展思路》，南都网，2013-05-29，http://www.nandu.com/nis/201305/29/58180.html。

18. 高志强：《警方破获离奇文物案 盗贼偷佛身时突然倒地身亡》，大河网，2013-12-20，http://news.dahe.cn/2013/12-20/102570540.html。

19. 郭桂香：《丝路申遗金泉给力》，国家文物局官网，2014-7-1，http://www.sach.gov.cn/art/2014/7/1/art_722_92528.html。

20. 李继武：《高王寺申遗缘何成公共事件》，中国社会科学网，2013-4-24，http://www.cssn.cn/skyskl/skyskl_dfwh/201310/t20131026_605296.shtml。

21. 李向平、何子文：《别让佛教沦为私人化的功德信仰》，凤凰网佛教，2012-2-13，http://fo.ifeng.com/guandian/detail_2012_02/13/12470574_0.shtml。

22. 李哲：《触目惊心看因果报应：为挟佛敛财者捏把汗》，凤凰网佛教，2013-12-26，http://fo.ifeng.com/guanchajia/detail_2013_12/26/32491391_0.shtml。

23. 梁昕：《旧城改造与古寺突围 祥光寺拆迁困局调查》，凤凰网佛教，2013-

12-7，http://fo.ifeng.com/news/detail_2013_12/07/31888498_0.shtml。

24. 梁昕：《祥光寺"强拆"进行时 违规夺寺事态严重》，凤凰网佛教，2013-12-7，http://fo.ifeng.com/news/detail_2013_12/07/31888597_0.shtml。

25. 梁昕：《祥光寺拆迁民意调查：500 万人次投票 99%认为不合法》，凤凰网佛教，2013-12-20，http://fo.ifeng.com/news/detail_2013_12/20/32300332_0.shtml。

26. 明贤法师：《祥光寺强拆堪比文革 网友痛斥"还有没有王法"》，凤凰网佛教，2013-12-9，http://fo.ifeng.com/news/detail_2013_12/09/31941870_0.shtml。

27. 明贤法师：《中国富商法国坠机警示：挟佛敛财要慎重》，凤凰网佛教，2013-12-24，http://fo.ifeng.com/news/detail_2013_12/24/32414014_0.shtml?_from_ralated。

28. 圣凯法师：《祥光寺"强拆"与当代宗教发展困境》，凤凰网佛教，2013-12-11，http://fo.ifeng.com/guanchajia/detail_2013_12/11/32022818_0.shtml。

29. 田青：《充分发挥宗教文化与少数民族文化的积极作用》，田青思想馆公众号，2017-3-11，http://mp.weixin.qq.com/s?__biz=MjM5NDU4NjgxNA==&mid=2649678965&idx=1&sn=2707a552f886acb526c27fbab67e04c0&chksm=be9fcda489e844b2def706eafcd874e6d448ff6f1ff9748fd2688698e32726aab59e8af02b70&mpshare=1&scene=23&srcid=0311d5BFRQZVcBo9QB82hb3K#rd。

30. 新华网，2010-9-26，《去年以来全国查办国土腐败案 1978 件 186 名县处级以上干部落马》，http://news.xinhuanet.com/politics/2010-09/25/c_12604832.htm。

31. 张瞻：《毁佛者的手段——祥光寺事件》，华北法制网：2013-12-14，http://hbfzw.net/Article/tegao/201312/1868.html。

32. 郑巧：《世界佛教徒联谊会大会将于 10 月首次在中国举行》，中国新闻网，2014-6-30，http://news.xinhuanet.com/yzyd/culture/20140630/c_111138923
4.htm。

33. 赵朴初：《正本清源 赵朴初谈寺观的属性、职能和归属》，凤凰网佛教，2013-04-13，http://fo.ifeng.com/guanchajia/detail_2013_04/13/24186476_0.shtml。

34. 中国佛教协会：中佛协强烈反对高王寺拆迁　强拆侵犯佛教权益，中国新闻网，2013-4-12，http://www.chinanews.com/cul/2013/04-12/4726229.shtml。

五、英文文献

1. Aghion, Philippe & JeanTirole, "Formal and Real Authority in Organization." *Journal of Political Economy,* 1997.

2. Arnott R. Economic theory and the spatial mismatch hypothesis, *Urban Studies,* 1998, 35(7).

3. Beyerlein, Kraig and John R. Hipp. "From Pews to Participation: The Effect of Congregation Activity and Context on Bridging Civic Engagement." *Social Problems.* 2006. 53(1).

4. Bodde, Derk, and Clarence Morris. *Law in imperial China: exemplified by 190 Ch'ing Dynasty cases: with historical, social, and juridical commentaries.* Harvard University Press, 1967.

5. Bourdieu, P. *Langug and Symbolic Power.* Cambridge. MA: Harvard University Press. 1991.

6. Bourg, Carroll J. Politics and Religion. *Sociological Analysis*, 1981, 41(4).

7. Demsetz, H., "Toward a Theory of Property Rights", *Amer. Econ. Rev.*, May 1967.

8. Foucault, M. *The Archaeology of Knowledge and The Discourse on Language.* New York: Pantheon. 1972.

9. Foucault, Michel. Space, Knowledge, and Power.? In Paul Rabinow, ed., *The Foucault Reader,* New York: Pantheon. 1984.

10. Fukuyama, F. Trust: Social Virtue and the Creation of Prosperity. The Free Press. 1995.

11. G. Simmel. The Philosophy of Money. London: Routledge. 1978.

12. Gouldner, A. W. et al. (eds). *Theory and Society*, Elsevier Scientific Publishing Company, Amsterdam, Vol. 6. 1978.

13. Guiso, L., S. Paolo, and L. Zingales. "People's Opium? Religion and Economic Attitudes." *Journal of Monetary Economics.* 2003 (50).

14. Houston D S. Methods to test the spatial mismatch hypothesis, *Economic*

Geography, 2005, 81(4).

15. Iannaccone, Laurence R. "Introduction to the Economics of Religion." *Journal of Economic Literature.* 1998 (36).

16. Kain J F, Housing Segregation, Negro Employment, and Metropolitan Decentralization, *Quarterly Journal of Economics,* 1968.

17. Kain J F, The Spatial Mismatch Hypothesis: Three Decades Later, *Housing Policy Debate,* 1992. 3(2).

18. Leana,, C & Van Buren. Organizational Social Capital and Employment Practices. *The Academy of Management Review,* 1999, 24(3).

19. Levebvre Henri. *The Production of Space.* Oxford: Blackwell. 1991.

20. Lewis, J. David, and Andrew Weigert. "Trust as a social reality." *Social forces.* 1985. 63.4.

21. Luhmann, Niklas. *Trust and power.* John Wiley & Sons, 2017.

22. Noelle-Neumann, Elisabeth, and Rainer Mathes. "The Event as Event' and the Event as News': The Significance of Consonance' for Media Effects Research." *European Journal of Communication.* 1987. 2.4.

23. Parsons, Talcott. "Societies: evolutionary and comparative perspectives." 1966.

24. Schurmann H F. Traditional property concepts in China. *The Journal of Asian Studies,* 1956, 15(4).

25. Smith, J. Z. *To Take Place: Toward Theory in Ritual.* Chicago: University of Chicago Press. 1987.

26. Smith, K G, Carroll, S J & Ashford, S J Intra- and Interorganizational Cooperation: Toward a Research Agenda. *The Academy of Management Journal,* 1995, 38(1).

27. Steven N. S. Cheung, "The Structure of a Contract and the Theory of a Non-Exclusive Resource", *J. Law Econ.,* April 1969.

28. Sztompka, P. Trust: A Sociological Theory. Cambridge University Press. 1999.

29. Tan, J. And C. Vogel. "Religion and Trust: An Experimental Study". *Journal of Economic Psychology 2008.* 29(6).

30. Wong, S. L. "Chinese Entrepreneurs and Business Trust." In G. Hamilton (ed.), *Business Networks and Economic Development in East and Southeast Asia.*

Hong Kong: Centre of Asian Studies, The University of Hong Kong. 1991.

31. Zucker, L G. Production of Trust: Institutional Sources of Economic Structure: 1840-1920, In B M Staw & L L Cummings (eds.), *Research in Organizational Behavior.* Greenwich, CT: JAI Press, 1986.

32. Zucker, L G. Production of Trust: Institutional Sources of Economic Structure: 1840-1920, In Reinhard Bachmann and Akbar Zaheer (eds), *Landmark Paper on Trust* Vol. 1, Cheltenham, UK: An Elgar Reference Collection. 2008.

致　谢

这是一种偶然的缘分，也是一种必然的缘分！

人生的道路，往往是在看似不经意之间所进行的选择，却在某种程度上受已有惯习的牵引。在佛教中，把这个称作业。到华东师范大学社会学博士后流动站学习，就是这么一种业力的牵引。与李向平老师结缘，倾慕老师在宗教社会学上的造诣。在往返的联络之中，蒙老师指示，遂开始将自己所关注的当代宗教社会学的现象，一一落笔，从移动互联网时代的佛教，到佛教与公共事务，乃至于城镇化背景之下流动人口的信仰方式等等，直到最后落实在佛教城镇化这一具备时代意义的课题探索之中。虽然题目不断地在变幻之中，囿于自己的学养、能力与视野的狭隘，有时也无法理解老师所谓的问题意识，甚至遭遇老师恨铁不成钢的批评。但是，一路走来，体会到了老师在宗教社会学、信仰社会学，乃至于道德社会学等领域之中的纵横捭阖、汪洋恣肆背后深厚的历史底蕴、笃实的人文素养，以及责无旁贷的社会关怀，我需要衷心地向老师道一声"感谢"！

同门的何子文师兄、廖云路、肖云泽、刘大为、刘友富、张晓艺、蒋亦峰等师兄弟为我的初稿提出了众多的宝贵意见，在文章中，我都一一参考并修正，感谢您们对我的信任与督促！

感谢南京大学社会学院院长周晓虹教授、上海大学社会学院院长张文宏教授、华东理工大学社会与公共管理学院院长何雪松教授、华东师范大学社会发展学院文军教授，与华东师范大学社会学系张文明教授为拙作的评审与答辩所提出的精彩点评！

本书的完成，要特别感谢明贤法师与李利安教授的慷慨支持与无私指点！当年，法师得知我在做相关研究，表示愿全力配合我的研究，还特地吩咐他的学生季杰与我对接，从而让我能够在较短时间内获取到大量的相关资料，为后期的事件分析与实地调研提供了扎实的文献基础。而在普陀山开会时候偶遇到的李利安教授，也是对笔者的这一研究表示了十分的关心。他不仅接受了笔者较长时间的访谈，解决了我对相关事件关键问题上的疑惑，还热情地介绍了他的学生狄蕊红协助我后期的实地调研。

出于对同一事件的学术关注，狄蕊红热情、无私地帮助了我。虽然每天约谈不同的人是我们共同讨论决定的，但是具体的邀约，访谈的把握，甚至承担司机角色的都是她在默默付出。感激之情，无以言表！当然了，我们之间通过资源共享与信息共享，也期待着能够推动相关的研究！

感谢李继武老师、江雪女士、肖尧中教授、尹邦志教授、季杰女士与凤凰网佛教崔明晨女士、李保华女士、杨子路师兄等人的指点与所提供的种种方便！

感谢调研之中在各地所遇到的各位当事人与访谈对象，遵循社会学的研究伦理，他们在书中只能以化名的形式出现，虽然我没有注明他们的名称，但是感恩之情铭记于心。

感谢当初陪我到闽大荒，为我安排着落的雅仙姐和小宋！

感谢妙会对本书的高度欣赏与热烈支持！当年调研之余，我们花了几个小时爬上了她在终南山的茅棚。茅棚周边荒无人烟，有时候为了与外界联系，需要走半小时以上的山路到某个位置接收手机信号。然而，即使远在深山，关于本书稿中所讨论的问题也一样存在，当时的她不得不想方设法保住自己那简陋的茅棚，以免被不怀好意者有所窥伺……

感恩我的博士生导师段玉明教授为我引荐李向平教授以及接受我随时的请教咨询！老师的无私坦荡时常让学生自愧弗如，老师对人生与生活的豁达时常开拓我的格局！感恩我的家人对我的宽容与理解，使我能够从容于学术的海洋之中！

最后，再次感恩拨冗为本书撰写宝贵序言的段玉明教授、崔明晨女士、李利安教授、李向平教授，以及另一位因特殊原因未能写出序言的前辈！是您们的鼓励与支持才让后学在拿出这本不成熟作品的时候，还能感到一丝丝的温暖！

由于本人能力所限，书中不足之处仍多，敬请读者诸君批评指正！